U0498927

修昔底德论战略

伯罗奔尼撒战争中的大战略及其对当下的启示

〔希〕 阿塔纳西斯·G. 普拉蒂阿斯
康斯坦提诺斯·科利奥普洛斯　著

刘　伟　郭材欣　译

傅雪雅　校

THUCYDIDES ON
STRATEGY

Athenian and Spartan Grand Strategies in the
Peloponnesian War and Their Relevance Today

商务印书馆
The Commercial Press
创于1897

ATHANASSIOS G. PLATIAS
CONSTANTINOS KOLIOPOULOS

Thucydides on Strategy
Grand Strategies in the Peloponnesian War
and Their Relevance Today

"我的著作并不想赢得听众一时的奖赏，

而是想成为永久的财富。"

——修昔底德

关于作者

阿塔纳西斯·G. 普拉蒂阿斯（Athanassios G. Platias），希腊比雷埃夫斯大学战略学教授，经济学、商业管理与国际研究学院院长。他以优异成绩获得了雅典大学法学院国际公法与政治学学位，以及康奈尔大学政府系国际关系硕士和博士学位。他曾任哈佛大学福特基金会研究员，麻省理工学院和哈佛大学国际和平与安全麦克阿瑟研究员，欧洲与国际问题研究生项目主任（2008—2010年）。在过去的35年里，普拉蒂阿斯教授在希腊各部委担任过高级政策顾问职位。普拉蒂阿斯教授著述颇丰，主要从事以下几个领域的研究：大战略和战略理论；地缘政治和地缘经济；国际安全；国际理论。

康斯坦提诺斯·科利奥普洛斯（Constantinos Koliopoulos），希腊比雷埃夫斯大学国际与欧洲系国际关系与战略研究教授。他在希腊数所高等军事院校（包括希腊国防学院）教授战略研究等课程，自2007年以来一直担任希腊国防学院的战略研究教授。其研究领域包括：古今治国方略的理论与实践；当代军事战略；希腊安全政策；欧洲安全；文明概念和国际政治；区域冲突。

献给我的女儿玛丽娅－艾莉西亚

——A.G.P.

献给我的父母

——C.K.

中译本序言

大约 2500 年前，奥洛罗斯（Olorus）之子——雅典历史学家修昔底德（Thucydides）曾大胆预测，他的《伯罗奔尼撒战争史》决不会成为过眼云烟，而会永留史册，成为后世的歌题。毫不夸张地讲，修昔底德的《伯罗奔尼撒战争史》已经成为国际关系这门学科中被引用次数最多的著作之一。自近代早期以来，修昔底德一直是霍布斯、林肯、马歇尔甚至列宁等群星巨擘的导师。借用詹姆斯·德·代元（James Der Derian）的话来说就是："修昔底德的幽灵从未离开。"修昔底德并不知道，在这个世界格局发生变化的时代，他的著作已成为中美关系激烈战略辩论的焦点。所谓的"修昔底德陷阱"，是由格雷厄姆·艾利森（Graham Allison）教授提出并推而广之的，中美国家元首也都曾提到过这个术语，它俨然已经定义了这个时代的战略精神。然而，正如许多评论家一再指出的那样，"修昔底德陷阱"已经使修昔底德的著作重新掉进了"简单战略类比"的"陷阱"，人们并没有深入挖掘这位雅典历史学家的经典著作中战略见解的精深幽微之处。

　　这种对修昔底德的"使用和滥用"在西方战略思想中已经屡见不鲜，因为修昔底德很容易成为确认偏误的受害者，人们总是倾向于去寻找论据来证实他们的论点。或者说，人们总是倾向于以强化个人信念或假设的方式去搜索、解释、偏好和回忆信息。现代学者经常有选择地解读《伯罗奔尼撒战争史》，以诠释他们那个时代紧迫的战略难题，由此扩大他们观点的政治影响力。例如，美国在越南战争中的惨败被视为类似于雅典在西西里的灾难。帝国过度扩张理论很快出现。很多学者认为，在《伯罗奔尼撒战争史》第六卷中，修昔底德用了很多笔墨来描述人们关于雅典西西里远征失败的辩论，这一卷也是这部著作的高潮。到20世纪70年代中期，某些美国理论家认为，苏联的全球影响力已经发生了翻天覆地的变化，于是他们援引修昔底德的理论指出，美国即将输掉冷战，因为斯巴达这个类似于苏联的寡头政权击败了雅典这个类似于美国的民主政权。在后冷战时代，一些人甚至在海湾战争之前的国会辩论中引用了修昔底德，他们再次援引雅典的西西里远征来做简单类比。后来，也有人援引修昔底德以反对阿富汗战争。简单地说，修昔底德陷阱是对这种简单战略类比的"丰富"传统的最新证明。尽管修昔底德的文本经常被拿去引证，但遗憾的是，人们从未真正地花心思去考察研究过它。

　　普拉蒂阿斯（Platias）和科利奥普洛斯（Koliopoulos）教授的这部《修昔底德论战略：伯罗奔尼撒战争中的大战略及其对当

下的启示》，并没有重蹈过去这种简单类比的覆辙。本书对修昔底德的著作进行了权威且新颖的解读。更具体地说，普拉蒂阿斯和科利奥普洛斯基于《伯罗奔尼撒战争史》提出了一种全面的大战略类型。从寻求发起决战的歼灭战略到选择持久战的消耗战略，作者巧妙地捕捉到了雅典和斯巴达各自"胜利理论"的大量战略辩论。这种修昔底德式的战略类型对当下非常具有启发意义，以至于很多战略家经常将中美竞争称为"持久的冷战热斗"。由于核武器的存在，中国和美国都无法以一场决战的方式获取胜利，因此双方可能确实处于一场持久战之中，他们正在跑一场"战略马拉松"。

然而，正如普拉蒂阿斯和科利奥普洛斯所证明的那样，尽管修昔底德强调了结构对崛起大国和衰落大国之间霸权对抗的重要性，但他们也同样用大量篇幅强调了谨慎领导的重要性。从斯巴达国王阿基达姆（Archidamus）和地方长官斯特纳莱达斯（Sthenelaidas）之间的辩论，到迪奥多托斯（Diodotos）和克莱翁（Kleon）之间的辩论，以及关于西西里远征的辩论，总的来说，修昔底德表达了对伯里克利的谨慎态度的褒扬，也表达了对阿尔基比亚德（Alcibiades）毫无限制的野心的憎恶，正是他的这种野心最终摧毁了雅典这艘巨轮。尽管《修昔底德论战略》已经出版了十余年，但其分析框架并未随着时间的流逝而失效。通过阅读普拉蒂阿斯和科利奥普洛斯的这部著作，以及著作中作者对修昔底德《伯罗奔尼撒战争史》的引文，可以为中国的战略知识分子提供一个广阔空间，让他们去思忖中美马拉松的大战略。在这场马拉松的竞赛中，保持谨慎可能会减轻中美之间的竞争强度。这一点对中美两国都至关重要，因为两国都面临着诸多全球性的紧迫威胁，从全球变暖到核扩散，再到下一次全球性的疫病等，无论两国多么强大，都无法独自解决这些全球性的难题。因此，我们可以将本书理解为一部与政治学相关的学术著作，它将现代战略研究中的一些关键问题与修昔底德的古典现实主义联系起来。在修昔底德的这种古典现实主义中，他非常明晰地引入了一些概念，如大国、相对衰落、地位以及制海权与制陆权的区分等。

中国的战略界已经就修昔底德、古希腊的城邦体系等问题展开激烈讨论，学者们也从诸多希腊战略性文本中汲取了一些有力的洞见。同时，他们也将这些洞见运用到今天中美关系之中。事实上，正是在这样一个关键时刻，《修昔底德论战略》中译本与读者见面了。我们相信，这项工作也是推进中希国际体系比较性战略研究的一块基石。正如清华大学资深教授阎学通所言，将中国和其他轴心文明的经典战略家进行对比，可以提供一种独特的认识论测试：尽管这些学者当时并不知道彼此的想法，但他们对国际政治的认识有时会表现出惊人的趋同。伟大的思想家们对战略和领导力的共同见解超越了文化和地理障碍，从总体上揭示了人类社会的性质。因此，这样的比较研究可以被视为一种方法，它可以超越彼时的诸多特定历史背景，加深我们对经典的意义和含义的理解。希腊体系和先秦中国体系不仅仅是两个遥远分离的实体。相反，源自这两种制度的光辉思想和领导精神到了现代仍在继续演变，在当今世界仍具有重要意义。

然而，正如一位学者所指出的那样，"在中国的政治哲学中，中–希的比较研究更倾向于将《论语》置于其他智性传统之上，正如希腊人会不自觉地更多关注柏拉图而不是其他人"。尽管对柏拉图和孔子的关注便于我们最初进行比较，但也导致人们忽视了这两个古代文明中的许多宝贵思想。因此，我们希望这部《修昔底德论战略》中译本的出版有助于中国学者超越柏拉图–孔子的二元对立，更加关注中国和希腊对战略问题的深思。人们经常说，西方政治哲学和东方政治哲学不过是各自对柏拉图和孔子的一系列注脚。我们也可以大胆地说，西方的战略理论和东方的战略理论不过是对修昔底德和孙武的一系列注脚。对亚历山大大帝之前的希腊和秦始皇之前的中国的霸权整合进行比较战略研究和结构化研究，在这一领域还有很多待探索的空间。这部著作在古今之间搭建起了一座桥梁，我们希望这种新颖框架能启发更多的学者去探究这一研究方向，并推动中–希战略比较研究的发展。就此而言，没有比修昔底德那部名留青史的经典之作和普拉蒂阿斯与科利奥普洛斯的这部现代之作更好的作品了！

唐晓阳教授（清华大学国际关系系主任）
Vasilis Trigkas（清华大学苏世民学院助理教授）

序 言

　　哪一部论著才是分析战略思想的最好文本？本书的主要目的 xi
是展现修昔底德对战略思想的贡献。笔者认为，有很多基本的战
略概念来源于修昔底德的《伯罗奔尼撒战争史》。因此，修昔底德
的这部著作无疑是一部战略分析的杰作，在某种意义上，它可以
与孙武的《孙子兵法》和克劳塞维茨的《战争论》相媲美。

　　我们首先想敬告读者，我们无意对伯罗奔尼撒战争的历史过
程重新进行详细描述。尽管整本书是在伯罗奔尼撒战争的背景下
进行考察的，但我们的首要关注是战略和战略分析。换言之，我
们计划利用修昔底德的文字材料，就彼时世界政治的主要参与者
所做的战略选择进行分析，从而得出一些相关的结论。[1]

1　伯罗奔尼撒战争与修昔底德有着千丝万缕的联系，但是他的著作只写到公元前
　　411 年冬天就突然中断了，最后一句话也是不完整的，说明这是一部未竟之作。
　　因此，如果想要全面了解这场战争，我们也需要去参考其他历史学家的作品，
　　其中，主要是色诺芬（Xenophon）的《希腊史》（Hellenica）。《希腊史》是
　　色诺芬抱着续补修昔底德的《伯罗奔尼撒战争史》的目的而写作的。尽管修昔
　　底德的这部著作存在诸多有失公允的地方，但是，第一，其他的史学著作远没
　　有修昔底德的这部著作有分析深度。色诺芬的《希腊史》罗列了一些史实，但
　　仅此而已。第二，尽管其他历史学家也有所贡献，但是，本书中的绝大多数材
　　料都来自修昔底德。因此，我们认为，即使在处理其他人实际提及的事件时，
　　我们谈论"修昔底德分析"也不会有太大错误。

本书旨在表明，随着时代的发展，尽管物质条件可能会发生变化，但是国际关系的基本特征历经数千年之后并没有改变。修昔底德所涉及的很多问题，几个世纪以来依然反复出现，因此，对今天而言，它们仍然有着重要意义。在寻求安全的过程中，各组织实体仍在制定和实施类似于 2500 年前的战略。这种古今的一致性带有一丝讽刺意味，因为在某种程度上，我们今天依然在重复着昨天的错误，比如，过度扩张、过于轻敌等。事实上，我们没有理由乐观地相信，这种趋势会在未来发生改变。因此，修昔底德的著作以及其中包含的大战略，在今天和在过去一样，仍然具有重要的价值和意义，我们没有理由相信这种价值和意义会随着时间的推移而减弱和消逝。

路易斯·黑利（Louis Halle）曾指出："修昔底德，正如他自己所预期的那样，不仅书写了伯罗奔尼撒战争史，他还书写了拿破仑战争、第一次世界大战、第二次世界大战和冷战的历史。"[2] 实际上，路易斯·黑利并没有夸大其词。尽管在近几年的学术争论中，有人更多地去关注所谓的"国际政治的非连续性"[3]，以及"世界政治的转型"[4]，但是，我们更加认同罗伯特·吉尔平（Robert Gilpin，1930—2018）的观点，他说："世界政治仍然是以各政

2　Louis J. Halle, *The Elements of International Strategy* (Lanham, MD: University Press of America, 1984), p.15.

3　参见 Bruce Russett, "A Post-Thucydides, Post-Cold-War World," *Occasional Research Papers*, Athens: Institute of International Relations, Panteion University, 1992。

4　参见 John Mueller, *Quiet Cataclysm: Reflections on the Recent Transformation of World Politics* (New York: Harper Collins, 1995)，以及 Edward Morse, *Modernization and Transformation of International Relations* (New York: Free Press, 1976)。

治实体的斗争为特征，它们在全球无政府状态下为权力、声望和
财富而斗争。修昔底德于公元前 5 世纪所书写的伯罗奔尼撒战争
史，对当今的国家行为而言，仍具有指导意义。"[5]

　　本书写作所预设的前提是（读者）之前并没有关于修昔底德
著作或古希腊政治学的知识。修昔底德的《伯罗奔尼撒战争史》
无疑将会对读者有所帮助，但并非必要，我们希望我们的工作将
为读者提供进一步探索修昔底德文本的动力。

　　这本书是我们两位作者共同努力的成果。除此之外，本书的
第三章是在阿塔纳西斯·普拉蒂阿斯（Athanassios Platias）一些
早期作品的基础上整理完成的。[6]

　　我们在此向那些对本书做出贡献的人们表示感激。《希腊学
研究》（*Etudes Helleniques/Hellenic Studies*）和《比较战略学》
（*Comparative Strategy*）杂志的编辑们，既给予了我们很多鼓
励，也为本书的思想论证提供了诸多素材。[7]卡尔·沃林（Karl

5　Robert Gilpin, *War and Change in World Politics* (Cambridge:Cambridge University Press, 1981), p.7.

6　Athanassios Platias, "Thucydides On Grand Strategy: Periclean Grand Strategy During The Peloponnesian War" in *Thucydides: The Classical Theorist of International Relations, Études Helléniques/Hellenic Studies*, vol.6, no.2 (Autumn 1998), pp.53-103.

7　参见 Athanassios Platias and Constantinos Koliopoulos, "Thucydides on Grand Strategy II: Spartan Grand Strategy During the Peloponnesian War," *Études Helléniques/Hellenic Studies*, vol.8, no.1 (Spring 2000), pp.23-70, 以及 Athanassios G. Platias and Constantinos Koliopoulos, "Grand Strategies Clashing: Athenian and Spartan Strategies in Thucydides' 'History of the Peloponnesian War'", *Comparative Strategy*, vol.21, no.5, October-December 2002, pp.377-399。

Walling）对本书做了详尽的评论，并提出了大量中肯的修改建议。此外，科林·格雷（Colin Gray）、帕纳伊奥蒂斯·以费斯托斯（Panayiotis Ifestos）和瓦西利斯·福斯卡斯（Vassilis Fouskas）对本书的写作也提出了一些非常有启发性的观点。当然，我们对本书中表达的观点（包括错误和缺点）负有全部责任。

A.G.P. 和 C.K.

2009 年 3 月于雅典

年　表

（所有纪年均为公元前）

490 年	波斯国王大流士派遣军队攻打希腊，波斯在马拉松战役中被雅典人打败
480 年	波斯国王薛西斯率领更庞大的军队入侵希腊；温泉关战役和萨拉米战役
479 年	普拉蒂亚战役：希腊同盟打败波斯军队
478 年	雅典加筑防御工事
477 年	"提洛同盟"建立
464 年	斯巴达大地震
461—429 年	雅典的伯里克利时代
约 460 年	第一次伯罗奔尼撒战争开始
458 年	雅典人建造长墙来保护通往比雷埃夫斯海港的通道
454 年	提洛同盟的金库由提洛岛转移至雅典，雅典帝国形成
447—433 年	雅典动工兴建帕特农神殿
446—445 年	雅典和斯巴达签订"三十年和约"

432 年	雅典通过"麦加拉禁令"
431—421 年	伯罗奔尼撒战争第一阶段（阿基达弥亚战争开始）
430 年	雅典爆发大瘟疫
429 年	伯里克利罹疫而死
427 年	米提利尼向雅典投降
427 年	普拉蒂亚向斯巴达和底比斯投降
427 年	考居拉党争
425 年	120 名斯巴达士兵在斯法克蒂里亚被俘
424 年	修昔底德被放逐
421—414 年	雅典和斯巴达签订和约（《尼昔亚斯和约》）
418 年	曼提尼亚战争
416 年	梅里亚大屠杀
415 年	雅典人远征西西里
414—404 年	伯罗奔尼撒战争第二阶段（德西利亚战争）
413 年	雅典陆军和海军被打败，全军覆没
412 年	雅典属国暴动
411 年	修昔底德的《伯罗奔尼撒战争史》写作中断
405 年	伊哥斯波塔米之战（又称羊河战役），雅典海军几乎全军覆灭
404 年	雅典有条件投降

目　录

1

大战略：一个分析框架

导　言

　　人们普遍认为，各领域的著名经典论著为所有其他领域的相关工作提供了一个评价标准，并成为它们发展新理论的基石。如迈克尔·韩德尔（Michael Handel）就指出，就战略研究而言，有两部著名的经典著作可供战略学家们参考：一部是孙武的《孙子兵法》，另一部是克劳塞维茨的《战争论》。[1] 然而，我们认为，

1　Michael I. Handel, *Masters of War: Classical Strategic Thought* (London: Frank Cass, 1992), p.1; Sun Tzu, *The Art of War* (trans. by Samuel B. Griffith) (Oxford: Oxford University Press, 1963); Carl von Clausewitz, *On War* (edited and translated by Michael Howard and Peter Paret) (Princeton, NJ: Princeton University Press, 1989).

除了这两部经典著作以外，还有一部非常经典的著作也可以加到这个列表中来，那就是修昔底德的《伯罗奔尼撒战争史》。[2] 因此，本书的写作，旨在证明修昔底德对战略研究所做出的重要贡献。

毫无疑问，修昔底德既是一位伟大的历史学家，也是国际关系学科的鼻祖。罗伯特·吉尔平曾经思考，在国家行为方面，当代国际关系学者是否真的要比修昔底德知道更多。[3] 经常被我们忽视的是，在修昔底德的文本中，有一个大战略（grand strategy）的理论论纲，即关于国家如何确保自身安全的全面理论。

修昔底德的理论融合了国家安全所依赖的经济、外交、军事、技术、人口、心理和其他因素。十分有趣的是，修昔底德并没有像传统战略思想那样只局限于军事层面的分析。除军事以外，他还兼顾了战略的其他层面，修昔底德认为，这些层面的东西很可能都是国家通往胜利的有效路径。

2   本研究的主要论点是，修昔底德的《伯罗奔尼撒战争史》是一部关于战略思想的经典作品，其中包含了一些非常重要的战略见解和战略概念（见本书附录）。从这个角度来看，修昔底德的《伯罗奔尼撒战争史》应与克劳塞维茨的《战争论》有着同等殊

2　Thucydides, *History of the Peloponnesian War* (trans. Rex Warner) (London: Penguin, 1972).

3　Robert Gilpin, *War and Change in World Politics* (Cambridge: Cambridge University Press, 1981), p.227.（美国国际关系理论大师罗伯特·吉尔平对此曾说过一句名言，"假如修昔底德有一天从坟墓中醒来，他对今天的世界一定不会陌生"。——译者注）

荣，它们都应该被视为"战略家的工具箱"。[4] 当然，修昔底德并没有使用当代人所使用的那些战略术语。为了挖掘这些战略见解和战略概念，我们必须深入研究修昔底德的文本。这就是我们工作的贡献和意义所在：将修昔底德所使用的概念和见解挖掘出来，并将它们转化为我们所熟知的现代战略语言。

人们可能会怀疑，一部 2500 年前写的著作怎么会与今天的战略思想有关联性。然而，正如有人所指出的，**"所有历史时期的战略经验，在某种程度上都有着内在的一致性，因为从古至今，战争和战略的性质和特征并没有什么大的变化"**[5]。这是我们目前分析的指导原则，并希望可以在修昔底德的文本中得到证明。

在开始考察修昔底德对大战略的贡献之前，我们首先需要澄清和阐明这些概念，即我们需要理解战略和大战略的本质，并研究这两个概念所蕴含的特征。因此，在本章中，我们将首先阐明战略的性质，并概述其不同的层次。我们将研究大战略及其某些具体的方面，同时，根据在追求政策目标时所运用手段的性质和遵循的一般方法对大战略进行分类。本章涉及的最后一个问题是大战略的规划和评估。这种分析将帮助我们理解修昔底德对战略研究所作的贡献（在本书第二章至第五章中讨论）。

---

4 柯林·格雷（Colin Gray）认为，克劳塞维茨的《战争论》是"战略家的工具箱"；
Colin S. Gray, *Modern Strategy* (Oxford: Oxford University Press, 1999), ch.3。我们并不否认这一点，但我们想指出，修昔底德的《伯罗奔尼撒战争史》至少也应有着同等地位。

5 Gray, *Modern Strategy*, p.1. 强调为原文所有。

战略的性质

古往今来，"战略"一词有很多定义。虽然战略最初被定义为关于"在大炮射程和视野以外进行军事行动的科学"[6]或"在地图上进行战争的艺术"[7]，但如今这个术语的含义更为宽泛。战略的两个现代定义是"战略是为了达到战争目的而对战斗的运用，它必须为整个军事行动规定一个适应战争目的的目标"[8]和"两个对立意志使用力量以解决其间争执的辩证艺术"。[9]这些定义清楚地表明，战略是在和平时期和战争时期以及潜在冲突和实际冲突期间，在国际竞争的背景下，国家耦合的手段和方式。

战略永远不会在真空中制定和运行；它意味着一个对手，一场冲突，一场竞争，或是某些人试图达成对抗另外一些人的目标。因此，战略总是针对一个或多个对手制定的，而这些对手为了对抗前者，也会反过来制定自己的战略。每一方的行动都与对手的行动密切相关。正如克劳塞维茨所言，"战争无非是扩大了

6　19世纪早期，由德国战争理论家海因里希·迪特里希·冯·比洛（Heinrich Dietrich von Bülow）定义，参见 Peter Paret, "Clausewitz," in Peter Paret (ed.), *Makers of Modern Strategy from Machiavelli to the Nuclear Age* (Princeton, NJ: Princeton University Press, 1986), p.190。

7　由瑞士将军和战略家亨利·德·约米尼（Henry de Jomini, 1779—1869）定义；Henry de Jomini, *Summary of the Art of War* (abridged edn. by Brig. Gen. J.D. Hittle) reproduced in *Roots of Strategy*, Book 2 (Harrisburg, PA: Stackpole Books, 1987), p.460。

8　参见 B. H. Liddell Hart, *Strategy* (2nd revised edn.) (London: Meridian, 1991), p.321。

9　参见 Andre Beaufre, *Introduction to Strategy* (London: Faber and Faber, 1965), p.22。

的搏斗"。[10] 交战双方战略设计之间的这种纵横捭阖，被称为战略的"横向维度"。[11] 对立意志的存在本身就赋予了战略一种相对矛盾的逻辑，这不同于在没有对手的情况下控制一个人行动的传统逻辑定义。因此，虽然旅行者通常会选择在最合适的路线和最佳的天气条件下旅行，但对手的存在将使一位军事指挥官选择迂回路线而不是发起正面进攻，在夜间发起攻击而不是白天行动，诸如此类。著名的拉丁格言"欲求和平，必先备战"（*Si vis pacem, para bellum*）就是战略悖论逻辑的一个更显著的例子。尽管在生活领域，类似的格言听起来显然是荒谬的（例如，"如果你想保持清醒，必须要准备一些烈酒"），但在战略领域，这句格言却被视作一种传统的智慧。[12]

然而，通常一些国家，特别是很多军事组织，有时会"忘记"他们所交锋的对手拥有独立的意志，并会独立地运用自己的战略。忽视这一点可能会产生可怕的后果。例如，德国军队从老毛奇（Moltke）将军的方针，即"没有任何一份作战计划在与敌人遭遇后还依然有效"[13]，转向了一个世纪之后由施利芬（Schlieffen）所颁布的"按照时间表作战"（史称"施利芬计划"）的方针。在

10　Clausewitz, *On War*, bk.1, ch.1, p.75.

11　关于战略的"横向维度"，参见 Edward N. Luttwak, *Strategy: The Logic of War and Peace* (Cambridge, MA: The Belknap Press of Harvard University Press, 1987), p.70。

12　对战略的矛盾逻辑的分析，不免有言过其实之嫌。参见 Luttwak, *Strategy*。

13　Daniel J. Hughes (ed.), *Moltke on the Art of War: Selected Writings* (trans. Daniel J. Hughes and Harry Bell) (Novato, CA: Presidio, 1995), p.45.

这种方针的指导下，1914 年德国入侵法国，占领巴黎，随后向东部转移军队以对抗俄罗斯，他们严格遵循这一预先计划好的方针。然而，正如施利芬计划的失败所昭示的那样，在战略上几乎不可能完全实施如此周密细致的规划——通常来讲，敌方在现实中肯定会对你的计划进行干扰。[14] 但是，对于一支军队来说，在和平时期就提前考虑自己在作战日会对敌人做些什么，当然要比考虑敌人会对自己做些什么要愉快得多。[15]

制定战略的困难在于，正像在经济领域中一样，战略资源通常是稀缺的，尤其是对于小国而言更是如此。[16] 正是由于战略资源的稀缺性，战略应该对要实施的目标进行评级，并相应地对其进行优先排序。

战略层级

从传统意义上讲，"战略"与"战术"是有区别的。战术靠战略引领，战略靠战术执行。战略是战术的灵魂，是战术运用的基

14　参见 Gunther E. Rothenberg, "Moltke, Schlieffen, and the Doctrine of Strategic Envelopment," Paret, *Makers of Modern Strategy,* pp.296-325, 以及格哈德·里特尔（Gerhard Ritter）的著名分析，*The Schlieffen Plan* (London: Wolff, 1958)。

15　Bernard Brodie, *Strategy in the Missile Age* (Princeton, NJ: Princeton University Press, 1959), p.43. 也可参见 S.E. Finer, *The Man on Horseback* (Middlesex: Penguin Books, 1975)。

16　Athanassios Platias, *High Politics in Small Countries* (Ph.D. Diss., Cornell University, 1986), pp.3-4.

础，战术的运用要体现既定的战略思想，是战略思想的深化和细化。区分这两者的经验法则是：双方军事力量发生接触的那一刻，战略结束，战术开始。[17] 换句话说，战略决定行动的地点、时间和用什么军事力量实施行动，而战术则决定了行动的具体实施方式。[18] 因此，考虑到飞机以及中远程导弹的出现所带来的"战场"概念的扩展与延伸，"战术"这一术语主要是指战场上发生的事情。一般来讲，战术应用于"战斗"，而战略应用于"战争"，战术是在战斗中使用军队的学问，战略是出于战争目的使用战斗的学问。[19]

战略和战术的不同表明，战略是在不同层级上运作的；这就是所谓的战略"纵向维度"。[20] 尽管战略和战术之间的传统区别仍具关联性，但远没有讨论清楚这个问题。要全面了解情况，首先必须研究战略的根源。战略背后的主导思想是政策。政策设定战略随后需要实现的目标。就战略而言，设定目标的过程和设定目标的政治领导层的性质是无关紧要的。事实上，政治领导这个概念因国家而异，这取决于国家的政治制度。政治领导有时甚至可

17　Alfred Thayer Mahan, *The Influence of Sea Power Upon History, 1660-1783* (London: Sampson Low, Marston, 1892), p.8.

18　参见 Jomini, *Summary of the Art of War*, reproduced in *Roots of Strategy, Book 2*, p.460; Clausewitz, *On War*, bk.2, ch.1, p.129; Helmuth von Moltke, *Moltkes Kriegslehren*, extract reproduced in Lawrence Freedman (ed.), *War* (Oxford: Oxford University Press, 1994), p.221。

19　Colin S. Gray, *War, Peace, and Victory: Strategy and Statecraft for the Next Century* (New York: Simon and Schuster 1990), p.35.

20　参见 Luttwak, *Strategy*, p.70。

能是那些在国家官方机构之外的个人。例如，斯大林在苏联统治了相当长的一段时间，但实际上他并没有担任任何国家职务。[21] 一个人或一群人可能处于实际的"政治领导"地位，不管他是否为政客。有时，各国的政治领导包括世袭统治者（如当今的沙特阿拉伯和摩洛哥国王）、神职人员（如法国的黎塞留、西班牙的阿尔勃罗尼、塞浦路斯的马卡里奥斯）或军人（如拿破仑、皮诺切特、20世纪三四十年代的日本军队领导层，以及20世纪60年代以来的土耳其军队领导人）。换言之，就战略而言，政治领导指的是那些"治理国家的人"。领导层可能是民主的，也可能是独裁的；可能是合法的，也可能是非法的，但仍然由这个领导层来制定战略目标。[22]

如图表所示，当政策目标与各种手段结合在一起，并小心地克服对手的抵抗时，这个国家就已经进入了战略的领域。我们将会研究不同层次的战略。尽管它们存在差异，但它们都受到战略的矛盾逻辑的支配。此外，所有层次的战略都存在资源匮乏的困难，这就迫使战略计划制定者在所追求的目标中分配优先次序和层级。最后，在每一个层次上都存在与对手的相互作用；换言之，战略的横向和纵向维度是不断交织在一起的（见表1.1）。各种层次并不是严格分立和区分为不同类别，而是一个连续统一体的连

---

21 斯大林从20世纪20年代初到1941年德国入侵前夕一直统治苏联，但他只担任党的总书记一职。

22 关于这个问题，参见 Bernard Brodie, *War and Politics* (London: Cassell, 1973)。

续区域，[23] 因为它们之间是不断相互作用的。

表 1.1：战略的横向和纵向维度

国家 A		敌对国 B
大战略	↔	大战略
↕		↕
军事战略	↔	军事战略
↕		↕
战役方法	↔	战役方法
↕		↕
战术	↔	战术

　　战略的最高层次是大战略。大战略是指一个国家在面对实际或潜在的冲突时，使用一切可以使用的手段，如军事手段、经济手段、外交手段等，实现政策设定的目标。[24]

　　如上所述，大战略是由政治领导层制定的。大战略处理战争与和平的一些基本问题。大战略将决定一个国家是否会为了实现 6

23　Barton Whaley, *Stratagem: Deception and Surprise in War* (Cambridge, MA: MIT, 1969) (mimeo), p.245.

24　参见 Edward N. Luttwak, *The Grand Strategy of the Roman Empire from the First Century A.D. to the Third* (Baltimore, MD: Johns Hopkins University Press, 1976); Edward N. Luttwak, *The Grand Strategy of the Soviet Union* (London: Weidenfeld and Nicolson, 1983); Luttwak, *Strategy*; Paul Kennedy, "Grand Strategies in War and Peace: Toward a Broader Definition," in Paul Kennedy (ed.), *Grand Strategies in War and Peace* (New Haven, CT: Yale University Press, 1991), pp. 1-7。法国将军安德烈·博弗尔（André Beaufre）使用了"总体战"（total strategy）一词；参见 Beaufre, *Introduction to Strategy*。

政策设定的目标而发动军事战争。此外，大战略会使战争中的军事战略与政治战略、外交战略、经济战略等保持协同，确保它们之间相互协调，确保其中一种战略不会对另一种战略产生不利影响（见下文）。

　　大战略所运用的领域主要是国际体系。一个国家的大战略受到国际体系结构、国际力量对比、国际外交形势、国际经济趋势等因素的影响（但我们马上就会发现，产生影响的不仅仅是这些因素）。除此之外，大战略还涵盖了一整个主权国家的范围和人口。之所以如此，是因为所有的国家手段都要被利用，如物质和非物质的手段，也是因为大战略必须确保它在国内的合法性。

　　当大战略在特定国际环境中被用于与特定对手的一场特定战争中时，它就成为一种"胜利理论"（theory of victory）。"胜利理论"可以解释为如何赢得一场特定的战争。[25]尽管根据定义，胜利理论与特定背景相关，但某些胜利理论总是包含着一些固定的重要因素。克劳塞维茨关于如何取得对俄国全面胜利的分析，就是一个展示这些固定因素的很有趣的例子。在他看来，俄国这个国家是不能用武力征服的，这与其他欧洲国家形成了鲜明的对比——无论是1812年拿破仑的60万部队，还是1941年希特勒的300万部队，都不足以征服俄国。俄国只能从其内部摧毁，也就

25　参见 Gray, *War, Peace, and Victory*, pp.38-41。在那篇文章中，格雷使用了"战争理论"这一术语，但我们认为"胜利理论"是一个更好的术语，正如他本人在《核战略：胜利理论的案例》（"Nuclear Strategy: The Case for a Theory of Victory," *International Security*, vol.4, no.1 [Summer 1979], pp.54-87）中所使用的那样。

是利用其内部分裂。

如果俄国政府仍然保持沉着冷静，俄国人民仍然忠于他们的政府，拿破仑的征服就不可能成功。[26] 尽管克劳塞维茨的分析并没有考察更广泛的国际背景，但它至少为我们提供了在前核时代战胜俄国的理论的基本要素。简单地说，这一理论指出："如果你的目标是彻底战胜俄国，而国际环境又允许，那么你成功的唯一机会就是利用这个国家的内部分歧。"历史证明，这种分析是正确的。俄国在第一次世界大战中的崩溃是由国内革命运动造成的，而这些运动在一定程度上得到了德国人的支持。[27] 相反，在第二次世界大战中，苏联人民团结起来支持他们的政府，因此，[7]德国入侵最终失败。其中，最重要的原因是希特勒拒绝利用苏联的内部分裂（通过利用民众的反共情绪或俄罗斯人与非俄罗斯人之间的分裂），以及坚持将所有被征服的苏联人民视为"劣等人"（Untermenschen）的举措。[28]

26　Clausewitz, *On War*, bk.8, ch.9, pp.627-628.

27　列宁公开主张俄国退出战争，并在随后的内战中建立了无产阶级专政。德国对列宁的援助不仅限于 1917 年帮助他到达俄国，他们还向布尔什维克提供了物质支持，参见 Dmitri Volkogonov, *Lenin: Life and Legacy* (London: Harper Collins, 1995), pp.79-81,109-128。

28　在"巴巴罗萨行动"的最初阶段，德国人经常以"解放者"的身份受到苏联民众的欢迎，参见 Heinz Guderian, *Panzer Leader* (New York: Da Capo, 1996), pp.159, 193-194；J.F.C. Fuller, *The Conduct of War, 1789-1961* (London: Methuen, 1972), pp.262-264。关于德国陆军元帅埃瓦尔德·冯·克莱斯特（Field Marshal Ewald von Kleist）采取的对被征服人口的友好政策取得的惊人成果，参见 Samuel W. Mitcham, Jr., "Kleist," in Correlli Barnett (ed.) *Hitler's Generals* (London: Weidenfeld and Nicolson, 1990), pp.256-257。

　　支撑大战略的是军事、经济、外交和政治战略。下一节我们将讨论经济、外交和政治战略，大战略将在其中得到详细阐述。本节后面的部分，我们将讨论军事战略，以及军事战略中的战役和战术[29]。

　　军事战略是指一国使用可支配的所有军事手段，以实现针对实际或潜在冲突制定的政策目标。[30]军事战略决定着一个国家武装力量的结构和使命。无论各个国家采用的是何种行政区划，一个国家的武装部队总可分为陆、海、空，以及大规模杀伤性部队（如果有的话）。[31]军事战略的目标，就是无论在和平还是战争时期，这些部队实现国家政策目标时的参与程度。

　　军事战略可能试图维持或推翻现状。这两者都可以通过威胁或实际使用武力来实现。根据这一目的与手段的组合，军事战略可具体划分为进攻性、防御性、威慑性和威逼性战略（见表1.2）。[32]

29　作战和战术层面的概念没有理由不能应用于大战略的其他组成部分。

30　关于军事战略概念的分析，参见 Barry Posen, *The Sources of Military Doctrine* (Ithaca, NY: Cornell University Press, 1984), ch.1。这里必须提到的是，波森使用"军事学说"一词来描述军事战略和我们稍后所说的"作战学说"。

31　化学武器（在较小程度上则是生物武器）的扩散使人们更倾向于谈论"大规模杀伤性力量"而不是"核力量"，尽管化学武器和生物武器的破坏能力无法与核武器相比。

32　巴里·波森（Barry Posen）只区分了前三个范畴，参见 Posen, *The Sources of Military Doctrine*, p.14。罗伯特·阿特（Robert Art）区分了四种武力形式：防御、威慑、强迫和虚张声势（即为了提高声望而展示军事力量）；参见 Robert J. Art, "To What Ends Military Power," *International Security*, vol.4, no.4 (Spring 1980), pp.4-35。

进攻性军事战略旨在通过使用武力推翻现有状态。"纯粹"进攻性战略的特点是强调：a）先发制人；b）领土征服；c）对敌人 8 武装力量的决定性打击。进攻性军事战略可能具有无限或有限的领土目标，即要么完全征服对手（如伊拉克征服科威特），要么占领某一特定地区（如阿根廷与英国围绕马尔维纳斯群岛的纷争）。

表 1.2：军事战略

		政治目标	
		颠覆现状	保持现状
手段	使用武力	进攻性	防御性
	武力威胁	威逼性	威慑性

另一方面，防御性军事战略试图通过使用武力保持现有的状况；换句话说，它的目的是击退敌人的进攻。"纯粹"防御性战略的特点是强调：a）化解对手的第一次打击；b）控制领土以阻止敌人的领土目标；c）通过限制对己方武装力量的破坏来阻止对手的决定性胜利。苏联在1941—1944年期间就采取了这样的战略，而在1944—1945年期间则以进攻性战略取而代之。[33]

需要注意的是，在进攻性和防御性军事战略之间，存在着预期性首次打击的灰色地带。预期性攻击旨在于上述威胁实际发生

[33] 关于进攻性战略和防御性战略的进一步讨论，特别是关于各种类型的防御性战略，参见 Platias, *High Politics in Small Countries*, pp.31-58。

之前摧毁潜在威胁源。根据感知威胁的成熟时间，预期性攻击可能是预防性的或者先发制人的。[34]预防所涉及的是预计在数年后才成熟的威胁，而先发制人则是预计在数周、数天甚至数小时内就成熟的威胁。预防的逻辑是尽早战斗，并且在可能的情况下"制造既成事实"（*fait accompli*）；这是在力量平衡出现任何决定性变化、战略对手强大到足以构成威胁之前的处理方式（例如，1981 年以色列对伊拉克核反应堆的袭击）。[35]相比之下，先发制人与长期威胁无关，而是围绕眼前的危机展开：一个国家打击另一个国家的进攻力量，以挫败迫在眉睫的攻击。换句话说，这种攻击已经被视为事实，而不是对遥远未来的猜测。[36]

预防性战略和先发制人战略之间存在着重要的法律和道德上的区别，这使得先发制人成为进攻和防御之间的边界性案例。[37]然而，在我们的研究中，这两种策略都将被视为是进攻性的，这主要是基于它们的行为表现来判定的，即战争的发起。

威慑（deterrence）是一种利用威胁来阻止对手试图实现其目标的战略。威慑性军事战略试图通过武力威胁维持现有状况。威9 慑性威胁有三种类型：阻断、报复和惩罚。目的是让对手根本不

34 有一种讨论，参见 Platias, *High Politics in Small Countries*, pp.32-34。

35 Alfred Vagts, *Defense and Diplomacy: The Soldier and the Conduct of Foreign Relations* (New York: King's Crown Press, 1956), ch.8.

36 Thomas C. Schelling, *The Strategy of Conflict* (Cambridge, MA: Harvard University Press, 1960), part 4.

37 关于预防性战略和先发制人战略的区别，参见 Michael Walzer, *Just and Unjust Wars: A Moral Argument with Historical Illustrations* (2nd. edn.) (New York: Basic Books, 1992), ch.5。

进攻，使对手担心由此产生的后果将会大于可能的收益。[38]

有一些威慑性军事战略，虽然在对手违反现状之前（事前）有意义，但在对手违反现状之后（事后）并不是理性的选择。最典型的例子是冷战期间，美国威胁会在苏联入侵西欧时进行核报复。当苏联获得了对美国领土进行大规模核打击的能力时，美国的核报复威胁确实保留了其威慑价值，因为它确实意味着非常严重的后果；然而，如果苏联真的入侵西欧，执行这种威慑性军事战略的合理性就值得怀疑了。

最后，威逼（compellence）是一种利用威胁来说服对手采取某种预期行动的策略。威逼性军事战略有很多例子，即旨在通过武力威胁推翻既有现状的战略；换言之，就是不用战争手段就可以让对手屈服。在大多数情况下，这类军事战略是进攻战略的同义词。要让对手接受现状的不利改变而不发生战争，最好的方法就是说服他们。然而与威慑性战略一样，威逼是一种适合在和平时期实施的战略，但不适合在战争中取得胜利。例如，德国曾启动一项雄心勃勃的海军发展计划，这项计划的重点放在战列舰的建造上。其目的是在海上制造对英国的威胁，以便使英国为了争取让柏林站到自己一边，而向德国做出让步。然而，第一次世界大战期间，德国海军却很少使用其昂贵的战列舰，基本上用潜艇

38　关于威慑的参考文献比较多。与此相关的两类经典分析，参见 Glenn H. Snyder, *Deterrence and Defense* (Princeton, NJ: Princeton University Press, 1961)，以及 Thomas C. Schelling, *Arms and Influence* (New Haven, CT: Yale University Press, 1966)。最近的研究，参见 Lawrence Freedman, *Deterrence* (Cambridge: Polity Press, 2004)。

作战。我们由此得出的结论就是，战列舰适合在和平时期进行战略威逼，而潜艇适合在战争中获取胜利。[39]

　　威慑性威胁的成功与否取决于它是否不必被使用。威逼性行动的成功与否取决于对手是否遵从己方拟定好的意愿。正如罗伯特・阿特（Robert Art）所解释的那样，在威逼性威胁中，A正在做B不能容忍的事情；然后，B对A采取行动，以使他停止其无法容忍的行为；最后，A停止其行为，B也停止其行为（或两者同时停止）。而在威慑性威胁中，A目前没有做B认为无法容忍的事情；B告诉A，如果A改变了他的行为，做了让其不可容忍的事，B就会惩罚他；最终A依然没有做B觉得无法忍受的某事（见图1）。[40]

图 1

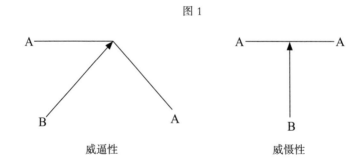

威逼性　　　　　　　　　　　威慑性

39　参见罗伯特・阿特的精彩分析, "The Influence of Foreign Policy on Seapower," *Sage Professional Papers in International Studies*, 2, 02-019 (Beverly Hills, CA and London: Sage Publications, 1973)。也可参见 Constantinos Koliopoulos, *Understanding Strategic Surprise* (Ph.D. Diss., Lancaster University, 1996), ch.7。

40　Art, "To What Ends Military Power."

军事战略的领域比大战略的领域要狭窄得多。军事战略涵盖整个主权空间，以及整个实际或潜在作战区。不过，军事战略并不一定没有更广泛的考虑。例如，如果武器是从国外进口的，那么作为军事战略重要组成部分的武器采购显然会受到国际环境的影响。[41]军事战略过去是由武装部队总司令（commander-in-chief）制定的，他往往是世袭国王。总参谋部（general staff）和国防部（defense ministry）的出现使军事战略的制定更具专业性，如今，军事战略被视为一个国家国防部政治领导和军事领导的组成部分。

在战争背景下，军事战略决定了武装部队各兵种的作用，以及不同战区的相对优先级。因此，施利芬计划优先考虑西部战区（法国）而不是东部战区（俄国），就像第二次世界大战中西方盟国的军事战略优先考虑欧洲战区而不是太平洋战区一样。

紧挨在军事战略层面之下，但位于战术层面之上的是作战层面。战争作战层面的概念[42]最近才进入西方国家的战略思想，这是从苏联借鉴得来的，而苏联又是从德国人那里继承了这一概 11

41　安德烈·博弗尔更倾向于将武器采购视为和平时期的运作策略，参见 Beaufre, *Introduction to Strategy*。关于采购战略的重要性，参见 Ariel Levite and Athanassios Platias, "Evaluating Small States' Dependence on Arms Imports: An Alternative Perspective," *Peace Studies Program Occasional Paper No.16* (Ithaca, NY: Cornell University, 1983)。

42　应当注意，较低级别的战略只在战时出现。参见上文提到的博弗尔的反对意见。

念。[43] 军事战略与"战争"相关，战术与"战斗"相关，而作战层面则与"战役"相关。作战层面是指在特定战区内作战的一个或多个武装部队兵种（通常从陆军开始）的大型军事单位的领域。战区大小不一。有像第二次世界大战期间太平洋一样大的战区，也有像在"赎罪日战争"（Yom Kippur War，又称"斋月战争"，指 1973 年 10 月 6 日埃及、叙利亚和巴勒斯坦游击队反击以色列的第四次中东战争）期间戈兰高地一样小的战区。即使在一个特定的战区内，也有可能发展出一些较小但完全独立的战区；1942年俄罗斯前线内的克里米亚战区就是这种情况。[44] 作战层面基本上是将军们的领域。

作战规模和战斗单位的多样性是谈论独立作战层面的必要条件，但并不是充分条件；这些战斗单位的行动必须比各战术部分的总和产生更大的效力。[45] 然而，在实践中，这两个条件通常被证明是充分的。例如，尽管一名枪兵或一小队枪兵无法与一名骑兵

43　作战层面的概念直到 20 世纪 80 年代才进入西方战略思维，德国古德里安将军著作的英文译者康斯坦丁·菲茨吉本（Constantine Fitzgibbon）在遇到这一术语（该书译于 1952 年）时还有些不知所措。参见 Guderian, *Panzer Leader*, p.22, fn.1. 巴兹尔·李德·哈特爵士在第二次世界大战后立即试图恢复拿破仑时代以前的"大战术"一词的用法，但没有成功。关于拿破仑时代以前的术语，参见 Jomini, *Summary of the Art of War*, reproduced in *Roots of Strategy*, Book 2, p.460，以及 Whaley, *Stratagem*, pp.245-246。

44　德国陆军元帅埃里希·冯·曼施坦因（Erich von Manstein）明确表示，就德方而言，克里米亚战区是独立自主的，甚至连最高统帅部本身也没有干涉。参见 Erich von Manstein, *Lost Victories* (Novato, CA: Presidio, 1994), pp.204, 285。

45　Luttwak, *Strategy*, p.92.

或一小队骑兵相抗衡，但是，组成大部队的枪兵则可以与同样数量的战车手或骑兵相抗衡。

一些分析者认为，由于同一战区内可能存在不同的作战情况，也就可能使用不同的作战方法，因此，应区分独立的"战区战略级别"和"作战级别"，前者位于军事战略之下并涵盖战区内活动，而后者则位于战区战略级别以下，处理各种作战行动方法。[46] 科索沃战争（1999 年）就是同一战区内不同作战条件和作战方法共存的一个典型例子。一方面是高技术空战；而另一方面，地面上的非正规作战让人想起了中世纪战争或三十年战争（1618—1648 年）。尽管如此，"战争、战役、会战"这个连续体已经足够

---

46 Luttwak, *Strategy*. 作战方法的概念与军事理论的概念密切相关。军事理论是解释武装部队如何作战的一系列特定思想；见 Gray, *War, Peace, and Victory*, p.41。显然，军事理论的概念可用于军事战略的各个层面，这取决于它所涵盖的部队范围。当一种军事理论支配着武装部队的所有或大部分军种时（如巴巴罗萨行动中的德国闪电战），它就成为军事战略的一部分。与此同时，还有一些范围较小的理论，通常代表各军种完成任务的首选方式。这些理论可称为作战理论或"作战方法"。例如，空中轰炸可以通过纵深拦截、区域轰炸或精确轰炸等作战方法进行，而每种作战方法又可以通过不同的战术方法实施；见 Luttwak, *Strategy*, p.108。当然，这并不是"军事理论"一词在当代的唯一用法，我们已经在巴里·波森那里看到了不同的用法（见上文注 30）。在苏联的战略思想中，军事理论概念的含义要广泛得多。对苏联人来说，军事理论有两个层面：政治军事和军事技术。前者具体阐述了苏联决定发动战争的必要标准，而后者则涉及军事实践从军事战略到战术的方方面面（如上定义）；见 Todd Clark, "Soviet Military Doctrine in the Gorbachev Years: Doctrinal Revolution and Counter-Revolution, 1985-1991," *Bailrigg Paper* 24 (Lancaster: CDISS, Lancaster University, 1996), pp.7-8。

简洁了，我们没有看到任何令人信服的理由来打破它，或者引入另一个层次来处理战争的进行方式。

实际上，战术是战略的最低层次。[47]克劳塞维茨将战术定义为12 "在交战中使用武装力量"。[48]战术层面的特点是规模比较小，在其内作战的军事单元可以小到一个步枪班或一个机枪组（甚至还有个人战术，即单兵的行动），他们的行动在相对有限的空间内进行。同时，战斗的安排顺序，以及天气和地形的细节也是至关重要的。[49]最后，但同样重要的是，战术层面更多关涉到的是个人的勇气。[50]战术基本上是军官所统摄的领域，如果涉及非常小的部队，

47　一些分析家认为还有一个更低的层次，即技术层次（军事技术）。参见Luttwak, *Strategy*。我们认为，技术应该被视为影响战略的结构性因素之一，如地理学。关于遵循这一路径的专著，参见 Martin van Creveld, *Technology and War* (New York: Free Press, 1989)。

48　紧接着，克劳塞维茨又将战略定义为 "战略是为了达到战争目的而对战斗的运用"，参见 Clausewitz, *On War*, bk.2, ch.1, p.128。有人认为，克劳塞维茨也发现了后来被定义为作战层面的东西；见 Wallace P. Franz, "Two Letters on Strategy: Clausewitz' Contribution to the Operational Level of War," in Michael I. Handel (ed.), *Clausewitz and Modern Strategy* (London: Frank Cass, 1986), pp.171-194。

49　参见克劳塞维茨在战术层面对后备力量可用性给予的更多重视。克劳塞维茨在战术层面上更加重视后备力量的可用性，但同时声称后备力量在战略中没有地位，因为战略必须利用所有可用的力量；Clausewitz, *On War*, bk.3, chs.12-13。

50　这并不意味着高级指挥官不应该勇敢，而只是说个人勇敢并不是对他们的首要要求。法国陆军元帅巴赞（Bazaine）尽管英勇无畏，但在 1870—1871 年的普法战争中，作为法国军队的总司令，他的表现是灾难性的。事实上，在有些情况下，他的勇敢反而成了一种劣势，因为他坚持要站在第一线，因此无法进行全面指挥。参见 Michael Howard, *The Franco-Prussian War* (London: Routledge, 1988), p.155。

则是士官（non-commissioned officers，NCOs）的领域。

在进行战略分析时，从战略的层面进行思考是非常重要的。这有两个原因：a）在某一层面上可行或可取的行动方案在另一层面上可能不切实际甚至背道而驰；b）由于各个层面之间存在持续不断的互动，其中一个层面出现的运转失灵可能会对整个战略结构产生不利影响。

关于第二点，克劳塞维茨和老毛奇都强调指出，当战略错误时，战术灵活性不足以弥补战略错误。日本和德国在第二次世界大战中的例子经常被用来说明这一点。尽管他们的武装力量（尤其是德国的武装力量）在战术和作战层面表现出了高度的效力，但在大战略层面上的重大失误（与远比他们实力强大的对手作战）注定了这两个国家的失败。[51]

现在谈论伊拉克战争（2003 年）的政治后果似乎还为时尚早，更不用说对导致这场战争的美国大战略的合理性做出判断。[52]

---

51 关于二战中主要交战方在不同战略层次上的比较评估，参见 Allan R. Millett and Williamson Murray (eds.), *Military Effectiveness, Volume III: The Second World War* (Boston, MA: Unwin Hyman, 1988)。

52 对美国大战略的合理性以及伊拉克的未来前景的不同观点，参见 Wesley K. Clark, *Winning Modern Wars: Iraq, Terrorism and the American Empire* (New York: Public Affairs, 2003); John Lewis Gaddis, *Surprise, Security, and the American Experience* (Massachusetts: Harvard University Press, 2004); Toby Dodge, "Iraq's Future," *Adelphi Paper* 372 (London: International Institute for Strategic Studies, 2005); Daniel Byman, "Five Bad Options for Iraq," *Survival*, vol.47 no.1 (Spring 2005), pp.7-32; Yahia Said, "Iraq in the Shadow of Civil War," *Survival*, vol.47, no.4 (Winter 2005-06), pp.85-92; Christopher J. Fettweis, "On the Consequences of Failure in Iraq," *Survival*, vol.49, no.4 (Winter 2007-08), pp.83-98。

尽管如此，美国似乎不仅无法实现其在这场战争中的核心政治目
标之一，即建立一个由友好政权统治的稳定、民主的伊拉克，并
使之成为中东民主的典范，而且伊拉克还有可能长期陷入不断加
深的泥潭。在伊拉克战争的常规阶段，美国武装部队在军事战略、
作战技艺和战术领域表现出色。[53]在该战争的反叛乱阶段，他们在
以上领域也有出色的表现。[54]然而，如果有关伊拉克未来的悲观预
测成真，那么这场战争将成为"低层次战略的机敏无法帮助带有
缺陷的大战略实现国家政策目标"的又一事例。

　　然而诸层次之间也经常会以相反的方式发挥作用，即较低的
13　层次可能也会影响较高的层次。正如巴兹尔·李德·哈特（Basil
Liddell Hart）所言，一项战略的成功取决于它在战术上是否可
行。因此，斯大林的将领们在 1941 年 12 月将德军从莫斯科郊区
击退后，在 1941—1942 年的隆冬发动了大规模的反攻，旨在粉
碎德军，因为斯大林正确地抓住了德军的弱点。尽管苏军及其指
挥官表现出了高涨的热情，但他们还没有获取战争胜利的必要的
作战和战术效率。其结果是，他们所遭受的伤亡与在他们的攻势

53　参见 Williamson Murray and Major General Robert H. Scales, Jr., *The Iraq War*
(Cambridge, MA: The Belknap Press of Harvard University Press, 2003)。

54　这主要是指彼得雷乌斯将军和奥迪尔诺将军（Generals Petraeus and Odierno）
鼓舞人心的领导能力，参见 Frederick W. Kagan and Kimberly Kagan, "The
Patton of Counterinsurgency: With a sequence of brilliant offensives, Raymond
Odierno adapted the Petraeus doctrine into a successful operational art", *The
Weekly Standard*, vol.13, no.25 (March 10, 2008)。

之下取得的微乎其微的结果不成比例。[55] 之后，苏联红军采用在1942年初失败的同一战略，证明了他们有能力取得战争的全面胜利。

在结束对战略层次的讨论时，我们得出这样一个结论，除了大战略和军事战略外，还有一些其他的战略，在原则上是可行的，但因为它们所使用层次上的错误而导致了失败。薛西斯带领波斯人入侵希腊（公元前480年）的战略就是这样的情况。薛西斯的大战略包括精心集结庞大的军事力量，以确保其政治目标（征服希腊）的实现，同时利用希腊城邦之间的分歧，将其中许多城邦争取到他的那一边。他的军事战略强调陆军和海军之间的协作，以保持其庞大的军队从亚洲获得小麦供应。一切进展顺利，雅典被攻陷。然而灾难却发生在作战层面，即薛西斯决定在萨拉米斯海峡作战（公元前480年）。狭长的战线抵消了波斯人在军队数量上的优势，希腊的重型战船帮助他们取得了胜利。尽管如此，波斯人依旧可以实现他们的目标，因为他们在希腊的剩余兵力数量是相当可观的。然而，由于一次战术失误，他们最终输掉了普拉蒂亚（Plataea）战役（公元前479年）。在普拉蒂亚，他们最初是占据优势的：他们的主力部队被转移到了与斯巴达人对峙的弓箭手身后，从而切断了弓箭手的撤退路线。在面对意志坚定的斯巴达人时，他们毫无防备。最终，波斯军队陷入混乱，溃不成军。一个在客观上注定会成功的卓越战略设计被作战和战术上的无能

55　参见 John Erickson, *The Road to Stalingrad* (London: Weidenfeld and Nicolson, 1993), ch.8。

所摧毁。[56]

14   大战略的各个方面：军事和非军事组成部分

　　鉴于大战略的概念是我们分析的核心，我们有必要对它进行
更深入的阐述。[57]从本质上讲，大战略是一个国家关于如何为自己
带来安全的理论，即维护其主权、领土完整和相对权力地位。[58]事
实上，各国选择确保自身安全的方式构成了大战略的核心，他们

56　关于薛西斯战役的经典描述可以参阅希罗多德的著作，bks. VII-IX。关于萨
　　拉米斯战役和普拉蒂亚战役，参见 VIII 84-89 和 IX 60-65。关于现代的分
　　析，参见 J.F.C. Fuller, *The Decisive Battles of the Western World* (London: Eyre
　　& Spottiswoode, 1954), ch. 1。还有一个不太有说服力的分析，即将波斯的失
　　败归因于每一位波斯国王都有征服的心理需求，这反过来又使他容易犯下过
　　度扩张的罪行，参见 Barry S. Strauss and Josiah Ober, *The Anatomy of Error:
　　Ancient Military Disasters and Their Lessons for Modern Strategists* (New York: St,
　　Martin's Press, 1990), ch.1。征服的心理需求和随之而来的过度扩张的危险当然
　　是存在的，但如果波斯人没有在萨拉米斯作战，没有在普拉蒂亚犯下战术失
　　误，就很难看出他们怎么会输掉这场战争。已故的波斯帝国著名历史学家奥姆
　　斯特德（Olmstead）教授谈到了我们分析中强调的许多要点。然而，他也提出
　　了一个完全未经证实的说法，即就算是在普拉蒂亚之后，波斯人仍然有能力
　　"向厌战的盟友投入新的军队，并迅速将他们扫荡到太平洋的最南端"；A.T.
　　Olmstead, *History of the Persian Empire* (Chicago, IL: The University of Chicago
　　Press, 1948), p.259。事实上，波斯人不仅无法做到这一点，而且，正如我们将
　　在下一章看到的那样，在普拉蒂亚之后，希腊人能够立即在亚洲对波斯人发动
　　进攻。

57　这一部分主要借鉴了波森的观点，见 Posen, *The Sources of Military Doctrine*,
　　p.13。

58　在区分强国和弱国的基础上，对安全这个概念的详尽分析，参见 Barry Buzan,
　　People, States and Fear (2nd edn.) (London: Harvester Wheatsheaf, 1991), ch.2。

在现实中对这些方式的实践，乃是对特定大战略成功与否的关键考验。换句话说，大战略的有效性可以通过经验来检验。从整体上讲，大战略必须包含这样一个解释，即说明某种特定安全理论会在给定的环境中具备有效性的原因。大战略可以理解为：当一个国家在安全方面面临具体威胁时，它所做出的反应；它必须找到那些潜在的威胁，并为这些威胁制定政治和其他方面的补救措施。大战略应被视为一条政治－军事的目标－手段链，其中军事实力与军事战略相关联，而军事战略又与政治目标相关联。从理论上讲，大战略利用本国所拥有的优势，旨在将对手的优势最小化。我们已经说过，在资源匮乏的情况下，战略是行不通的，大战略也不例外。在无政府主义的国际环境中，潜在的威胁必然有很多，同时，应对这些威胁的资源也必然是稀缺的；因此，必须在威胁和补救措施之间确立一个优先顺序。

李德·哈特对大战略的概念进行了详尽的阐述，其中对大战略在和平时期和战争时期采用的各种手段进行了生动的描述。[59]据他说：

> 大战略——更高战略——的作用是协调和引导一个国家或国家集团的所有资源，以实现战争的政治目标，即由重大

59　根据保罗·肯尼迪（Paul Kennedy）的说法，大战略在和平时期和战争时期都发挥作用的观点是李德·哈特（在一定程度上，还有爱德华·米德·厄尔）对这一概念研究的贡献；换句话说，这是一个相对较新的观点；参见 Paul Kennedy, "Grand Strategies in War and Peace"。

方针所确定的目标。大战略应该计算和开发国家的经济资源和人力资源，维持战斗服务。此外，道德资源——培养人民的意志精神，往往与拥有更具体形式的战力一样重要。大战略也应该调节好服务业与工业之间的力量分配。此外，战斗力只是大战略的工具之一，大战略还应该考虑并运用财政压力、外交压力、商业压力，尤其是道德压力的力量，来削弱对手的意志。[60]

15   既然我们已经广泛讨论了大战略的军事组成部分，那么接下来也简要评论一下同样非常重要的非军事组成部分。[61] 外交手段是大战略的一个组成部分，它可以通过确保盟友的安全、尽量减少潜在对手的数量、与对手谈判或通过外交手段孤立他们的方式来促进国家安全。[62] 人们应该高度重视识别和利用国际（或区域）体系中现有或不断变化的形势所提供的机会。敏锐地发现这些机会的眼光，再加上利用这些机会的能力，可以使政治家取得非凡的成果。

奥地利首相克莱门斯 · 梅特涅（Clemens Metternich）就是一个很好的例子。自 18 世纪中叶以来，奥地利帝国一直在衰落；

---

60   Liddell Hart, *Strategy*, p.322.

61   也可参见 Michael Howard, "The Forgotten Dimensions of Strategy" in Michael Howard, *The Causes of War* (London: Temple Smith, 1983), pp.101-109。

62   参见 Stephen M. Walt, *The Origins of Alliances* (Ithaca, NY: Cornell University Press, 1987), chs. 1, 2, 8。

它在拿破仑战争的冲击下遭受了巨大的损失。奥地利帝国是由多个民族组成的，随着民族主义这个新概念的出现，其民族构成便成为一个令人担忧的问题。尽管如此，梅特涅不仅使奥地利在拿破仑被击败后获得了巨大的领土收益，而且确保了未来几十年中奥地利在德意志和意大利的霸权地位。梅特涅成功的秘诀很简单：在法国大革命和拿破仑战争造成的动荡之后，欧洲各大国的口号是"稳定"[63]，梅特涅成功地说服了两个关键角色，即英国和俄罗斯，称奥地利是中欧和意大利半岛稳定的理想守护者，而其本身也不会对权力平衡构成绝对威胁。

大战略的经济要素也对国家安全有着深远影响。这可以通过两种方式实现：a）通过经济的方式支持军事战略（例如，支持武器采购、维持长期动员能力等）和外交（例如，可以通过经济方式资助国外有影响力的团体）；b）以独立身份，向外国提供经济援助或对其进行经济贸易战。[64]

尽管拥有强大的经济基础并不意味着能够相应地保证军事实力（如波斯帝国 vs. 亚历山大，或西罗马帝国 vs. 蛮族），但是，两者之间的紧密关联性肯定毋庸置疑。类似地，花钱结盟的想法可能由来已久。在近代早期，红衣主教黎塞留（Cardinal

63　参见 Henry Kissinger, *A World Restored: Metternich, Castlereagh and the Problems of Peace 1812-1822* (Boston, MA: Houghton Mifflin, 1973)。

64　参见 David A. Baldwin, *Economic Statecraft* (Princeton, NJ: Princeton University Press, 1985); Paul Kennedy, *The Rise and Fall of the Great Powers: Economic Change and Military Conflict from 1500 to 2000* (New York: Random House, 1987)。

Richelieu）为了获得强大的瑞典军队的支持来对抗德意志皇帝，于是向瑞典国王古斯塔夫斯·阿道尔弗斯（Gustavus Adolphus）

16　提供资助，这就为后人树立了一种模式。英国以同样的方式资助普鲁士的腓特烈大帝，使他不仅能牵制奥地利人，还能牵制法国人。经济援助是另一个熟悉的概念。拿破仑战争中就有这样一个比较有意思的经济战案例：拿破仑实施大陆封锁，禁止欧洲人与英国进行贸易，英国人则通过海上进行封锁，试图确保欧洲人只与英国进行贸易。英国的封锁是令人讨厌的，而且并不完全符合国际法，但与英国的贸易有很大的吸引力，因为发达的英国经济可以为欧洲人提供很多有价值的商品。因此，打破拿破仑大陆体系的诱惑太大了。事实上，俄国选择与英国进行贸易的决定，是拿破仑发动入侵俄国的灾难性战争的主要原因之一。[65]

　　除了军事、经济和外交力量（如联盟）等所谓的"硬实力"以外，各国还拥有并在其大战略中使用的所谓"软实力"。[66]文化、意识形态或宗教亲缘性等是这种"软实力"的不同形式。如今，一个国家还可以通过参加一些有影响力的国际组织（如欧盟、北约）来获得一定的影响力。

　　软实力是不容小觑的。事实上，它可以在确保国内外大战

65　对这个主题的经典分析来自 Alfred Thayer Mahan, *The Influence of Sea Power Upon the French Revolution and Empire, 1793-1812* (2 vols.) (London: Sampson Low, Marston, 1893)。

66　关于这个概念，参见 Joseph S. Nye, Jr., *Soft Power: The Means to Success in World Politics* (New York: Public Affairs, 2004)。

略的合法性方面发挥重要作用。这确实是大战略的政治组成部分。拜占庭帝国提供了一个利用软实力的教科书级别的案例，即令各蛮族皈依基督教的转变，这样便最大程度上降低了对手的数量，从而扩大了帝国的影响力。[67]苏联对共产主义意识形态的利用则是另外一个类似的例子。而同样地，伊朗对伊斯兰原教旨主义（Islamic Fundamentalism）的利用，则使其在硬实力之外获得了更高的国际影响力。

大战略的类型

我们已经介绍了一种基于目标－手段混合的军事战略，即进攻性战略、防御性战略、威慑性战略和威逼性战略。大战略的类型也有很多。另外一个特别重要的类型将在我们的研究中广泛使用，它是由德国杰出的军事战略史家德尔布吕克（Hans Delbrück）根据战略所采用的手段设计的。

德尔布吕克主要介绍了两种基本的战略形式：歼灭战略（Niederwerfungsstrategie）和消耗战略（Ermattungsstrategie）。[68]歼灭战略主要是歼灭敌人有生力量，它遵循的是决战（Vernichtungsschlacht）

67 参见 Haralambos Papasotiriou, *Byzantine Grand Strategy* (Ph.D. Diss., Stanford University, 1991)。

68 Hans Delbrück, *History of the Art of War* (4 vols.) (Lincoln, NE: University of Nebraska Press, 1975-1985). 也可参见 Gordon A. Craig, "Delbrück: The Military Historian," in Paret, *Makers of Modern Strategy*, pp.326-353。

的原则，[69]而消耗战略则仅仅将战斗作为各种手段之一，除此之外，还有领土占领、农作物毁坏、海上封锁等方式。总体而言，对敌人造成经济损失在这一战略中起着关键作用。消耗战略既不是歼灭战略的变体，也不是它的子集。相反，这种战略往往是一个国家实现其政治目标的唯一途径。必须注意的是，这两种战略都是理想的类型；在实践中，人们经常会遇到两者的混合。

尽管德尔布吕克提到了军事战略，而不一定提到大战略，但是，他对歼灭战略和消耗战略的区分对于大战略的研究是非常宝贵的。此外，还必须注意的是，在德尔布吕克的时代，大战略一词的使用比现在更具限制性；也就是说，它只涵盖一个国家的总体战争政策。如今，大战略的定义则是指利用所有可用的手段，而不是局限于传统的军事手段。尽管如此，根据大战略中最突出的手段特征，它仍然可以区分为歼灭战略和消耗战略。在大战略的歼灭战略中，国家主要依靠军事战略；所有其他战略（经济、外交等）基本上都是从属于它的。另一方面，大战略中的消耗战略是同时利用一切可能的手段，以实现国家政策设定的目标。[70]

拿破仑战争是歼灭战略的经典范例。在几场决定性的战斗中

---

69 正如劳伦斯·弗里德曼（Lawrence Freedman）指出的那样，战争很少局限于导致一方取得决定性胜利的决战。然而，这并不否定理想类型的歼灭战略作为战略规划和分析工具的效用。见 Lawrence Freedman, "The Changing Forms of Military Conflict," *Survival* 40, 4 (Winter 1998-99), p.40。

70 "消耗大战略"与安德烈·博弗尔所说的"间接战略"大致一致；参见 Beaufre, *Introduction to Strategy*。尽管他确实区分了"间接战略"和"间接路线"，但我们认为这两个术语之间的混淆是无法完全避免的。

（如马伦哥会战、奥斯特里茨战役、耶拿战役、弗里德兰战役、瓦格拉姆战役），这位法国皇帝彻底击溃了敌人的武装力量，迫使他们求和。[71] 另一方面，英国从 17 世纪开始采取的大战略则是消耗战略的典范。所谓的"英国战法"（British way of warfare）可以具体描述为：a）港口封锁；b）针对敌对大陆列强的殖民地和海外贸易的远海行动；c）对盟国进行援助；d）名义上承诺向欧洲大陆派遣地面部队；e）围绕大陆沿岸进行袭击，利用海上力量的灵活性展开突然行动。[72]

实际上，拿破仑战争创造了本研究将使用的第二种大战略类型，即"直接路线"和"间接路线"战略。必须指出的是，这些概念并不局限于大战略层面，而是扩展延伸到所有层面的战略；尽管如此，我们将重点关注它们在大战略层面的应用。

克劳塞维茨在《战争论》所引用的上百个战争史例中，约有三分之二是拿破仑时期的战争史例。克劳塞维茨强调了"直接路线"战略，进攻敌人时，不是从翼侧迂回接近目标，而是径直向地方"重心"（即最强的组成部分）进行正面突击；作战中不是首

18

---

71 关于拿破仑的参考书目非常多，参见 Fuller, *The Conduct of War*, pp.42-58; Peter Paret, "Napoleon and the Revolution in War," in Paret, *Makers of Modern Strategy*, pp.123-142; David G. Chandler, *The Military Maxims of Napoleon* (New York: Macmillan, 1997)。关于一条批判性观点，见 Correlli Barnett, *Bonaparte* (Ware: Wordsworth, 1997)。

72 参见 B. H. Liddell Hart, *The British Way in Warfare* (London: Faber, 1932)。关于对"英国战法"的批判性介绍，见 Colin Gray, "History for Strategists," in Geoffrey Till (ed.), *Seapower: Theory and Practice* (Ilford: Frank Cass, 1994), pp.23-25。

先瓦解敌人的抵抗意志，造成有利态势，而是径直向心理状态良好、士气高昂的敌人进攻等。在大多数情况下，这个重心主要是指敌人的武装力量；因此，必须摧毁这些武装力量。显然，歼灭战略在克劳塞维茨的理论中占据着核心地位，难怪直至今天，它一直与克劳塞维茨以及拿破仑联系在一起。[73] 不过，"歼灭战略"和"直接路线"并不是两个完全相同的概念，我们会在后面加以阐释说明。

相比之下，在李德·哈特的著作中，他一直主张支持"间接路线"的优势。[74] "间接路线"这个概念有一段动荡的历史，李德·哈特对它的反复阐述使该术语实际上变得毫无意义。[75] 然而，我们相信仍然可以从这个概念的混乱使用中挽救出一些有用的东西："间接路线"战略一般主张避免正面强攻敌方坚固阵地的作战方式，把战斗行动尽量降到最低限度，避免消耗战，强调用各种手段出敌不意地奇袭和从翼侧迂回以猛击敌要害地点，使其在物质上蒙受损失，在精神上丧失平衡，何种时机采用何种方式无固

73　关于克劳塞维茨，参见 Clausewitz, *On War* 以及 Michael Howard, *Clausewitz* (Oxford: Oxford University Press, 1983)。关于拿破仑和克劳塞维茨与歼灭战略的联系，见 Edward N. Luttwak, "Toward Post-Heroic Warfare," *Foreign Affairs* 74, 3 (May/June 1995), pp.109-122, 以及 Azar Gat, *The Development of Military Thought: the Nineteenth Century* (Oxford: Clarendon Press, 1992), pp.1-45。

74　关于李德·哈特的战略思想，参见 Liddell Hart, *Strategy* 以及 Brian Bond, *Liddell Hart: A Study of his Military Thought* (London: Cassell, 1977)。

75　对于李德·哈特战略思想中"间接路线"概念的早期体现，以及该概念的流动性，参见 John J. Mearsheimer, *Liddell Hart and the Weight of History* (Ithaca, NY: Cornell University Press 1988), pp.89-93。

定规律，这都需要灵活掌握，一切均以破坏敌人的稳定性为准则，最终达到不用进行决战而取胜的目的。在大战略层面上，"间接路线"可被视为通过将战争力量用于对付次要对手来回避主要对手，推迟决定性打击，以等待更合适的时机。

大战略的规划和评估

综合上述分析，我们得出的结论是，要想在大战略上获得成功，需完成以下四个层面的规划 [76]（见表 1.3）：

1. 评估国际环境以确定对国家安全的潜在或实际威胁，以及 19 在这种环境中实施大战略存在的各种制约性因素和机会。显然，在这一层面上，对大战略的关键考验是国际战略契合度。

2. 根据现有可用的手段以及上述威胁、限制和机遇，确定大战略要追求的目标。鉴于始终存在资源的匮乏，所追求的目标也有一定的限度。正如我们之前提到的，必须在各种目标之间确定优先次序，但必须确保所设定的目标不超过现有可用的手段，否则将会导致过度扩张的现象，我们稍后将对此进行详细阐述。避免过度扩张是衡量大战略表现的一个重要指标。

3. 合理地进行资源分配以实现大战略规划的目标。手段必须适合目的，以避免浪费稀缺资源和为今后的任务调集不足的资源。因此，避免手段的冗余或不足是大战略必须满足的关键考验。

---

76 参见 Kennedy, "Grand Strategies in War and Peace"; Papasotiriou, *Byzantine Grand Strategy*。

在国内和国际层面塑造大战略的"形象",使得：a）社会积极支持国家的大战略；b）国家结构的所有部分都朝着共同的目标努力；c）让国际社会都认同国家大战略的合法性。换言之,要在这个层面取得成功,大战略必须得到国内社会和国际社会的认可。

表1.3：大战略规划

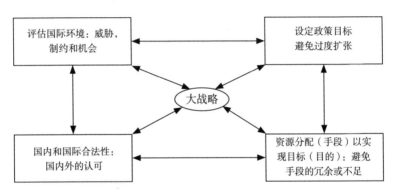

我们已经指出,大战略是关于如何才能最好地维护本国安全的理论,其有效性可以通过经验性的方式进行验证。我们还论述了为证明这个理论的有效性而必须满足的关键条件。此外,还有五个标准用于评估大战略。[77]

第一是外部契合标准,即大战略与国际国内政治环境的契合程度。随着1945年两极格局的出现,小国很难在不同超级大国之间通过不断选择效忠于谁的方式推行一项大战略；相反,它

77　参见 Papasotiriou, *Byzantine Grand Strategy*, pp.34-37；以及 Haralambos Papasotiriou, *Byzantine Grand Strategy, 6th-11th century* (Athens: Poiotita, 2000) (text in Greek), pp.33-34。

们必须一劳永逸地选择一个阵营（如果它们确实被允许这么做的话）。[78]就国内政治环境而言，从法国大革命开始，公众对外交政策的日益关注，使得决策者难以遵循联盟不变的策略，因为昨天的朋友很可能会变成今天的敌人。

第二是手段和目的之间关系的标准，即大战略的目标与可用手段的对应程度，反之亦然。这就涉及一个传统问题，即如何避免过度扩张（也即追求超出自己能力范围的目标），[79]同时又不过度减少自己的目标（见表 1.4）。如上所述，这是大战略的一个非常重要的标准。

第三个标准是效率，即一项大战略是否充分利用了现有资源。这就导致了成本－效益评估的问题。一个国家在特定时刻可采用的每一种战略设计方案都会导致对成本和收益的不同计算。因此，战略家的任务就是去找到那个最优策略，在成本－效益分析中产生最好结果的策略。

表 1.4：连接大战略的手段和目的

		政治承诺（目的）	
		少	多
可利用的手段 军事力量	少	消极被动	过度扩张
	多	减少目标	战略充足

78　Platias, *High Politics in Small Countries*, ch. 2，以及 Michael I. Handel, *Weak States in the International System* (London: Frank Cass, 1981)。

79　关于一项经典分析，参见 Kennedy, *The Rise and Fall of the Great Powers*。

　　第四个标准是内部一致性，即大战略的一个要素或一种手段不妨碍另一要素或手段的功能。事实上，这就是 1973 年"赎罪日战争"之前发生在以色列身上的事情。以色列强调先发制人的军事战略，这与其强调争取美国支持的外交战略相冲突。然而如果以色列先发制人，就给人以侵略者的印象，那么它将失去美国的支持，从而使其外交战略变得很被动。[80]

　　第五个标准是容错性，即一项大战略在不付出过高代价的情况下承受偶然性错误和灾难的能力。上面提到的波斯入侵希腊就是一个大战略的典型例子，它具有较低的容错性。另一方面，事实证明，冷战期间美国的大战略则具有高容错性。

　　现在，我们将继续研究修昔底德对大战略研究的贡献，在研究过程中，将会用到上面我们所提出的一些概念。

80　　参见 Platias, *High Politics in Small Countries*, ch. 5; Ariel Levite, *Offense and Defense in Israeli Military Doctrine* (Boulder, CO: Westview, 1989)。

2

雅典和斯巴达:
力量结构、早期冲突和战争原因

导　言

在本章中，我们将主要讨论雅典和斯巴达之间战略竞争的背景。本章将首先分析两个战略竞争对手的国内结构、战略文化和权力基础，其中，斯巴达的"霸权"与雅典的"帝国"形成了对比。然后，我们将简要概述在所谓"五十年时期"（*Pentecontaetia*，公元前479—前435年）雅典和斯巴达之间冲突的早期阶段，即波斯战争结束和伯罗奔尼撒战争开始之间大约50年的间隔。必须指出的是，我们并不打算详细论述"五十年时期"。相反，正如修昔底德本人所做的那样，我们将只关注最突

出、最具战略意义的事件。[1] 在这里还必须指出，我们的分析不会
涉及直接导致伯罗奔尼撒战争的事件。[2]

　　正如本章以及第三章和第四章所述，我们完全赞同修昔底德
的观点，即战争的起因是结构性的，雅典势力的增长引起了斯巴
达人的恐惧，于是斯巴达人随之产生了遏制这种增长的企图。[3] 因
此，我们认为，波提狄亚（Potidaea）和考居拉（Corcyra）的危
机在战争爆发中所起的作用相对较小。这些危机确实影响了战争
爆发的时间，但仅此而已；我们认为，国际体系的结构对战争起
到了至关重要的影响，它才是这场战争爆发的根本原因。[4] 关于修
24　昔底德对雅典和斯巴达战争起因的解释，及其对战争起因研究的
贡献等问题，我们将在本章的最后进行讨论。

斯巴达霸权与雅典帝国：国内结构与战略文化

　　斯巴达和雅典之间的冲突是两种截然不同的权力结构和组织

1　参见 Thucydides, I 89-117。

2　关于这些事件，即考居拉危机和波提狄亚危机，参见 Thucydides, I 24-68。

3　Thucydides, I 23.

4　同样，1914 年奥地利大公弗朗西斯·斐迪南遇刺事件显然影响了第一次世界大
战爆发的时机。然而，与第一次世界大战爆发的深层结构性原因相比，这只是
一件微不足道的小事，其中最主要的原因是德国势力的崛起以及随之而来的德
国改变现状的企图。关于第一次世界大战爆发前欧洲国家间体系的两个出色的
结构性分析，参见 Paul Kennedy, "The First World War and the International Power
System," *International Security* 9, 1 (1984), pp.7-40, 以及 Michael Mandelbaum, *The
Fate of Nations* (Cambridge: Cambridge University Press, 1988), pp.31-56。

方式的社会之间的冲突。这两个社会各自的国内结构对交战双方的战略文化或民族风格产生了深远的影响。[5]

众所周知，雅典政体是民主政治的原型。公民大会（*ecclesia*）是城邦的最高权力机关。这是一个所有雅典成年男性公民都有资格参与的最重要的决策机构。公民大会每年至少召开40次会议，他们公开辩论，并以多数票做出决定。城邦的重大问题，甚至军事规划的细节，都由公民大会决定。诚然，大会每年都会选出十名将军（将军可以连选连任），但将军的行为会受到公民大会的不断审查，公民大会往往会对将军的不当行为进行指控和惩罚。[6]

尽管直接民主的政治组织往往导致决策不一致，但是，每一个公民都能体验到积极参与城市事务的感觉，这远远抵消了直接民主所带来的缺点。这种感觉确保了每个公民都积极参与国家政策的制定和实施，并调动一切可用手段实现该政策制定的各种

5　关于战略文化的概念，参见 Ken Booth, *Strategy and Ethno-centricism* (London: Croom Helm, 1979); Colin Gray, *Nuclear Strategy and National Style* (London: Hamilton Press, 1986); Yitzhak Klein, "A Theory of Strategic Culture," *Comparative Strategy*, vol.10, no.1 (January-March 1991) pp.3-23; Thomas U. Berger; "Norms, Identity and National Security in Germany and Japan," in Peter J. Katzenstein (ed.), *The Culture of National Security* (New York: Columbia University Press, 1996), pp.317-356。

6　关于古代雅典政体的描述，参见 Aristotle, *Athenaion Politeia*。现代人对此的描述，参见 Anton Powell, *Athens and Sparta: Constructing Greek Political and Social History from 478 B.C.* (London: Routledge, 1988)，以及 Donald Kagan, *Pericles of Athens and the Birth of Democracy* (London: Guild, 1990)。

目标。[7]

　　相比之下，斯巴达的国内结构则完全不同。[8] 斯巴达政体由君主制（两位世袭国王）、寡头政治（一个长老理事会，即所谓的长老会议［*Gerousia*］，由 28 位终身制长老和两位国王组成）和民主政治（一个公民大会）组成。[9] 监察官共有五人，由公民大会一年一选，可能没有连任的权利，年满 30 岁的公民皆可当选。[10] 他们的职责是监督国王，审查国王的不法行为，监察公民生活。然而，尽管所有这些因素在斯巴达是共存的，斯巴达本质上依然是

7　希罗多德是第一个指出民主政体对雅典政权具有积极作用的人，参见 Herodotus, V 78。也可参见 Michael W. Doyle, *Empires* (Ithaca, NY: Cornell University Press, 1986), pp.66-67。

8　关于斯巴达政体的详细分析，参见 K.M.T. Chrimes, *Ancient Sparta: A Re-examination of the Evidence* (Manchester: Manchester University Press, 1949); Humphrey Michell, *Sparta* (Cambridge: Cambridge University Press, 1952); George L. Huxley, *Early Sparta* (London: Faber, 1962); A.H.M. Jones, *Sparta* (Oxford: Blackwell & Mott, 1967); W.G. Forrest, *A History of Sparta, 950-192 B.C.* (New York: Norton, 1968); G.E.M. de Ste. Croix, *The Origins of the Peloponnesian War* (London: Duckworth, 1972); M.I. Finley, "Sparta", in M.I. Finley, *The Use and Abuse of History* (London: Penguin, 1990), pp.161-177; Powell, *Athens and Sparta*。关于斯巴达的法律体系，参见 D.M. MacDowell, *Spartan Law* (Edinburgh: Scottish Academic Press, 1986)。

9　关于斯巴达的原始文本，即所谓的"公约"（Rhetra），其中描述了斯巴达政体，据说是由立法者吕库古（Lycurgus）创建的，见 Plutarch, *Lycurgus*, 6.1-2, 7-8。关于斯巴达公民大会的名称，与现在许多人的想法相反，似乎是 *Ecclesia* 而不是 *Apella*。参见 Ste. Croix, *The Origins of the Peloponnesian War*, pp. 346-347。

10　关于监督官选举的具体程序，我们并不清楚，参见 P.A. Rahe, "The Selection of Ephors at Sparta," *Historia* 29 (1980), 385-401; P.J. Rhodes, "The Selection of Ephors at Sparta," *Historia* 30 (1981), 498-502; H.D. Westlake, "Reelection to the ephorate?" *Greek, Roman and Byzantine Studies* 17 (1976), 343-352。

一个寡头政治政体。

斯巴达人向来以蔑视奢侈而著称，[11] 从 7 岁起，他们就将毕生 25
精力投入到军事训练中。这种长期的高强度训练，使得斯巴达人
成为当时世界上最优秀的战士。[12]

事实上，他们有充分的理由变成这样。斯巴达人最初在拉
科尼亚（Laconia，伯罗奔尼撒半岛东南）定居时，他们奴役当
地居民，即所谓的希洛人（Helots，音译为"黑劳士"）。希洛
人被迫耕种土地，并将部分产品交给他们的斯巴达主人。这使
得斯巴达人能够专注于军事训练。此外，当斯巴达征服了麦西
尼亚（Messenia，伯罗奔尼撒半岛西南部）时，希洛人的数量
也随之增加。[13] 斯巴达人和希洛人每时每刻都处在一种敌对状态

11　事实上，事情并没有那么简单。直到公元前 6 世纪的某个时候，斯巴达人才
　　开始过上艰苦的生活；斯巴达内部巨大的财富不平等是持续分裂的根源。
　　有一篇论文将紧缩政策的开始与斯巴达平民权力的崛起联系起来，参见 L.F.
　　Fitzhardinge, *The Spartans* (London: Thames and Hudson, 1980)。然而，菲茨哈
　　丁（Fitzhardinge）声称贵族家族和长老会议在这一过程中失去了权力，这种
　　说法是完全错误的。在斯巴达独立存在的整个过程中，长老会议及其背后的贵
　　族一直牢牢掌控着斯巴达的命运。
12　这在古希腊得到了一致认可，参见 Herodotus, VII 104, VII 204, IX 62, IX 71;
　　Thucydides, I 141, V 72, V 75; Xenophon, *Lacedaimonion Politeia*, 13。关于斯
　　巴达的军事组织，参见 Chrimes, *Ancient Sparta,* pp.356-396; Michell, *Sparta*,
　　pp.233-280 (pp.274-280，与斯巴达海军的交易); J.F. Lazenby, *The Spartan
　　Army* (Warminster: Aris & Phillips, 1985)。
13　修昔底德说，在斯巴达，奴隶与自由人的比例比任何其他城市都要高;
　　Thucydides, VIII 40。这一比例大约在 7：1 到 10：1 之间，参见 Paul
　　Cartledge, *Sparta and Laconia: A Regional History, 1300-362 B.C.* (London:
　　Routledge & Kegan Paul, 1979), p.175，和 G.B. Grundy，引自 Donald Kagan,
　　The Outbreak of the Peloponnesian War (Ithaca, NY: Cornell University Press,
　　1969/1994), p.26。

中。[14]希洛人不断寻找反叛的机会，斯巴达人则试图用一切可能的方法镇压他们。[15]实际上，斯巴达人已经把他们的城市变成了一个武装营地，并据此生活。[16]

至于雅典和斯巴达的"战略文化"，人们可能会注意到，与充满活力的雅典人相比，斯巴达人的最大特征是保守和谨慎。正如他们的盟友科林斯对斯巴达人所说的那样：

> 雅典人热衷于革新，其特点是敏于构想，并将想法立即付诸实施。而你们的天性就是维持现状，总是缺乏革新意识，在被迫行动时也未取得足够大的成就。另一方面，雅典人的冒险之举超出了他们的判断，危难之中他们仍能保持自信。而你们的习惯是想做的总是少于你们的实力所能做到的；你们总是不相信自己的判断，哪怕这个判断已经得到你们的认可；你们还总是认为危险是不可解除的。而且，他们的果断和你们的迟疑形成对照；他们总是在海外，你们总是在家乡。因为他们希望远离家乡而扩大其所得，你们则认为任何行动都会使你们既得的东西发生危险。他们在胜利时马

14　事实上，每年执政官上任后，都会正式向希洛人宣战；Plutarch, *Lycurgus*, 28。因此，斯巴达人可以杀害希洛人而不构成杀人罪。然而，在实践中，尽管斯巴达人有时会非常严厉，但他们对待希洛人的态度据说还算不错。此外，通常忠于斯巴达的拉科尼亚希洛人与斯巴达"最大的"敌人麦西尼亚希洛人之间一直存在区别；参见 Michell, *Sparta*, pp.75-84。

15　参见 Thucydides, I 101, IV 41, IV 80。

16　Plutarch, *Lycurgus*, 24.

上乘胜前进，在受到挫折时也绝不退缩；他们认为他们要
为城邦的事业慷慨捐躯；他们注意培养自己的智慧以为城
邦尽心效力。[17]

　　雅典人和斯巴达人之间战略文化的差异，与其说是由他们的
"民族性格"不同所导致的，倒不如说是由他们各自的政治体制的
不同所导致的。[18]雅典的民主政体鼓励公民参与国家事务，培育创
新精神，尽管有时候这种精神近乎鲁莽。相反，在斯巴达，长老
会议的核心作用是确保城邦政策的稳定，[19]但这同时导致了城邦的

17　Thucydides, I 70. 本书中修昔底德的所有引文均出自雷克斯·华纳（Rex
　　Warner）译本（London: Penguin, 1972），该译本至今仍是修昔底德最有
　　力的英译本，当然它并不完美。珍贵的斯特拉斯勒（Strassler）版修昔底德
　　（Robert B. Strassler[ed.], *The Landmark Thucydides: A Comprehensive Guide to
　　the Peloponnesian War* [New York: Free Press, 1996]）使用的是理查德·克劳利
　　（Richard Crawley）根据旧版本翻译的一个不太令人满意的译本。（本书中所
　　有关于《伯罗奔尼撒战争史》部分的引文，均引自徐松岩翻译的《伯罗奔尼撒
　　战争史》[上下册][上海人民出版社，2007]，后面不再一一说明。——译
　　者注）

18　修昔底德对雅典人和斯巴达人的民族性格差异做了大量论述；参见 Thucydides,
　　I 69, I 84, I 118, IV 55, V 54-55, VIII 24。也可参见 Victor Davis Hanson, *A War
　　like no Other: How the Athenians and the Spartans Fought the Peloponnesian War*
　　(New York: Random House, 2005), pp.8-9，以及 W. Daniel Garst, "*Thucydides
　　and the Domestic Sources of International Politics*," in Lowell S. Gustafson (ed.),
　　Thucydides' Theory of International Relations: A Lasting Possession (Baton Rouge,
　　LA: Louisiana University Press, 2000), pp.67-97。

19　斯巴达的外交政策有时也会变化特别大，但他们在军事能力和霸权争夺方面却
　　基本上没有变化过，他们先是在伯罗奔尼撒半岛争夺霸权，之后又在整个希腊
　　争夺霸权。

26 过度保守和无法跟上外部发展。对希洛人叛乱的持续恐惧更加加
   剧了斯巴达人的保守和谨慎，这也使他们不太敢尝试去远方探险
   和远征。

   这些不同的战略文化在这两个城邦的安全政策中表现得很明
   显。修昔底德用了相当长的篇幅来记录"五十年时期"雅典政权
   的崛起。[20]起初，阿提卡半岛土地的贫瘠加上人口压力迫使雅典人
   将他们的目光转向大海，从而成为一个航海国家。因此，早在波
   斯入侵之前，雅典就已经拥有一支强大的海军。雅典凭借其强大
   的海军力量率先将波斯赶出了小亚细亚的希腊沿海城市。在这个
   过程中，雅典人也逐渐加强了对其盟友的控制；雅典帝国诞生了，
   雅典的财富越来越多：盟国的贡品、帝国的矿藏和商业活动的繁
   荣，这些无不大大促进了雅典这个超级大都市经济实力的增长。[21]
   雅典帝国这些源源不断的财富增强了雅典的海军力量，反过来，
   海军力量的增长又使帝国有了越来越多的收入，这样就形成了一
   个良性循环。对此，修昔底德简明扼要地指出：

   _____

   20 Thucydides, I 89-117. 也可参见下文。

   21 这是一个非常有趣的例子，说明了当今所谓的安全困境，即当一个国家采取的
       措施增加了本国的安全，却减少了他国的安全时所出现的情况。因此，波斯的
       威胁促使雅典人建立了自己的帝国（"对波斯的恐惧是我们的主要动机"；
       Thucydides，I 75）。帝国为雅典提供了安全保障，但这很快就被证明是对
       斯巴达及其盟国的威胁。参见 Robert Jervis, "Cooperation Under the Security
       Dilemma," *World Politics* 30, 2 (January 1978), pp.167-214. 关于雅典帝国，参见
       Russell Meiggs, *The Athenian Empire* (Oxford: Clarendon Press, 1972)。

> 因为他们不愿意服兵役，他们大都依照规定的数额缴纳金钱，而不提供船只，以免远离家乡。结果，雅典利用他们所缴纳的金钱，扩充雅典自己的海军，当他们发动暴动时，总是发现自己缺乏战争资源和军事经验。[22]

　　这种良性循环的发展体系为雅典带来了越来越多的收益，这种体系与斯巴达的那种以农业经济为核心的体系形成了鲜明的对比。[23]

　　另一方面，斯巴达并没有实施如此庞大的计划。因此，尽管

22　Thucydides, I 99. 同样，伯里克利也说过，雅典的力量来自盟国的付款；Thucydides, II 13. 英国东印度公司也使用了类似的方法：该公司强迫印度本土各邦提供资金，然后再用这些资金组建"印度兵"（sepoy）部队，从而使其对手的财政消耗和自身在印度次大陆的军事优势永久化；见 Bruce P. Lenman, "The Transition to European Military Ascendancy in India, 1600-1800", pp.100-130 in John A. Lynn (ed.), *Tools of War: Instruments, Ideas and Institutions of Warfare, 1445-1871* (Urbana, IL and Chicago, IL: University of Ilinois Press, 1990)。

23　关于雅典权力增长背后的动力，参见 Robert Gilpin, "The Theory of Hegemonic War" in R.I. Rotberg and T.K. Rabb (eds.) *The Origin and Prevention of Major Wars* (Cambridge: Cambridge University Press, 1988), pp.21-23, 以及 Doyle, *Empires*。迈克尔·多伊尔（Michael Doyle）指出，"奴隶制农业、帝国贡品和帝国矿藏产生了货币优势，货币优势又产生了商业优势，通过刺激航运又产生了海军优势，这反过来又维持了帝国。帝国产生了奴隶、贡品和矿产"；*Empires*, p.63。这段话很好地说明了雅典权力要素的内在动力。不过，我们必须指出，这段话高估了奴隶制农业作为雅典力量源泉的作用。此外，海军优势是雅典获得帝国及其财富的诱因，而非结果。

斯巴达传统上是希腊最强大的城邦，也是希腊最初在对抗波斯的斗争中的领导者，但他们很快就撤退了，并把领导权交给了雅典人，正如我们之前讨论的那样，雅典人利用这一权力为自己谋求到了很多利益。

斯巴达满足于控制伯罗奔尼撒半岛。这也得到了伯罗奔尼撒联盟（或同盟）的保证。此外，斯巴达也在其盟国建立了寡头制，以确保这些邦国服从斯巴达的利益（斯巴达在盟国建立了和斯巴达政治制度类似的制度，由少数人掌握国家实权）。[24] 伯罗奔尼撒同盟为斯巴达提供了宝贵的人力资源，以帮助规模相对较小的斯巴达军队。斯巴达想完全控制伯罗奔尼撒半岛的一个最大障碍就是强大的城邦阿耳戈斯（Argos）的存在。对斯巴达而言，阿耳戈斯是一个需要不断加以控制的永久性对手。[25]

对这两个对立城邦的考察揭示了一个重要的观点：尽管斯巴达的权力建立在坚实的基础上，但它缺乏雅典所拥有的那种活力。看来这种独特的斯巴达制度已经到了极限；它可以确保斯巴达的

---

24 Thucydides, I 19. 斯巴达的一些伯罗奔尼撒盟国，如埃利斯（Elis）和曼提尼亚（Mantineia）都是民主政体，只要它们忠于斯巴达，就可以保留自己喜欢的政体。顺便提一下，这意味着我们不应夸大斯巴达和雅典社会政治制度所谓对立性质的重要性；这一观点可参见 Justin Rosenberg, *The Empire of Civil Society: A Critique of the Realist Theory of International Relations* (London: Verso, 1994)。关于伯罗奔尼撒同盟，见 Kagan, *The Outbreak of the Peloponnesian War*, pp.9-30，以及 Ste. Croix, *The Origins of the Peloponnesian War*, pp.96-124, 333-342。

25 卡根（Kagan）提出一个典型论断，认为盟国因对阿耳戈斯的不信任和维护寡头政治的共同利益而团结在一起；参见 Kagan, *The Outbreak of the Peloponnesian War*, p.13。

独立和对伯罗奔尼撒半岛的控制，但仅此而已。[26] 斯巴达仍然是一个内向狭隘的城邦，他们的生计依赖于希洛人的农业经济，更糟糕的是，为了保护他们的土地所有权，斯巴达人开始限制他们后代的数量。随着斯巴达人口的不断减少，他们的实力也随之下降。[27] 相反，雅典通过建立一个商业和海洋帝国，开辟了新的道路，并自信地期待自己的力量可以持续不断地增长。

迈克尔·多伊尔（Michael Doyle）曾对雅典和斯巴达权力结构的不同性质进行了分析。根据他的说法，雅典的商业活动使其获得了国际上的巨大影响力，从而形成了一个由雅典这个"大都市"控制的"外围"商业圈。相反，斯巴达的国际影响力完全建立在其军事实力之上；对于相对较小的斯巴达战士群体来说，他们的军事成本却很高，这就限制了斯巴达的国际影响力。因此，雅典创建了一个"帝国"，一个控制着周边地区的大都市圈，而斯巴达只满足于其"霸权"，它只与那些规模和实力比其弱小的城邦

---

26 几个世纪后，伟大的希腊历史学家和政治家波里比乌斯（Polybius）正是这样论证的。他认为，尽管斯巴达的政治组织足以确保其在伯罗奔尼撒半岛的统治地位，但其有限的经济实力（这正是他们政治组织的结果）却无法让斯巴达进一步扩大其影响力。信息很明确：斯巴达要么改变其政治组织，要么将自己限制在伯罗奔尼撒半岛。参见 Polybius, I 6. 49-50。

27 公元前 5 世纪至公元前 4 世纪，斯巴达人口的迅速减少，令其他希腊人颇为震惊，参见 Aristotle, *Politics* II 9,1270a 33-34；Xenophon, *Lacedaimonion Politely*。现代学者也对这一主题进行了详细的研究，参见 Forrest, *A History of Sparta*, pp.134-137；Ste. Croix, *The Origins of the Peloponnesian War*, pp.331-332；Cardedge, *Sparta and Laconia*, pp.307-318。关于试图淡化该人口减少现象重要性的一种不太令人满意的说法，见 Chrimes, *Ancient Sparta*, pp.348-356。

关联在一起。[28]有趣的是,伯罗奔尼撒战争结束后,斯巴达人曾试图用自己的帝国取代雅典帝国。然而,正如我们已经提到的那样,他们的政治组织根本无法使他们在不诉诸纯粹军事力量的情况下完成这一事业。[29]斯巴达军事力量相对有限且成本高昂,这导致了斯巴达的过度扩张。结果,在伯罗奔尼撒战争后仅仅四十年,斯巴达帝国就崩溃了,斯巴达失去了对伯罗奔尼撒的控制,之后又失去了对麦西尼亚的控制。[30]

科林斯人再一次抓住了当时局势的本质,并对斯巴达人进行了精彩的描述:"与他们〔雅典人〕相比,你们的习惯已经过时了。政治上的法则和技艺上的法则一样,新陈代谢是不可逆转的。"[31]

28

---

28 Doyle, *Empires*, pp.54-81.

29 也就是说,这个大战略与斯巴达国内的政治环境并不匹配,因此也就没有达到与外部国际政治契合的标准。

30 关于建立斯巴达帝国的想法以及这一计划带来的灾难性后果,参见 Forrest, *A History of Sparta*, pp. 123-126; Donald Kagan, *The Fall of the Athenian Empire* (Ithaca, NY: Cornell University Press, 1987), pp.13,27, 306, 328, 397-426; Barry S. Strauss and Josiah Ober, *The Anatomy of Error: Ancient Military Disasters and Their Lessons for Modern Strategists* (New York: St. Martin's Press, 1990); Doyle, *Empires*, p.73。施特劳斯(Strauss)和奥伯(Ober)借鉴亚里士多德的观点,声称斯巴达没有能力推行帝国主义政策,因为斯巴达人严格的军事化教育使他们高估了军事力量的作用,从而使他们无法成功开展外交活动并达成妥协;见 Strauss and Ober, *The Anatomy of Error*, ch.3。尽管亚里士多德具有权威性,这种说法还是必须予以驳斥,因为斯巴达几个世纪以来一直在成功开展外交活动,很难说他们没有能力开展外交活动。此外,雅典人(以及后来的罗马人和其他许多人)并不是通过修辞和外交技巧获得帝国的,而基本上是通过成功运用军事力量达到目的。斯巴达的问题不是过分强调军事力量,而是缺乏足够的军事力量。

31 Thucydides, I 71.

雅典和斯巴达：冲突的早期阶段

雅典和斯巴达之间的早期冲突始于公元前 479 年，当时他们正在远征波斯人。希腊在普拉蒂亚战役中战胜波斯人的那一天，斯巴达国王列奥提西达斯（Leotychidas）率领一支希腊远征军在小亚细亚的米卡里（Mycale）登陆，击败了一支波斯军队，摧毁了驻扎在那里的波斯舰队。[32] 希腊城市伊奥尼亚（Ionia，位于小亚细亚的爱琴海岸）开始暴动反抗波斯人，而希腊人在斯巴达摄政王鲍萨尼亚（Pausanias）的领导下，很快占领了拜占庭（当时拜占庭尚在波斯人手中），从而控制了达达尼尔海峡（Dardanelles Strait）。[33] 突然，希腊人开始进攻；他们将在接下来的三十年里继续这种攻势。

然而，他们将在新的领导下如此行动。鲍萨尼亚粗暴的态度以及他与波斯人的背信弃义的接触，使得斯巴达领导层在其他希腊人中非常不受欢迎。无论如何，斯巴达人似乎已经受够了远征。他们与伯罗奔尼撒盟友一起退出了联盟，并将领导权让给了雅典人。因此，在公元前 478 年，雅典在反波斯斗争中成为希腊人的领导者，这预示着提洛同盟（Delian League）的诞生。[34] 这是一

32　Herodotus, IX 96-106.

33　Herodotus, IX 104; Thucydides, I 94.

34　斯巴达人不愿继续战争的原因，参见 Herodotus, IX 114。关于鲍萨尼亚的蛮横粗暴行为以及伊奥尼亚人和其他新获得解放的希腊人将领导权移交给雅典的历史，参见 Thucydides, I 95-96。

个具有重大意义的事件，它奠定了雅典帝国的基础。

　　雅典城墙的重建也改变了雅典与斯巴达之间的权力地位，城墙起到了压制斯巴达步兵的作用。波斯侵略者撤退后，雅典人开始重建他们的城墙。斯巴达人试图阻止，并提出了一个巧妙的军备控制方案，即拆除伯罗奔尼撒以外每个城邦的城墙，当然，也包括雅典：

　　　　斯巴达人得知此事后，便派遣一个使团来到雅典。部分原因是斯巴达人不愿意看到雅典或任何其他城邦建筑城墙，尽管主要还是由于他们受到他们同盟者的怂恿。这些同盟者看到近来雅典海上势力的增强，以及雅典人在与波斯人的交战中所展示的英勇气概，因而感到恐慌。使者们建议，不但雅典不要建筑城墙，雅典人还要和他们一起去摧毁伯罗奔尼撒诸邦以外所有现存的城墙。提出这个建议时，他们隐藏了自己的真正用意，包括对雅典的疑惧。他们强调，如果波斯人第三次来犯，他们就不会拥有像现在底比斯这样的强固据点，以为其进军的根据地；而无论进攻还是退守，伯罗奔尼撒都完全可以成为一个根据地。[35]

　　雅典人在才华横溢的政治家塞米司托克勒（Themistocles）的指导下，迟迟没有回应斯巴达人的建议，直至城墙修建到相当

35　Thucydides, I 90.

的高度。[36]

雅典人积极地战斗，他们证明了雅典才是反波斯斗争的领袖。在雅典将军喀蒙（Cimon）的领导下，提洛同盟击败了波斯人。最引人注目的战役发生在公元前466年，雅典人及其同盟在陆上和海上同波斯人交战，在喀蒙的指挥下，于欧律墨冬河（Eurymedon River）之役中重创了波斯陆军和海军，并且俘获和摧毁了包括200艘舰船的整个腓尼基舰队。波斯人努力地进行军备扩充，但雅典人的征服浪潮势不可挡；雅典同盟／帝国继续发展壮大，主要是以波斯人为代价。[37]公元前460年，雅典及其同盟集结200艘战舰准备出征波斯控制的塞浦路斯（Cyprus）。彼时，埃及边境上的利比亚人的国王普桑麦提库斯（Psammetichus）之子伊纳罗斯，以法罗斯以南的马里亚城为中心，发动了几乎遍及整个埃及的暴动，力图脱离波斯国王的统治。他自立为王，并请求雅典人援助。于是，雅典人又援助了埃及的反波斯叛乱，雅典人的推进达到了顶峰。[38]

除了这些在海外取得的成功，同年，雅典在希腊本土也发生了一场戏剧性的政变：雅典人接收麦加拉（Megara）加入雅典同盟；麦加拉人与科林斯人发生边境纠纷，后者发动战争，致使麦

---

36 Thucydides, I 90-91. 对军备控制概念的重要批判，参见 Colin S. Gray, *House of Cards: Why Arms Control Must Fail* (Ithaca, NY: Cornell University Press, 1992)。

37 关于喀蒙的成功，参见 Thucydides, I 98-100 以及 Plutarch, *Cimon*。现代学者关于欧律墨冬河之役的研究，参见 Meiggs, *The Athenian Empire*, pp.74-82, 454-455。

38 Thucydides, I 104.

加拉愤然脱离斯巴达同盟。于是，雅典人占领了麦加拉和佩盖，他们还帮助麦加拉人修筑由麦加拉到尼塞亚的长城，并且派遣军队驻守。这在一定意义上有效地阻断了伯罗奔尼撒可能入侵的路线。[39]

当雅典的力量持续增长的时候，斯巴达却正在经历着巨大的困难。在公元前 470 年代和公元前 460 年代，斯巴达面临着失去在伯罗奔尼撒半岛霸权的严重危险。这一时期，强大的反斯巴达同盟出现了：首先是阿卡狄亚（Arcadia）城邦太盖亚（Tegea）反叛斯巴达，他们与阿耳戈斯组成了第一次反斯巴达同盟。公元前 470 年爆发太盖亚战争（又称"阿卡狄亚战争"），阿卡狄亚地区诸城邦参加第一次反斯巴达同盟。斯巴达面临着一场严峻的危机，但以传统的斯巴达（后来是克劳塞维茨）方式化解；在太盖亚和迪派埃斯（Dipaieis）的两场决定性战役解决了这场危机，斯巴达成功地捍卫了其在伯罗奔尼撒的霸权。[40] 似乎这些挑战还不够，公元前 464 年发生了一场可怕的大地震，这场地震给斯巴达人造成了非常严重的经济损失和人员伤亡[41] 更让斯巴达人雪上加霜的是，在混乱中，希洛人抓住机会举行起义，起义声势浩大，迅速席卷斯巴达全境。起义军在希腊各邦奴隶主的联合镇压下退守伊托木

---

39   Thucydides, I 103.

40   参见 Herodotus, IX 35; Isocrates, *Archidamus*, 99; Pausanias, *Laconica*, 11.7; Jones, *Sparta*, 61; Kagan, *The Outbreak of the Peloponnesian War*, pp.54-55。遗憾的是，我们对这些战斗及其周围情况了解的并不多。

41   此次地震使斯巴达人损失惨重，完好的房屋仅剩下 5 间。——译者注

山，在那里构筑要塞，建立根据地，并坚守 10 年。最终，起义军再也坚持不下去，于是向斯巴达人投降，条件是在保障他们生命安全的前提下，他们撤离伯罗奔尼撒，并且永不踏足这块土地。如果以后有人再来，任何人发现并抓住他们，都可以把他们当作奴隶。在镇压叛军起义的过程中，斯巴达人低下了他们高贵的头颅，向宿敌雅典请求援助。斯巴达人之所以急迫地请求雅典人的援助，是因为雅典人以善于围攻战而著称。于是，以喀蒙为首的雅典人带着一支 4000 人的重装步兵前去支援斯巴达。然而由于雅典人的援助并没有取得预期的进展，斯巴达人开始对雅典人产生猜忌，他们最后将雅典的军队遣送回国。雅典人觉得斯巴达人并不应该这样对待他们，于是，他们回国后立即中断了原先与斯巴达结成的反波斯同盟，转而与斯巴达的敌人阿耳戈斯结为同盟。[42]

在这个历史的节点上，一幅清晰的图景正在浮现。雅典开始吸引伯罗奔尼撒联盟的前成员加入自己的联盟，随后，相较于斯巴达和波斯，雅典的实力越来越强大。雅典以抵抗波斯为名义不断扩张领土，并且变得比斯巴达更加富足。对斯巴达来说，其他选择是明确的：要么失去在希腊的主导地位，要么发动先发制人的战争。大约在公元前 460 年，第一次伯罗奔尼撒战争开始了，这场战争从公元前 460 年一直持续到公元前 446 年。[43]

42　Thucydides, I 101-103.

43　关于第一次伯罗奔尼撒战争，参见 Thucydides, I 105-108, I 111-115。关于现代人的一些研究，也可参见 Kagan, *The Outbreak of the Peloponnesian War*, pp.77-130 和 Ste. Croix, *The Origins of the Peloponnesian War*, pp.187-200, 293-294。

雅典在麦加里德（Megarid）的防御工事阻断了斯巴达人的入侵，斯巴达人花了三年的时间才得以将他们的陆上部队调去与雅典人进行作战。为了解决当地的争端，一支庞大的伯罗奔尼撒军队通过科林斯湾进入希腊中部。然而，雅典海军迅速控制了海湾地区，从而切断了伯罗奔尼撒的军队。因此，斯巴达人试图通过波埃提亚（Boeotia）和麦加里德返回伯罗奔尼撒半岛。

公元前 457 年，雅典人认为驻守波埃提亚地区的伯罗奔尼撒人在密谋推翻雅典民主政权，于是集结所有兵力，包括一千名阿耳戈斯士兵，在唐格拉（Tanagra）与斯巴达联军进行了惨烈的战斗。尽管斯巴达人获得了最后胜利，但他们没有余力扩大战果，只能返回伯罗奔尼撒地区。然而，斯巴达的这场胜利是以惨重伤亡为代价换来的。[44] 事实上，唐格拉在战略位置上并不重要。对雅典军队而言，公元前 457 年是一个具有转折性的"奇迹之年"（*annus mirabilis*）。[45] 这次战役后的第 62 天，雅典人就在米隆尼德斯的指挥下入侵了波埃提亚，在恩诺斐塔（Oenophyta）战役中击败了波埃提亚人，并以此征服了波埃提亚和福基斯（Phocis）。不久之后，伊齐那（Aegina）向雅典人投降，并成为雅典的一个附属国，条件是：拆毁长城，交出舰船，承诺以后缴纳贡金。[46] 这是雅典扩张的顶峰。为了庆祝胜利，雅典人修建了连

44　参见 Thucydides, I 107-108。

45　如果雅典人获胜，伯罗奔尼撒远征军全军覆没，那么唐格拉将是一个战略转折点。

46　Thucydides, I 108.

接雅典、法勒隆（Phalerum）和比雷埃夫斯（Piraeus）的城墙。[47]

　　然而，此后不久，雅典帝国主义的命运开始转折。公元前
454 年，雅典远征军在埃及被歼灭，这是一个不祥之兆。[48] 其影响　31
是促使雅典放弃在希腊大陆的进一步扩张，与斯巴达成妥协，
加强对其联盟 / 帝国的控制，并集中打击波斯。[49]

　　很快，雅典和斯巴达便都达到了平衡。公元前 451 年，雅
典和斯巴达缔结了"五年休战和约"（很可能是对既有现状的承
认）[50]；两年之后，也就是公元前 449 年，雅典人在塞浦路斯的
战役失败后，与波斯缔结了著名的《卡里亚斯和约》（Peace of
Callias），[51] 波斯放弃对爱琴海的霸权，承认小亚细亚海岸希腊城
市的独立。该和约的具体条款内容仍然存在争议，[52] 但可以确定
的是，波斯舰队从此不能在达达尼尔海峡和爱琴海以及潘斐利亚
（Pamphylia）以西的地中海东部水域航行，小亚细亚西海岸希腊

47　Thucydides, I 108.

48　Thucydides, I 109-110.

49　参见 Meiggs, *The Athenian Empire*, pp.109-128。

50　Thucydides, I 112. 同年，斯巴达与阿耳戈斯签订了三十年和平协议；参见
　　Thucydides, V 14. 雅典—斯巴达条约与阿耳戈斯—斯巴达条约之间的关系尚
　　不清楚。

51　关于在塞浦路斯的战役，参见 Thucydides, I 112.《卡里亚斯和约》的历史真
　　实性经常被人们否认，特别是修昔底德并没有提到这个和约。不过，也有一些
　　具有说服力的证据表明这个和约是真实存在的。关于这个问题的相关讨论，可
　　参见 Meiggs, *The Athenian Empire*, pp.129-151, 487-495。

52　参见 Meiggs, *The Athenian Empire*, pp.129-151, 487-495，以及 Ste. Croix, *The Origins
　　of the Peloponnesian War*, pp.310-314。

城市的自治权也得到了正式承认。[53]

尽管《卡里亚斯和约》正式确立了雅典和波斯之间的平衡，但在希腊，雅典人的情况却变得更糟糕了。公元前446年，雅典人试图巩固对波埃提亚的控制，但最终在科洛奈（Coronea）失败。因此，雅典人被迫放弃波埃提亚和福基斯。此后不久，尤卑亚（Euboea）人叛离了雅典，更糟糕的是，麦加拉人重新加入伯罗奔尼撒联盟，在此过程中，麦加拉的雅典驻军除少数已逃亡尼塞亚外，都被麦加拉人消灭了。[54]

"五年休战和约"一到期，斯巴达步兵就加入了战斗：公元前446年，伯罗奔尼撒人在其国王普雷斯托阿那克斯（Pleistoanax）的指挥下入侵阿提卡，大肆蹂躏。[55]然而，他们很快就撤兵了，伯罗奔尼撒人在深入阿提卡之前撤退了。[56]斯巴达政治领导层显然认为撤军时机还不成熟，之所以到达埃琉西斯和特里亚之后就未继续推进，而是撤兵回国，是因为普雷斯托阿那克斯受到雅典人的

---

53 目前还不清楚雅典舰队是否同样被禁止在这些界线以东航行。此外，波斯国王不太可能放弃向希腊城市征收贡品的权力，尽管他实际上无法行使这一权力；参见 Ste. Croix, *The Origins of the Peloponnesian War*, p.313。

54 Thucydides, I 113-114.

55 如果波埃提亚、尤卑亚和麦加拉的起义以及伯罗奔尼撒的入侵是事先计划好的，与五年条约的到期时间相吻合，那么斯巴达的政治领导人就必须被视为一流的战略家。另一方面，如果入侵不是事先制定的计划的一部分，而是对麦加拉人起义打开的"机会之窗"做出的直接反应，那么斯巴达人对这一机会的迅速利用仍然值得称赞。关于斯巴达人利用机会之窗的倾向的详细论述，参见 Powell, *Athens and Sparta*, pp.118-128。

56 Thucydides, I 114.

贿赂，因此，他一回到斯巴达就被指控，继而遭到放逐。[57]人们无法确定实际发生的事件，但不久之后，即公元前446年或公元前445年，斯巴达和雅典便结束了三十年的休战和约。雅典人对伊齐那的控制得到确认，但雅典同意放弃他们在伯罗奔尼撒境内所占领的地方。[58]无论出于何种意图和目的，三十年的休战和约终结了斯巴达在希腊的唯一霸权地位。

因此，到公元前445年，战略拼图的所有部分都已就位。尽管雅典无法保持其所取得的最大收益，但它已经摆脱了波斯的占领，建立并发展成为一个利润丰厚的海洋帝国。公元前446年的事件，确保了雅典帝国不会进一步在希腊大陆扩张，但另一方面，加上《卡里亚斯和约》，他们确保了雅典在爱琴海和东地中海大部分地区的海军和商业霸权不会受到挑战。这一战略背景直到伯罗奔尼撒战争前夕都没有改变；直到公元前433年，在考居拉的支持下，雅典进一步加强了自己的海军实力。考居拉是一个重要的海上大国，在此之前一直保持中立。[59]

修昔底德论战争起因

在讨论伯罗奔尼撒战争"真正"起因的过程中，这个问题将

57　Thucydides, II 21.

58　Thucydides, I 115; 也可参见 Ste. Croix, *The Origins of the Peloponnesian War*, pp.293-294。

59　参见 Thucydides, I 24-44。

在接下来的两章中反复出现。然而，在考察了斯巴达和雅典之间早期冲突的兴起和过程之后，这将是一个很重要的切入点。

修昔底德明确指出，雅典在波斯战争后迅速崛起，这极大地改变了东地中海地区的政治格局。而古希腊，尤其是雅典，继续扩张领土，在经济和军事方面变得日益强大。斯巴达感觉受到了威胁，这导致了公元前 460 年第一次伯罗奔尼撒战争的爆发。

这是当今所谓的因为"权力转移"（power transition）导致"霸权战争"[60]理论的一个经典案例：整个国际体系中，与先前的第一大强国相比，第二大强国的力量迅速增长，最终，这种迅速增长打破了国际体系格局，并使人们对既有国际体系的格局产生怀疑。这个既有霸主国家不仅拒绝不战而退，而且往往会发动一场先发制人的战争。

这种修昔底德式的对斯巴达和雅典之间战争起因的解释，开创了国际冲突和一般国际关系研究的新领域。罗伯特·吉尔平认为，修昔底德发现了国际关系中的动态规律，即不平衡发展规

---

60 关于这些概念，参见 A.F.K. Organski, "The Power Transition," in James N. Rosenau (ed.), *International Politics and Foreign Policy: A Reader in Research and Theory* (New York: The Free Press of Glencoe, 1961), pp.367-375; A.F.K. Organski and Jacek Kugler, *The War Ledger* (Chicago, IL: The University of Chicago Press, 1980); Robert Gilpin, *War and Change in World Politics* (Cambridge: Cambridge University Press, 1981)。关于修昔底德的影响，见 Despina A. Taxiarchi, "The Impact of Thucydides in Post War Realist Thinking and Its Critique," in *Thucydides: The Classical Theorist of International Relations, Études Helléniques/Hellenic Studies*, vol.6, no.2 (Autumn 1998), pp.132-139。

律。[61]在此之前，希罗多德一直满足于仅仅根据神话事件和人类的
情感来解释希腊和波斯的冲突。修昔底德的解释标志着从神话学、
粗陋的心理学到国际关系学的巨大飞跃。修昔底德认为，战争是 33
潜在的系统性力量的结果，而不是神的意志或个人的一时冲动的
结果，这是现代国际关系理论的核心。从霍布斯、黑格尔和马克
思，到肯尼斯·瓦尔兹（Kenneth Waltz）和罗伯特·吉尔平[62]的
结构现实主义，这种对国际结果系统性的解释仍然是强大的分析
工具。[63]然而，这些对战争原因的系统性解释并没有说服所有人。
许多分析人士对这种建立在战争根本原因上的解释持怀疑态度，
相反，他们更加关注战争的"直接原因"，即在战争发生前危机的
处理。在伯罗奔尼撒战争的特定背景下，关于其"直接原因"比
"根本原因"更重要的论点，我们将在本书第三章和第四章中详细
讨论。[64]尽管如此，我们仍想以理查德·内德·勒博（Richard

61　Gilpin, "The Theory of Hegemonic War," p.15.

62　Thomas Hobbes, *Leviathan or the Matter, Forme and Power of a Commonwealth* (Oxford: Blackwell, edn. 1946); *Hegel's Philosophy of Right* (trans. T. M. Knox) (Oxford: Clarendon Press, 1952); Karl Marx, *Capital* (trans. Samuel Moore and Edward Aveling) (3 vols.) (Chicago, IL: Charles H. Ken, 1909-1910).

63　Kenneth N. Waltz, *Man, the State, and War* (New York: Columbia University Press, 1959); Kenneth N. Waltz, *Theory of International Politics* (Reading, MA: Addison-Wesley, 1979); Gilpin, *War and Change in World Politics*.

64　有趣的是，该学派最著名的两位倡导者，即唐纳德·卡根（Donald Kagan）和理查德·内德·勒博，都接受了古典修昔底德学派关于第一次伯罗奔尼撒战争起因的解释；参见 Kagan, *The Outbreak of the Peloponnesian War*, pp.77-130，以及 Richard Ned Lebow, "Thucydides, Power Transition Theory and the Causes of War," in Richard Ned Lebow and Barry S. Strauss (eds.), *Hegemonic Rivalry from Thucydides to the Nuclear Age* (Boulder, CO: Westview, 1991) pp.125-165。

Ned Lebow）的作品为例，就"根本原因"与"直接原因"的总体问题发表一些评论。[65]

勒博反对基于战争系统原因的解释所伴随的必然性概念。他认为，国际危机很可能构成重要的干预变量，对战争的可能性和交战各方之间关系的整体演变产生重要影响。他指出，如果古巴导弹危机（1962年）以战争告终，正如萨拉热窝危机（1914年）一样，许多分析人士已经准备好将这场战争归结于其根本原因，其中最重要的就是美苏之间的系统性对抗。根据勒博的说法，1898年英国和法国卷入法绍达危机（Fashoda Crisis）时没有发生战争的事实表明，其他结果确实是可能的，而根本原因并不能说明这段历史，甚至不能说明其中最重要的部分。[66]

虽然我们强烈反对直接导致伯罗奔尼撒战争的事件比那场战争的系统背景更重要的观点，但我们不认为应该完全不考虑"直接原因"的解释。一般来说，某些战争并非不可避免。然而，当霸权竞争达到顶峰时，相关国家似乎将不可避免地走上冲突的道34 路。就像第一次世界大战前的英国和德国一样，斯巴达和雅典之

---

65 Richard Ned Lebow, *Between Peace and War: The Nature of International Crisis* (Baltimore, MD: Johns Hopkins University Press, 1987).

66 1898年英、法两国为争夺非洲殖民地在苏丹发生的一场战争危机。1896年，法国派马尔尚率军从法属刚果向东推进，1898年7月到达苏丹的法绍达村，升起了三色旗。同年9月，英国克其纳也率军从苏丹东部到达法绍达村，升起了英国国旗。两军对峙。英军以武力威胁，要求法军撤走；法军以"有效占领"为由，拒不撤军，战争有一触即发之势。最后双方达成妥协，以尼罗河和刚果河为界，英国占领苏丹东部和尼罗河流域，法国占领苏丹西部。——译者注

间的战争确实有着某种不可避免性。另一方面，法国在 1898 年并不是一个想要成为霸权的国家，因此它可以而且确实在法绍达危机中退缩了。[67]

可以说，古巴导弹危机似乎推翻了刚才所说的霸权战争不可避免的说法。然而，拿核武器时代的一个例子来反驳前核武器时代的结论，二者显然并不能够相提并论。只要他们认为战争的代价是可以接受的，各国将通过战争争夺霸权。修昔底德对此解释得很清楚，不经意间也预测了现在所谓的"期望效用理论"（Expected Utility Theory）：[68]

> 战争的祸害是尽人皆知的，我用不着把这些祸害来分条细说。没有人是浑浑噩噩地被卷入战争的；或者，如果他认为战争是有利可图的事业，他就不会因为畏惧而置身于战争之外。事实上，对于前者而言，他会认为自己所得到的利益似乎超过所遭受的损害，而对于后者而言，则宁愿冒着危险也不愿忍受一时的损失。[69]

67　正如约翰·米尔斯海默（John J. Mearsheimer）所言："法国做出了让步，因为它知道英国将赢得随后的战争；也因为法国更担心德国对其东部边境的威胁，它不想与英国开战"；John J. Mearsheimer, *The Tragedy of Great Power Politics* (New York: W.W. Norton, 2001), p.153。

68　参见 Bruce Bueno de Mesquita, *The War Trap* (New Haven, CT: Yale University Press, 1981)。

69　Thucydides, IV 59.

　　有时，这种估计被证明是一种误判（例如第一次世界大战）；事实上，马丁·范·克里费德（Martin van Creveld，以色列希伯来大学教授）之前早就指出：男人，尤其是年轻人，内心有战斗的欲望，他们很容易对战争的代价做出错误的判断。[70]无论如何，在核武器时代，这种误判是不可能的，因为杀戮的代价显而易见。

　　综上所述，我们得出以下结论：在国际体系中寻求霸主地位的两个国家之间的对抗是爆发霸权战争的必要条件，当战争的代价被认为是可以接受时，就像在前核时代一般情况一样，那么这一条件也就足够了。

　　这是对雅典和斯巴达之间战略竞争背景的考察。现在我们将着手研究伯罗奔尼撒战争中两个对手的大战略计划。

70　Thucydides, II 8. 参见 Martin van Creveld, *The Transformation of War* (New York: Free Press, 1991)，他认为战争的主要原因很简单，就是人们喜欢战争。这里必须指出，尽管修昔底德确实将人性视为战争的原因，但他从未放弃系统性的"大局观"。

3

伯里克利的大战略

导　言

人们习惯把伯罗奔尼撒战争看作一个陆地大国和一个海洋大国之间的冲突。[1]然而，这是一个非常扭曲的观点，因为斯巴达人很快就意识到，如果想与雅典相匹敌的话，他们必须发展自己的海军力量。更准确的说法应该是，这场战争是两种对立的大战略计划之间的较量。使用歼灭战略（the strategy of annihilation）和消耗战略（the strategy of exhaustion）的理想类型（见第一

---

[1] 案例参见 J.F.C. Fuller, *The Decisive Battles of the Western World* (London: Eyre & Spottiswoode, 1954); Colin Gray, *The Leverage of Sea Power: The Strategic Advantage of Navies in War* (New York: Free Press, 1992); Chester G. Starr, *The Influence of Sea Power on Ancient History* (New York: Oxford University Press, 1995)。

章）在这方面特别重要。之前我们提到过，歼灭战略的主要目的是以决战的方式摧毁敌人的武装力量，而在消耗战略中，战斗伴随着领土占领、农作物毁坏、海上封锁等造成的经济损失。

在修昔底德的文本中，我们可以看到这两种大战略都在发挥作用：斯巴达采用了歼灭战略，而雅典，至少在最初阶段，则主要采用了消耗战略。本章将探讨伯罗奔尼撒战争初期雅典对斯巴达采取的消耗战略（主要是在政治家伯里克利将军的指导下进行的）。[2] 我们把这个战略称为"伯里克利大战略"，因为这个大战略不仅是由伯里克利提出的，而且是由他监督实施的。我们将通过在第一章中提出的构成大战略的四个维度对"伯里克利大战略"进行分析。

36   国际环境的评估

希腊城邦制度：力量分配和未来趋势

在现代国际关系理论中，人们通常认为，希腊的城邦体系[3]

---

2   其中，富勒指出，"伯里克利依靠的是疲惫战略"；参见 J.F.C. Fuller, *A Military History of the Western World, Vol 1: From the Earliest Times to the Battle of Lepanto* (New York: Da Capo, 1954), p.57. 正如本书后文所述，雅典人最终偏离了伯里克利制定的战略。关于雅典在伯罗奔尼撒战争中采取的各种战略的分析，见 Donald Kagan, "Athenian strategy in the Peloponnesian War," pp.24-55 in Williamson Murray, MacGregor Knox, and Alvin Bernstein (eds.), *The Making of Strategy: Rulers, States, and War* (Cambridge: Cambridge University Press, 1994)。

3   事实上，"城邦制度"一词并不完全准确，因为古希腊既有城邦，也有更大的实体，如伊庇鲁斯和马其顿的各个王国。关于希腊城邦制度的政治分析，参见 Raphael Sealey, *A History of the Greek City States, 700-338 B.C.* (Berkeley, CA: University of California Press, 1976)。

存在着"两极"，这两极分别是斯巴达和雅典。[4] 当然，一切都取
决于在何处设置这个体系的边界。例如，幅员辽阔的波斯帝国拥
有丰富的资源，它显然会影响这一体系。[5] 尽管如此，如果该体
系仅限于希腊大陆或整个希腊世界，那么，对两极体系的划分就
是很有意义的；这当然是我们现代人对形势的看法。根据康纳
（W.R. Connor）的观点，伯罗奔尼撒战争开始时，就实力的分配
而言，还有另外三个非常重要的角色：底比斯（Thebes）、大希
腊（Magna Graecia，意大利南部和西西里岛的希腊殖民地）和考
居拉。[6] 尽管这些城邦都想试图利用斯巴达和雅典之间的冲突来渔
翁得利，但他们最终都选择了站队。因此，力量的分配从本质上
是两极化的。尽管如此，我们应该牢记，斯巴达和雅典较之于希
腊其他城邦的相对地位，与冷战期间美国和苏联较之于世界其他
国家的地位并不完全相同。[7]

4　比如，参见 Peter J. Fliess, *Thucydides and the Politics of Bipolarity* (Baton Rouge, LA: Louisiana State University Press, 1966)。

5　人们可能会想找到该体系的其他极点，例如位于色雷斯的强大的奥德里西亚（Odrysian）王国，修昔底德曾带着敬佩对它进行了描述。见 Thucydides, I 95-101。

6　W.R. Connor, "Polarization in Thucydides," in Richard Ned Lebow and Barry S. Strauss (eds.), *Hegemonic Rivalry from Thucydides to the Nuclear Age* (Boulder, CO: Westview, 1991), pp.54-57.

7　讨论参见 Carlo M.Santoro, "Bipolarity and War: What Makes the Difference?" in Lebow and Strauss, *Hegemonic Rivalry from Thucydides to the Nuclear Age*, pp.71-86。修昔底德的叙述为当前读者提供了若干历史相似之处。关于历史比较的效用和误区，见 Ernest R. May, *The Lessons of the Past: The Use and Misuse of History in American Foreign Policy* (New York: Oxford University Press, 1973); Richard E. Meastand and Ernest R. May, *Thinking in Time: The Uses of History for Decision Makers* (New York: Free Press, 1986)。另见 Michael Howard, *The Lessons of History* (New Haven, CT: Yale University Press, 1991), pp.6-20。

　　除了用静态分析的方法考察希腊城邦体系内部的力量分配外，动态分析的方法也至关重要，即确定力量分配的各种趋势。修昔底德对伯罗奔尼撒战争原因的著名解释是："使战争不可避免的是雅典力量的增长，以及这种力量的增长在斯巴达人那里引起的恐慌。"[8] 修昔底德这句话的意思是，雅典这个新兴力量比希腊传统霸主斯巴达实力增长的速度要更快。事实上，这种分析似乎是合理的，因为雅典缔造了一个以海军力量和海上贸易为基础的庞大帝国，而斯巴达仍然是一个农业经济体。

　　在前一章中，我们介绍了雅典如何在爱琴海建立一个庞大且利润丰厚的海洋帝国：最初，由于拥有强大的海军力量，雅典成了反波斯斗争的领导者，并逐渐加强了对其盟友的控制，实际上37 将这些盟友变成了朝贡国。由此产生的财富上的明显差异最终会显现出来。伯里克利充分认识到雅典的经济实力，在向他的同胞们概述力量平衡的同时，还向他们详尽介绍了雅典充裕的经济资源。[9] 尽管如此，伯里克利的论述仅限于国家资金的层面，并没有

8　Thucydides, I 23.

9　修昔底德对伯里克利的描述如下："除去所有其他收入来源，同盟每年向雅典的贡金平均为 600 塔连特，此外，雅典卫城国库中还有 6000 塔连特铸造的白银。这笔后备资金最多的时候有 9700 塔连特。它曾被用来支付雅典卫城山门（Propylea）和其他公共建筑以及波提狄亚的费用。除此之外，还有个人或国家供奉的未铸造的金银；游行和比赛中使用的圣器和家具；从波斯人手中夺取的战利品，以及其他各种资源，所有这些总计不少于 500 塔连特。此外，他（伯里克利）还加上了其他神庙中可以动用的钱财，这些钱财也是一笔不小的数目，他还说，如果他们真的陷入绝境，他们甚至可以使用雅典娜雕像上的黄金。他告诉他们，这座雕像上有重达四十塔连特的纯金，而且都是可移动的。……因此，他向他们保证了他们的财政状况"；Thucydides, II 13。

提及积聚在城市中的巨额私人财富。随着贸易的发展和同盟国财富的不断增加，雅典的实力迅猛增长，很快就达到了可怕的程度。因为经济实力是军事实力，尤其是海军实力背后的支撑力量，[10]雅典的反对者看到这样的景象，内心当然是非常恐慌的。

对于雅典的这种发展，美国著名的历史学家唐纳德·卡根（Donald Kagan）提出所谓的"雅典的力量在公元前 445 年至公元前 435 年之间没有增长"[11]，这种说法很让人费解。显然，卡根被雅典帝国在第一次伯罗奔尼撒战争最后阶段所遭受的领土损失所误导；事实上，雅典在公元前 433 年与考居拉缔结防御联盟之前没有获得任何新的盟友。然而，与此同时，他似乎并没有考虑到那个时期雅典经济实力的持续增长。相对经济实力是国家实力

---

10 斯巴达国王阿基达姆说，"战争与其说是军备问题，不如说是使军备有效的金钱问题"；Thucydides, I 83。

11 Donald Kagan, *The Outbreak of the Peloponnesian War* (Ithaca, NY: Cornell University Press, 1969/1994), pp.345-374. A.H.M. 琼斯（A.H.M. Jones）也曾提出过类似的观点，参见 A.H.M. Jones, Sparta (Oxford: Blackwell & Mott, 1967), pp.68-69. 理查德·内德·勒博的立场较为温和，他认为"雅典在伯里克利统治下增强了实力，并在很大程度上从公元前 440 年代的灾难中恢复过来，但在公元前 433 年，雅典的实力和声誉仍未达到前 450 年的水平"；Richard Ned Lebow, "Thucydides, Power Transition Theory and the Causes of War," in Lebow and Strauss, *Hegemonic Rivalry*, pp.158-159。

的一个极其重要的维度。[12] 即使在没有获得领地的情况下，随着时间的推移，国家经济实力的变化也可能带来力量平衡的深刻变化。事实上，修昔底德恰恰准确地指明了这一点，即雅典经济的增长使其能够抵消最近的领土损失：

> 斯巴达人的政策，是不要求其盟国缴纳贡金，而仅仅通过在这些邦国建立寡头制以确保他们服从斯巴达人的利益；而雅典人则逐步剥夺其同盟诸邦的海军，并且向除开俄斯（Chios）和列斯堡（Lesbos）以外的所有盟邦征收贡金。因此，在这场战争开始的时候，雅典一国的兵力超过同盟全盛时期雅典和斯巴达的兵力之和。[13]

修昔底德对财富和权力之间的联系有着深刻的理解。[14] 在这方面，他必须被视为长期政治现实主义（political realists）传统的

12　经济表现决定着一个国家的国力和军事成就，而衡量经济表现的标准总是相对的，而不是绝对的。卡根及其追随者似乎忽略了一个关键因素，那就是比对手做得更好，哪怕只是好一点点。从长远来看，这种不对称体现在力量平衡上。这一观点可见于 Paul Kennedy, *The Rise and Fall of the Great Powers Economic Change and Military Conflict from 1500 to 2000* (New York: Random House, 1987), 以及 John J. Mearsheimer, *The Tragedy of Great Power Politics* (New York: W.W. Norton, 2001), 特别是第三章。

13　Thucydides, I 19. 美国独立战争（1775—1783 年）后的大英帝国也是类似的情况。虽然失去美洲殖民地是一个沉重打击，但英国的经济实力仍在快速增长，确保了大不列颠的全球霸主地位。

14　参见 Lisa Kallet-Marx, *Money, Expense and Naval Power in Thucydides' History 1-5.24* (Berkeley, CA: University of California Press, 1993)。

创始人，该传统对国家力量的经济来源给予了应有的重视。[15]

雅典和斯巴达：双边力量对比

正如我们前面所阐释的，斯巴达和雅典是古希腊两个最强大的城邦，两者处于一种权力均势状态，但雅典的前景更有利一些。[38] 然而，战争爆发时，这两个城邦之间的军事力量关系是怎样的？在最坏的情况下，雅典似乎不敌斯巴达及其盟友，而在最好的情况下，雅典似乎更胜一筹。我们可以从三个方面得出这一评估：海军，财政力量，以及联盟／帝国。伯里克利强调了这一点，斯巴达国王阿基达姆也承认了这一点。他们的表述特别值得关注和引用。伯里克利试图说服雅典人，他们不必担心与伯罗奔尼撒人

---

15 参见 Robert Gilpin, *The Political Economy of International Relations* (Princeton, NJ: Princeton University Press, 1987); Edward Mead Earle, "Adam Smith, Alexander Hamilton, Friedrich List: The Economic Foundations of Military Power," in Peter Paret (ed.), *Makers of Modern Strategy from Machiavelli to the Nuclear Age* (Princeton, NJ: Princeton University Press, 1986), pp.217-261; Alfred Thayer Mahan, *The Influence of Sea Power Upon History, 1660-1783* (London: Sampson Low, Marston, 1892); Alfred Thayer Mahan, *The Influence of Sea Power Upon the French Revolution and Empire, 1793-1812* (2 vols.) (London: Sampson Low, Marston, 1893); E.H. Carr, *The 20 Years' Crisis, 1919-1939* (2nd edn.) (London: Papermac, 1946/1995); Robert G. Gilpin, "The Richness of the Tradition of Political Realism," in Robert O. Keohane (ed.), *Neorealism and its Critics* (New York: Columbia University Press, 1986), pp.308-313. 鉴于现实主义对经济因素重要性的敏锐分析可以追溯到修昔底德时代，将政治现实主义指责为忽视了国际关系的经济层面，这是相当离奇的。见 Gilpin, "The Richness of the Tradition of Political Realism," pp.308-313.

的战争的结果，他说：

　　至于战争以及双方的资源，一种详细的比较将使你们看到雅典不是居于劣势的一方。伯罗奔尼撒人自己耕种自己的土地，无论是个人还是公家，都不富有，他们也没有跨海进行长期作战的经验，因为贫穷，他们彼此间的战争是短暂的。这样的国家不能经常配备一个舰队的船员，或者经常派遣一支陆军，他们不能养活离开本土的军队，军费开支来自他们自己的基金。此外，他们没有控制海洋。须知，维持一场战争的军费靠的是日积月累，而不是强征贡金。……在单独的一场战役中，伯罗奔尼撒人和他们的同盟者也许能够向全希腊挑战，但是他们无力同一个性格与他们截然不同的强国交战，因为他们没有一个议事会可以做出迅速果决的行动，因为他们的议事会包括若干民族，每个城邦都有平等的一票表决权，都只关心本邦的利益，这种情况通常导致一事无成。……然而至关重要的是，金钱的匮乏会使他们感到为难。在慢慢地筹集金钱的过程中，时间就会因此拖延下来。但是，战争中的机遇不会等待任何人。……他们将会发现，我们的海上经验是他们很难获得的。……须知，航海技术和其他技术一样，都是专门的技术，绝不是那种在偶尔闲暇时的消遣；相反，它的技术要求很严格，以致没有闲暇去从事其他事业。……如果他们从陆上侵入我们的领土，我们将从海上攻入他们的国土，然后你们将发现，伯罗奔尼撒一部分土地的破坏对他们的影响，比整个阿提卡的破坏对我们的影响还要严重些；因为他们无法不通过战争得到新的领土，而我们在诸岛屿和大陆上都拥有大量的土地。事实上，统治海洋是非常重要的。[16]

伯里克利的讲话显示了他对战争结果充满信心，雅典非常有希望取得最后的胜利。雅典的经济和海军力量保证了他们不会失败，除非他们自己失策。[17]伯罗奔尼撒的陆军力量在很大程度上不足以对抗雅典海上力量，而经济资源的缺乏也会阻碍伯罗奔尼撒的行动。

这不是伯里克利在空洞地进行吹嘘。就在伯里克利发表上述演讲之前不久，斯巴达国王阿基达姆为了劝诫他的同胞们不要投票支持与雅典开战，也在斯巴达的公民大会上对雅典的力量做了一个差不多的概述。按照他的说法： 39

> 当我们和伯罗奔尼撒人或邻邦作战的时候，双方的军事力量是同一性质的，我们能够迅速开赴任何地点。但是，和雅典人作战就不同了。他们住在离我们相当远的地方，他们还拥有异常丰富的海上经验，在所有其他地方都有最好的准备：无论个人还是城邦都是富足的，他们有舰船、骑兵和重装步兵（hoplites），人口超过希腊任何一个地方，同时还有

16　Thucydides, I 141-143.

17　Thucydides, I 144.

许多纳贡的同盟者。我们凭什么敢于贸然发动这样一场战争呢？我们依靠什么毫无准备地投入战争呢？是依靠我们的海军吗？我们的海军处于劣势。如果我们着力建设海军以达到与之匹敌的程度，那又需要时日。是依靠我们的金钱吗？在这方面我们是极度匮乏的。我们没有公款，也没准备从私人那里得到捐助。使我们感觉占据优势的也许是在重装步兵和人口方面，这将使我们能够侵入并蹂躏其国土。但是，雅典人在帝国境内其他地方还拥有大量的土地，能够从海上输入一切所需。另外，如果我们想使其同盟者背叛雅典，我们必须建立一支舰队去支持他们，因为他们绝大多数都是岛上居民。我们将怎样进行这样一场战争呢？[18]

斯巴达战略中的僵局显而易见。打个比方，在狮子和鲨鱼的较量中，狮子不能强行做出决定，因为狮子无法触及鲨鱼占据优势的地理范围。

因此，从绝对力量的评估上来看，至少可以说，战略局势对雅典是有利的。英国沙文主义者（jingoists）有这样一句著名的格言："我们有船，我们有人，我们也有钱"（we have the ships, we have the men, we have the money too），我们认为，这句格言很可能在 25 个世纪之前就由雅典人提出来了。[19]

18　Thucydides, I 80-81.

19　沙文主义（Jingoism）是 19 世纪末英国为应对德国的挑战而出现的一种庸俗民族主义情绪，参见 Paul Kennedy, *The Rise of the Anglo-German Antagonism 1860-1914* (London: Allen and Unwin, 1980)。

政策目标

政策目标和大战略设计

制定政治目标是大战略形成的下一个重要步骤。对雅典来说，这些目标只是维持现有的状况。无论是从绝对意义上还是与其他希腊国家相比而言，帝国的存在都保证了雅典的繁荣和权力。此外，公元前 446 年的"三十年和约"（the Thirty Years' Peace）承认了雅典和斯巴达的平等地位。对于雅典人来说，能够与传统 40 上领先的希腊城邦平起平坐是很让人满意的。这并不一定意味着雅典不打算在希腊称霸。[20] 事实上，考虑到雅典势力的快速增长，有人可能会说，维护雅典的现状政策是雅典在希腊世界建立霸权的最佳工具。简言之，雅典只需等待，让不平衡的增长法则发挥对自己有利的作用。[21] 不同的增长速率将最终导致力量平衡状态发生重大变化。对雅典来说，对领土现状的一个特别乐观的改变是重新征服麦加拉；正如我们在第二章所看到的，拥有麦加里德为雅典人带来了巨大的战略优势。

综上所述，我们可以弄清楚斯巴达为何对维持现状感到不满。因此，为了达到瓦解雅典帝国的目的，就像三十年前一样，斯巴

20　Kagan, "Athenian strategy in the Peloponnesian War," p.30.

21　Thucydides, I 141-142, II 13. 对于这种不均衡增长规律的分析，参见 Robert Gilpin, *War and Change in World Politics* (Cambridge: Cambridge University Press, 1981)，以及 Robert Gilpin, "The Theory of Hegemonic War," in R.I. Rotberg and T.K. Rabb (eds.) *The Origin and Prevention of Major Wars* (Cambridge: Cambridge University Press, 1988), pp.15-37。

达采取了先发制人的手段，以期削弱雅典的力量。早些时候，斯
巴达向雅典人发出了最后通牒，表明了自己的意图：随着战争的
临近，斯巴达使团通知雅典人，"斯巴达人希望和平继续维持下
去，只要你们愿意给予希腊人自由，维持和平就并非不可能"。[22]
这等于说斯巴达的目的是无限的：接受斯巴达人的最后通牒显然
会导致雅典帝国的解体。既然斯巴达人无法指望通过和平手段达
到他们的目的，他们就决定发动战争。

这里出现了一个重要的问题。修昔底德对斯巴达人的动机及
其与战争爆发的关系的分析表明，他完全了解战争与政治之间的
关系。显然，对修昔底德来说，伯罗奔尼撒战争是斯巴达迫使雅
典服从其意愿的武力行动。斯巴达的政治目标不可能通过和平手
段来实现，因此，用克劳塞维茨的术语来说，战争是"政治的延
续"。伯纳德·布罗迪（Bernard Brodie）表示，克劳塞维茨在这
句名言中所表达的一定是一个古老的理念。[23]这一理念的第一次详
细表述似乎可以在修昔底德那里找到。[24]

这两个相互竞争的国家的战略是由各自的政治目标决定的。
41　雅典，想维持现状的力量和秩序，形成了一个防御性的大战略，

22　Thucydides, I 139.

23　Bernard Brodie, *War and Politics* (London: Cassell, 1973), p.1.

24　多伊恩·道森（Doyne Dawson）认为："希腊人对军事思想最具独创性的贡
　　献是他们自觉地发展了'国家理由'（raison d'état）的概念：他们认为战争
　　是一种理性和实用的政治工具……"；Doyne Dawson, *The Origins of Western
　　Warfare: Militarism and Morality in the Ancient World* (Boulder, CO: Westview,
　　1996), p.79。

其目的是劝诫其对手不要试图改变现状。要做到这一点，必须让敌人相信雅典的军事力量是不可战胜的，而且拥有充足的资源，可以在敌人消耗完所有的资源之后继续战斗。换言之，雅典制定了一项消耗大战略，其中经济实力等非军事因素发挥了关键作用。[25]

另一方面，斯巴达则以其军事力量为基础，采取更具"克劳塞维茨式"的进攻性军事战略。最初，斯巴达人在军事实力的威胁下，企图说服雅典人做出让步（即威逼）。但是，在威逼说服失败后，他们便诉诸战争，试图通过决定性的陆战取得胜利。

斯巴达和雅典各自的大战略设计，与巴兹尔·李德·哈特所称的"获取型"和"保守型"国家的模式惊人地相符。据李德·哈特说：

> 从本质上讲，获取型国家（acquisitive State）是不会满足的，它需要不断地获得胜利才能实现它的目标，因此，它必须要在这种尝试中承担更大的风险。保守型国家（conservative State）可以通过说服侵略者，让侵略者觉得侵略活动"得不偿失"，以使其放弃目标。从本质上讲，它是通过挫败对方的胜利的企图而获得的。[26]

25　参见 Hans Delbrück, *History of the Art of War*, vol. 1 (Lincoln, NE: University of Nebraska Press, 1975), pp.135-143。

26　B. H. Liddell Hart, *Strategy* (2nd revised edn.) (London: Meridian, 1991), p.355.

换句话说，雅典不必在军事上击败斯巴达。如果斯巴达人被迫放弃他们推翻雅典帝国的想法，这将意味着雅典大战略的胜利。令人惊讶的是，尽管李德·哈特的分析很有洞察力，但他实际上并没有在 2500 年前修昔底德所做的分析基础上增加任何新的创造性的东西。除了李德·哈特之外，可以说，修昔底德与他同时代的孙武也有着相同的理论旨趣。[27] 简单地说，雅典不会选择去打败强大的斯巴达，而是选择挫败斯巴达的胜利计划。孙武称之为上兵之策。

我们再重申一下，雅典对现状感到满意，而斯巴达决心推翻现状。因此，雅典制定的是消耗大战略，目的是不战而屈斯巴达之兵。斯巴达制定的则是歼灭战略，他们企图使用其强大的步兵力量，在陆上一举歼灭雅典。

42 ## 雅典大战略：两个基本原则

雅典大战略的一个基本原则是拒绝姑息绥靖。伯里克利坚持要确保雅典和斯巴达之间的平衡地位。雅典人的任何单方面让步，无论看起来多么微不足道，都会破坏这种平衡。因此，在战争爆

---

27 孙武，尊称兵圣或孙子，生活在公元前 6 世纪末 5 世纪初，有学者认为，著名的《孙子兵法》成书于公元前 4 世纪。这意味着，如果历史上确有孙武其人，那么，他应该是晚于修昔底德的。有关孙武相关的身份以及《孙子兵法》成书时间的研究，参见 Sun Tzu, *The Art of War* (trans. Samuel B. Griffith) (Oxford: Oxford University Press, 1963), pp.1-12, 以及 Sun Tzu, *Art of War* (trans. Ralph D. Sawyer) (Boulder; CO: Westview, 1994), pp.151-162。

发之前，斯巴达人表示，只要雅典人撤销那个禁止麦加拉人使用
雅典人的港口和雅典市场的麦加拉禁令（Megarian decree），那
么，战争就可以避免了。[28] 即使在这个相对次要的问题上，伯里克
利也不准备做出单方面让步。[29] 对他来说，斯巴达人的要求只不过
是对雅典人决心和意志的考验。如果雅典在这个问题上进行让步，
那么斯巴达肯定会提出更多的要求。正如伯里克利自己所说：

> 雅典人啊，有一个原则，我在任何事情上都这样坚持，
> 那就是反对向伯罗奔尼撒人做出任何让步。……很明显，过
> 去斯巴达是阴谋反对我们的，如今就更加昭然若揭了。……
> 他们来到这里，不是提出忠告，而是向我们下命令。他们命
> 令我们撤销麦加拉禁令，他们竟然发出最后通牒，责令我们
> 给予希腊人自由。我希望你们当中没有人会认为，如果我们
> 拒绝撤销麦加拉禁令的话，我们就会因为一点琐事而投入战
> 争。关于麦加拉禁令，他们抱怨甚多，仿佛撤销该法令就会
> 使我们免于战争。你们也不要有任何自责之感，好像我们为
> 一点点小事而兴师作战。为什么这样说呢？因为这点琐事是

28　Sun Tzu, *The Art of War* (trans. Samuel B. Griffith), ch. 3, par. 3, p.13.

29　Thucydides, I 139. 更多的相关分析，参见 G.E.M. de Ste. Croix, *The Origins of the Peloponnesian War* (London: Duckworth, 1972), pp.225-289, 381-393, 396-399。德·圣·克罗瓦（de Ste. Croix）相当有说服力地指出，麦加拉禁令只是对个别麦加拉人的宗教妨害，而不是对麦加拉的全面经济封锁。麦加拉人被认为是渎神的，因此他们自己不能出现在雅典联盟的港口和雅典的集市上。不过，他们总是可以出现在附近区域，并通过代表进行交易。

全局的保证，可以检验你们的决心。如果你们做出让步的话，你们将遇到一些更大的要求，因为你们已经有了一个由于害怕而让步的先例。而如果你们采取坚决不妥协的态度，这将使他们清楚地懂得，他们必须以平等者的地位来对待你们。……在试图以法律形式解决以前，一个平等者以命令的形式向其邻邦提出的任何要求，不论这些要求是大是小，其意图都只有一个，那就是要我们接受他们的奴役。[30]

因此，伯里克利遣返了斯巴达的使者，并向他们提出了如下交换条件："我们将允许麦加拉人使用我们的市场和港口，只要斯巴达人停止使用那些禁止我们和我们的同盟者入境的侨民法。因为条约并没有涉及以上两项法令。我们愿意让诸城市独立，只要它们在和我们订立条约的时候就已经是独立的，同时斯巴达人要允许他们的诸城市独立，允许他们按照自己的利益而不是按照斯巴达人的利益选择政府。"[31]这些条款被斯巴达人拒绝，因此战争最终不可避免。伯里克利没有屈服于强制性要求，而是选择了战争。

在这本书中，我们对绥靖政策的危险性做了一个详细分析。实际上，西方民主国家在 20 世纪 30 年代对付希特勒时不得不痛

30　Thucydides, I 140-141.

31　Thucydides, I 144. 关于"排外条例"的分析，参见 Anton Powell, *Athens and Sparta: Constructing Greek Political and Social History from 478 B.C.* (London: Routledge, 1988), pp.228-229。

苦吸取的教训，[32]修昔底德早已在理论上阐释清楚了。当然，这并不意味着我们可以就此结束关于绥靖的讨论。由于1938年"慕尼黑协定"的影响，绥靖主义在西方有着消极的含义，但有时它实际上是一种非常有用的工具。例如，拜占庭人经常采取绥靖政策来避免第二战场的出现，以此应对主要威胁。[33]但是，当一个国家——尤其是一个霸权国家——利用绥靖政策，就会产生两个风险：第一，这种绥靖妥协行为可能会招致对手的进一步要求和挑战；第二，这可能会被自己的盟友视作一种软弱的表现，从而危及其霸权地位。正是由于这些原因，伯里克利拒绝向伯罗奔尼撒人妥协。[34]

伯里克利战略的另一个基本原则是避免过度扩张。他建议雅典不要试图扩张其领土。在与主要对手竞争期间，应避免与第三

---

32 希特勒在波兰战役前不久对他的总司令说："我们的敌人不过是小虫子；我在慕尼黑见过他们"；参见 Chester Wilmot, *The Struggle for Europe* (New York: Carol and Graf, 1952), p. 21。这句话说明了决策者如何利用过去的行为来预测未来的决断。关于这一点的分析，见 Glenn H. Snyder and Paul Diesing, *Conflict Among Nations: Bargaining, Decision Making, and System Structure in International Crisis* (Princeton, NJ: Princeton University Press, 1977), p.187。亦见 Fred Charles Iklé, *How Nations Negotiate* (New York: Harper and Row, 1964), p.82。

33 参见 Haralambos Papasotiriou, *Byzantine Grand Strategy* (Ph.D. Diss., Stanford University, 1991)。其他有关成功利用妥协策略的例子，参见 Peter Karsten, "Response to Threat Perception: Accommodation as a Special Case," in Klaus Knorr (ed.), *Historical Dimensions of National Security Problems* (Lawrence, KA: University Press of Kansas, 1976), pp.120-163。

34 第二次世界大战后，美国拒绝将绥靖主义作为对苏联的战略，很可能也是出于同样的原因。也可参见本书第五章中的讨论。

方发生战争。[35]伯里克利拒绝进一步扩张领土的机会，这一事实清楚地表明，他已经领会了一个现在被广泛接受的观点，即过度扩张可能导致大国崩溃。[36]按照这一做法，一个国家设定了很多目标，但是这些目标很有可能是超出其本身能力范围的承诺。因此，它在追求这些目标和维持这些承诺时所付出的代价往往大于它从其努力中获得的利益（例如，在遥远的地方发动一场代价高昂、回报甚微的战争），从长远来看，它的力量会减弱。

我们研究了战争爆发前的国际形势，雅典和斯巴达的政治目标，以及这些目标所产生的大战略计划。现在，让我们把注意力转向伯里克利领导下的雅典大战略所采用的手段。

伯里克利大战略的手段

伯里克利大战略采用了多种手段。除了传统的军事手段，其中还包括了经济、外交、技术和心理手段。这些手段的组合（政策组合）遵循以下原则：

a. 平衡敌人的力量。

b. 利用竞争优势，将敌人的优势最小化。

c. 通过否认对手的成功和巧妙报复来阻止敌人。

---

35 Thucydides, I 144, II 65.

36 Kennedy, *The Rise and Fall of the Great Powers.* 在第一次伯罗奔尼撒战争中，雅典明显过度扩张（即埃及战役和征服波埃提亚），并为此付出了惨重的代价，这段经历在伯里克利的脑海中一定历历在目。

d. 侵蚀敌人的国际权力基础。 44

e. 根据自己的利益来塑造对手的国内环境。

平衡敌人的力量

伯里克利大战略的首要目标是平衡斯巴达及其盟友的力量。平衡可以通过利用国外力量（外部平衡）和／或通过调动和利用国内资源（内部平衡）来实现。[37] 外部平衡主要通过联盟实现。[38]雅典就利用了其盟友开俄斯、列斯堡和考居拉的资源，这些盟友在战时为雅典提供了舰船。[39] 举个例子，修昔底德提到，在战争的第一年，一支由 100 艘船组成的雅典舰队在环绕伯罗奔尼撒半岛远征时，得到了来自考居拉的 50 艘战舰和那个地区其他同盟者一

---

37 参见 Kenneth N. Waltz, *Theory of International Politics* (Reading, MA: Addison-Wesley, 1979), p. 168。

38 外部平衡还有第二个层面，本质上就是操纵国际力量对比。这种操纵的常用伎俩就是"敌人的敌人就是朋友"。雅典人在与阿耳戈斯的交往中就曾多次使用过这种伎俩。不幸的是，由于阿耳戈斯与斯巴达于公元前 451 年签订的《三十年条约》禁止阿耳戈斯在公元前 421 年之前参与斯巴达的活动，伯里克利无法采取大陆战略对斯巴达施加外围压力。关于《三十年条约》到期后斯巴达与阿耳戈斯在伯罗奔尼撒半岛爆发的冲突，以及雅典在其中扮演的角色，见 Thucydides, V 42-82, 以及本书下一章的讨论。雅典与阿耳戈斯的关系很容易让人联想到冷战时期美国与中国的关系。

39 Thucydides, II 8, 在书中，修昔底德详细描述了斯巴达和雅典的盟友，以及雅典盟友的地位。例如，他指出，斯巴达的同盟者有地峡以内所有的伯罗奔尼撒人，中立者阿耳戈斯人和阿凯亚人除外。在伯罗奔尼撒之外，同盟者还有麦加拉人、波埃提亚人等。雅典一方的同盟者有开俄斯人、列斯堡人等。

些舰船的增援。[40]

就内部平衡而言，已经有证据表明雅典正在从其帝国内部获得支持。[41]如果盟国向雅典提供舰船，则其附属盟国主要在财政上支持雅典人，并为他们提供了一批训练有素的桨手。[42]

雅典的内部平衡则利用了帝国和雅典自身的资源。因此，雅典人建立了一个仅在极端紧急情况下才可以使用的财政和海军储备：

> 他们还决定从雅典卫城存款中取出 1000 塔连特，作为特别储备金，不得动用，军费将由其他经费承担；任何人不得建议动用此款或将动用此款的提案付诸表决，除非是敌人的舰队从海上进攻雅典而必须保卫首都的时候，否则提议者将被处以死刑。和这笔钱一起，雅典人还组建了一支由 100 艘战舰组成的特别舰队，这些舰船都是每年最好的，并配备有船长。这些舰船和这笔金钱一样，只能用于应付同样的危机——如果危机真的发生的话。[43]

人们不能忽视财富和权力之间的联系，在这个案例中是指海军力量。建立这一固定储备的决定意义重大，因为它表明雅典人

40　Thucydides, II 25.
41　Thucydides, II 9.
42　Thucydides, I 143.
43　Thucydides, II 24.

已经开始为一场长期战争动员起来，并希望避免储备严重耗尽所带来的风险。[44]

最后，伯里克利还注意到雅典人不断地进行海上训练，这就　45为其提供了相当数量技术高超的桨手和舵手，他们对舰船技术的掌握要远远超过他们的敌人。[45]

综上所述，为了达到战时的目标，伯里克利大战略中的平衡之术主要包括：对雅典财富和人力的动员和部署，以及对自由同盟和帝国臣民之财富和人力的动员与部署。[46]

利用竞争优势，将敌人的优势最小化

伯里克利的第二个原则是，利用雅典的竞争优势，削弱斯巴达的竞争优势。雅典有一个优势就是，他们构筑了综合的城市防御工事，即雅典周围的城墙。我们在前一章中提到了波斯人撤退后雅典重建这些城墙的历史，同时，他们还将城墙一直延伸到法勒隆和比雷埃夫斯的港口。这些城墙将对雅典和斯巴达之间的关系，尤其是伯罗奔尼撒战争产生重大影响；这些城墙对那些训练有素的斯巴达陆军起到了阻挡作用。正如古典学教授约西亚·奥

44　参见 Kallet-Marx, *Money, Expense and Naval Power*, pp.110-111。

45　Thucydides, I 142-143.

46　英国在 20 世纪上半叶采取了类似的方法；参见 Michael Howard, *Grand Strategy: Official History of the Second World War*, vol. 4 (London: HMSO, 1973), p.1。

伯（Josiah Ober）所言，"伯里克利的战略从根本上改变了希腊
在国际关系中使用武力的方式。以石头和砖砌防御工事为代表的
物理障碍，有效地阻断了敌人的军事部署"。[47] 从根本上说，这些
城墙让雅典成为一个安全的避风港，一座岛屿，这正是伯里克利
本人所建议的：

> 让我们来想一想，假如我们是岛上的居民，你们能相信
> 我们将绝对安全地度过外来的攻击吗？其实，今后我们应当
> 尽可能地把自己看作岛上居民。[48]

这就引出了雅典竞争优势的第二个来源（伯里克利大战略充
分地利用了它），那就是海军。[49] 实际上，伯里克利建议，雅典人
不应该与斯巴达步兵展开激烈战斗，而应该利用他们的海军对敌
人领土发动突击。这样一来，他们就可以让斯巴达人付出更高的
战争代价，而自己却不会遭受严重的伤亡。我们已经看到伯里克
46 利（和阿基达姆）强调了雅典海军在即将到来的战争中的重要性。

47　Josiah Ober, "National Ideology and Strategic Defense of the Population, from
　　Athens to Star Wars," in Lebow and Strauss, *Hegemonic Rivalry*, p.254. 在这里，
　　我们可以看到雅典防御工事与旨在削弱苏联实力的战略防御计划（SDI）之间
　　的相似之处。如果考虑到苏联的反应方式与斯巴达人相同，即提出军备控制建
　　议，那么这种相似性就更加明显了。

48　Thucydides, I 143.

49　关于当时地中海地区的标准战舰——三列桨战船的质量描述，参见 Chester G.
　　Starr, "The Athenian Century," in Robert Cowley (ed.), *Experience of War* (New
　　York-London: Norton, 1992), p.4。

在后期，伯里克利向他的同胞们更全面地阐述了海上力量的重要性。他的说法在历史上一直是正确的：

> 也许你们认为你们的帝国只囊括了你们的盟友，我要向你们谈谈真实情况。目前整个世界可分为两部分：陆地和海洋。其中完整的一部分几乎完全处于你们的控制之下——不仅包括你们现在所利用的海域，还包括更大范围的海域。如果你们有意扩展，那最终结果就是你们的战舰在海上纵横驰骋，随心所欲，波斯国王或世界上任何其他国家的海军都无法阻止。[50]

我们可以用后来的时代做一些有趣的类比。例如，人们可能很容易认为，英国继承了雅典的海上战略，他们多次使用该战略，并取得了良好效果。[51] 保罗·肯尼迪（Paul Kennedy）曾对海上主导权有以下定义：

---

50 Thucydides, II 62. 雅典人确实可以"随心所欲地航行"，但伯里克利从未声称他们可以随心所欲地夺取和保留任何海外领土。他们在进行西西里岛远征时就失去了这一优势。

51 对英国海上大战略的经典分析，参见 Mahan, *The Influence of Sea Power Upon History, 1660-1783*，以及 Mahan, *The Influence of Sea Power Upon the French Revolution and Empire, 1793-1812*。也可参见 B. H. Liddell Hart, *The British Way in Warfare* (London: Faber, 1932)。现代学者对雅典和英国进行了同样的比较，参见 Starr, *The Influence of Sea Power on Ancient History*, pp.40-41。

一个国家的海上力量发展到超过任何敌对国家的程度，
而且它的优势已经或可能在远离其本土水域之外的地方得到
发挥，其结果是，在没有得到它的默许的情况下，其他较小
的国家极难开展海上行动或贸易。[52]

从 17 世纪末到第一次世界大战结束，英国一直享受着这种幸
运的局面。从波斯战争结束到公元前 413 年在西西里岛的远征军
被摧毁，雅典一直处于这样的情形。雅典海上战略的唯一问题是
财政成本太高。[53]以海战为中心的战略要比依赖传统陆上作战方法
的战略更需要充足的资源。尽管如此，雅典证明了它能够很好地
承受相关成本。

通过否认对手的成功和巧妙报复来阻止敌人

伯里克利大战略的第三个原则是使用我们在现代术语所称的
威慑（见第一章）。雅典人的威慑主要有两个方面。第一种是今天
所谓的"拒止性威慑"（deterrence by denial）。无论斯巴达和它
47 的盟友在陆地上多么强大都不会征服雅典，因为雅典具有坚固的

---

52 Paul Kennedy, *The Rise and Fall of British Naval Mastery* (London: Fontana,1991),
    p.11.
53 唐纳德·卡根估计每年需要 2000 塔连特——按照希腊的标准，这是一笔
    巨 款；参见 Kagan, *The Archidamian War* (Ithaca, NY: Cornell University Press,
    1974/1990), pp.36-40。

城墙和海上便捷的补给。与此同时，雅典人会避免与敌人进行决战，不管入侵阿提卡会造成多大的损失——这后来被称为"费边战略"（Fabian strategy）。[54] 伯里克利认为，如果雅典人放弃城墙的防御工事，在陆地上与入侵的伯罗奔尼撒人作战，这无异于自杀。首先，斯巴达人和他们的盟友人数更多。[55] 其次，斯巴达步兵的勇猛卓越也是人所共知的。简言之，伯罗奔尼撒人在陆地上是不可战胜的（或者可以说斯巴达人是近乎不可战胜的，因为斯巴达人曾在斯法克蒂里亚［Sphacteria］被以轻步兵为主力的雅典军队痛击），伯里克利一再强调这一点。[56] 即使雅典人奇迹般地赢得了一场陆战，战争仍然不会结束；接下来的一年将再次发生伯罗奔尼撒人入侵的事件。如果结果很可能是雅典战败，那么雅典将在战败的同时失去自己的帝国，因为它将无法保持对盟友的控制。用伯里克利的话说：

> 我们必须摒弃所有关于我们土地和房屋的念头，时刻准备保卫海洋和城市。我们千万不要因为丧失土地而被激怒，以致同数量上占有优势的伯罗奔尼撒人交战。如果我们取得

54　这一术语指的是公元前 218 年罗马独裁者费边（Fabius）在汉尼拔取得特拉西米尼湖战役胜利后对汉尼拔采取的战略，该战略要求避免战斗，并通过"军事袭扰"（military pin-pricks）削弱迦太基人的实力；参见 Liddell Hart, *Strategy*, pp.26-27。李德·哈特正确地认识到，无论是伯里克利战略还是费边战略，实际上都是大战略层面的设计；*Strategy*, p.10。

55　Thucydides, I 143.

56　Thucydides, I 141.

一次胜利，那么紧接着我们就只能同数量上占优势的军队交
战；如果我们失败了，我们就会失去自己的同盟者，他们是
我们力量的源泉；如果我们的军队不能制服他们的话，他们
是不会保持沉默的。我们应当悲伤的不是土地和房屋的丧
失，而是人民生命的丧失，因为房屋和土地不会增加人口，
只有人能使它们有所增加。[57]

在伯里克利的战略中，"拒止性威慑"和防御之间的区别是明
确的。防御是针对敌人的敌对行动的。伯里克利拒绝了这一观点，
转而提出了一种针对斯巴达的目标，即针对斯巴达采取进攻行动
的动机。防御的目的是防止自己被伤害；"拒止"则是为了阻止敌
人得利。虽然这两种策略比较相似，但它们不是同义词。[58]

从历史的后见之明来看，伯里克利的理论听起来似乎很合理，
但我们必须明白，这与自荷马以来盛行的希腊精神背道而驰，即
战争的荣耀。[59]放任斯巴达人在城墙外蹂躏破坏雅典的国土，并
建议对此采取消极战略，会被人指责为是懦弱的行为，这种指责
48 在古希腊比在我们的时代更为有力。在这方面，伯里克利提出的
所谓后英雄战略（post-heroic strategy）是一个极其难以阐述的

---

57   Thucydides, I 143.

58   参见 Thomas C. Schelling, *Arms and Influence* (New Haven, CT: Yale University
      Press, 1966), pp.1-34。亦见 Glenn H. Snyder, *Deterrence and Defense* (Princeton,
      NJ: Princeton University Press, 1961)。

59   参见 Victor Davis Hanson, *The Western Way of War* (New York: Alfred A. Knopf,
      1989), p.32。

策略。然而，伯里克利坚持己见，因为他相信这是唯一能带来胜利的策略：避免进行陆上决战，利用时间来损耗对手。与此同时，雅典海军将维持帝国的统一，从而使雅典能够像伯里克利（和阿基达姆）所设想的那样无限期地继续战争——这与斯巴达人所设想的短期战争形成鲜明对比。[60]

在伯里克利的大战略中，"拒止性威慑"有一个有趣的心理方面。因为避免正面战争，也就意味着放纵斯巴达人摧毁阿提卡的领土，因此它构成了"焦土政策"（Scorched-earth Policy，又称焦土作战）的一个变体。[61]

雅典威慑的第二个维度，即"报复性威慑"，这是一个更为人所熟知的维度。正如伯里克利所表明的那样，伯罗奔尼撒人对阿提卡的任何入侵都会激起雅典海军对伯罗奔尼撒海岸的报复性袭击。这对雅典威慑的可信度尤其重要，因为它威胁要对斯巴达及其盟友实施代价高昂的报复。躲在城墙后面的防御性战略固然非常安全，但它缺乏威慑力。因为，尽管这样的战略保证了雅典

---

60 关于伯里克利战略中的长期战争的假设，参见 Thucydides, I 141。斯巴达人认为战争将在几年内成功结束，参见 Thucydides, V 14。

61 伯里克利对同胞们声明："假如按我原来的想法能够说服你们的话，我愿意奉劝你们迁移出去，并且亲手把你们的财产加以毁坏，以此向伯罗奔尼撒人明示：你们无论如何也不会因此而屈从于他们"，参见 Thucydides, I 143。他无法说服他们真的这样做，但这并不像一些分析家所认为的那样表明他的战略遭遇了失败；参见 Donald Kagan, *On the Origins of War and the Preservation of Peace* (New York: Doubleday, 1995), p.65.伯里克利的声明是一种修辞策略，旨在向雅典人表明他们实际做出的决定，即放弃自己的土地任由敌人摆布，是一个必要的决定。

的坚不可摧，但没有给入侵雅典的伯罗奔尼撒人带来任何惩罚性
的代价。这正是李德·哈特在反对将静态防御作为保守国家的军
事战略时所考虑的，相反，他表示，以高机动性为基础，并具有
快速反击能力的防御 - 进攻方式中，武力的经济性和威慑效果得
到了最好的结合。[62]

　　至于雅典威慑战略的报复层面，值得注意的是，在战争开始
时，报复的比例相对比较温和。正如我们稍后将看到的那样，这
经常招致人们对雅典所表现出来的软弱和缺乏战略目标的指责，
这种指责在今天依旧存在。实际上，雅典人的报复是逐渐推进和
升级的。因此，在战争的第二年（公元前 430 年），伯里克利进
行了一项重要的组织创新，他将大约 300 名骑兵通过特殊的马车
从海上转移到伯罗奔尼撒半岛。"这些骑兵像脱缰的野马，四处蹂
躏，斯巴达人没有任何武装力量可以阻挡他们。"[63] 此外，这支部
队还洗劫了拉科尼亚靠海的一个城镇普刺西埃（Prasiae）。[64] 这种
49 报复的逐步升级威胁到了斯巴达本就非常脆弱的社会秩序的稳定，

62　Liddell Hart, *Strategy*, p.355.

63　"这次海外部署是雅典人的创举，他们的骑兵（hippeis）和坐骑首次乘马车航行"；
　　Leslie J. Worley, *Hippeis: The Cavalry of Ancient Greece* (Boulder, CO: Westview,
　　1994), pp.87-88。这一发展极其有趣，因为雅典部队由海军、马匹运输队和骑
　　射手组成，这基本上标志着联合作战行动的起源。公元前 424 年，雅典人夺
　　取拉科尼亚以南的西基拉（Cythera）岛后，斯巴达人被迫组建了一支由 400
　　名骑射手组成的部队；Thucydides, IV 55。亦参见 Oliver Lyman Spaulding and
　　Hoffman Nickerson, *Ancient and Medieval Warfare* (New York: Barnes and Noble
　　Books, 1993), p.57。

64　Thucydides, II 56.

因为它助长了躁动不安的希洛人的反抗。如果斯巴达不服从雅典人的意愿，仍然坚持战争，那么报复势必升级到更高的程度。

在这方面，占领皮洛斯（Pylos）并加强对该城的防御，以及随后斯巴达人在公元前425年在斯法克蒂里亚的失败，并没有偏离伯里克利的大战略，[65]相反，这实际上是其大战略逻辑的必然结果。正如对普剌西埃的洗劫那样，伯里克利经常攻击和夺取那些靠海的敌方据点，但在征服这些据点之后，他并不会在这些地方建立永久性的防御工事；这可以等到以后再说。当雅典的战事不断升级，皮洛斯被占领并加强防御后，斯巴达人失去了平衡，被诱使犯下了向皮洛斯对面的斯法克蒂里亚小岛派遣部队的错误。这就给雅典人提供了一个绝佳的机会，他们很快就利用了这个机会，封锁并俘虏了斯巴达军队。正如伯里克利本人所说："战争中的机遇不会等待任何人。"[66]

有人可能会问，斯巴达本来就没有被报复的威胁吓倒，为什么会被报复逼得屈服呢？然而，伯里克利向斯巴达人表明，他们侵略的边际收益必然会随着时间的推移而下降，而报复的边际成本必然会随着时间的推移而增加。这一点在普剌西埃、皮洛斯和斯法克蒂里亚的事件中得到了清楚的证明。斯巴达不可能打败雅典，他们在战争中遭受了惨重的损失，付出了巨大代价。最后，斯巴达人要求和平——这从某种程度上证明了伯里克利战略的正

65　这一观点由唐纳德·卡根提出，参见 "Athenian strategy in the Peloponnesian War," pp.41-47。

66　Thucydides, I 142.

确性。[67]

侵蚀敌人国际力量的基础

伯里克利大战略的另一个原则是侵蚀敌人在国际上的力量基础。推行经济战和威胁恐吓的主要武器是雅典海军的使用。海军的部署会给敌人造成双重损害：首先，它可以破坏袭扰伯罗奔尼撒海岸；其次，它可以阻碍伯罗奔尼撒人的贸易活动。[68]这对像科林斯和麦加拉等严重依赖海上贸易的城邦尤其不利。因此，伯罗奔尼撒人不得不靠耕种土地来获得财政收入，换句话说，斯巴达的财政手段不如雅典人多。[69]此外，斯巴达的盟友经常受到实际或
50 潜在的威胁，因此，斯巴达的国际力量基础也相应地削弱了。其中，这种策略最典型的表现就是发生在伯里克利死后的"米洛斯对话"（Melian dialogue）。即使是倾向于斯巴达的中立国也不得不受到与他们所做的事情不成比例的威胁。[70]

67　另外一种观点，参见 Donald Kagan, "Athenian strategy in the Peloponnesian War," pp.46-47。

68　参见 David A. Baldwin, *Economic Statecraft* (Princeton, NJ: Princeton University Press, 1985)。

69　Thucydides, I 141-142, II 13. 这可以看作是西方在冷战期间为孤立和削弱苏联而采取的经济和技术封锁的远祖。

70　"米洛斯对话"发生在战争的第 16 年，即公元前 416 年，参见 Thucydides, V 84-113。对于米洛斯人提出的问题："这么说，你们不同意我们保持中立，成为朋友而不是敌人，但也不是任何一方的盟友？"雅典人给出了特有的回答："不，因为你们的敌意并没有伤害到我们；相反，如果我们与你们友好相处，我们的臣民会认为这是我们软弱的表现，而你们的仇恨则是我们强大的证据"；Thucydides, V 94-95。

根据自己的利益来塑造对手的国内环境

最后，伯里克利大战略的另一个原则是，雅典人应努力以有利于雅典人利益的方式塑造斯巴达的国内环境。为此，雅典需要对其敌人进行心理战。伯里克利试图说服斯巴达人，他们对雅典的战争是徒劳的；尽管他们可以任意蹂躏阿提卡，但他们也应清楚地意识到不能做出这样的决定，因为雅典的海军还可以随时打击伯罗奔尼撒的海岸城市。[71]这种情况最终将导致斯巴达国内力量平衡的转变；温和派领导人将会出现，他们会明白战争没有任何意义，转而要求和平。这实际上是两个对手在战争十年后达成和平的方式；普雷斯托阿那克斯国王后来成为斯巴达的掌权人，他在公元前446年曾是入侵部队的指挥官，也是一位和平倡导者。[72]从现代战略理论来看，伯里克利试图通过控制雅典进攻力量来影响斯巴达国内的权力均衡，这是环境塑造战略的一个例子。这样的战略使一个国家能够通过改变现实来影响政治环境。环境塑造需要使用权力来帮助创造安全条件，从而使人们无须为了保护自己的利益而进行斗争。[73]

---

71 Thucydides, I 141-142.

72 Thucydides, V 16-17.

73 参见 Benjamin Schwarz, "Strategic Interdependence: Learning to Behave like a Great Power," in Norman Levin (ed.), *Prisms and Policy: U.S. Security Strategy After the Cold War* (Santa Monica, CA: RAND, 1994), pp.79-98. 也可见 Paul Bracken, "Strategic Planning for National Security: Lessons from Business Experience," *RAND Note*, N-3005-DAG/USDP, February 1990, pp.12-17。

这些原则支配着伯里克利大战略所运用的各种手段（军事、
经济、外交、技术和心理）的政策组合，以达到雅典的政治目标。
因此，伯里克利的大战略有了一个相当清晰的轮廓。伯里克利的
大战略旨在维持现状，试图通过消耗战略来劝阻对手。在军事方
51 面，这一大战略的基础是坚不可摧的防御工事和海军突击队对敌
人的威慑作用（见表 3.1）。接下来需要我们讨论的是国内和国际
合法性的问题。

表 3.1: 雅典和斯巴达的大战略

	雅典	斯巴达
政治目标	有限的目的——维持现状，保存雅典帝国	无限目的——改变现状，瓦解雅典帝国
大战略	通过消耗劝阻	通过威胁和军事歼灭的方式劝阻
军事战略	通过拒止和报复进行威慑	进攻，决定性的陆地战争

合法性问题

一个国家的大战略必须建立在国内和国外合法性的基础上，
这一点至关重要。美国在越南的经历应该足以证明这一点——国
内合法性的丧失对美国的大战略产生了严重的影响。那么，伯里
克利是如何处理确保其大战略在国内的合法性问题的？

国内的合法性

人们可能还记得，伯里克利的大战略本来就不受欢迎。伯里克利成功地说服了雅典公众坚持一项不受欢迎的政策，这充分说明了他有作为政治家的才能。正是由于这个原因，德尔布吕克称伯里克利为历史上最伟大的政治家和军事领袖之一。[74]然而，就连伯里克利本人也觉得这并不容易。雅典人曾经觉得躲在城墙后面，把自己的财产交给敌人并且由对方随意摆布就已经很困难了，现在他们又看到这些财产被毁，他们简直要崩溃了：

> 雅典人目睹雅典的领土遭受蹂躏，此情此景青年人从来 52 都没有看见过，老年人只是在波斯战争的时候有此经历。很自然地，他们认为这是受到了奇耻大辱，尤其是青年人，他们一致下决心杀出城去，阻止敌军对土地的破坏。[75]

伯里克利成了替罪羊，整个城市群情激愤，他们一致迁怒于伯里克利，并把城邦所遭受的所有苦难的责任都加在了他身上，对他处以罚款（可是，不久之后，按照民众办事的一贯方式，他

---

74 Delbrück, *History of the Art of War*, vol. 1, p.137.
75 Thucydides, II 21. 伯利克里大战略的问题在于，它依赖于对城邦的忠诚，而不是对个人和家庭的忠诚；见 Lin Foxhall, "Farming and Fighting in Ancient Greece," in John Rich and Graham Shipley (eds.), *War and Society in the Greek World* (London: Routledge, 1993), p.142。

们又选举伯里克利为将军，把一切事务都交给他处理，他们认为，
伯里克利是所有人当中最有才能的一个）——这是雅典政体不稳
定决策的典型例子。[76] 尽管如此，雅典人仍然忠实于伯里克利所制
定的战略，直到他去世后很长一段时间，他们才真正背离这一战
略。[77] 因此，国内合法性是大战略成功的必要条件。除非取得了国
内合法性，否则所有战略、所有战略设计都将失败，这对民主国
家来说尤其如此。在这方面，伯里克利的墓志铭，即他为纪念第
一年战争中阵亡将士而发表的演讲，值得我们特别关注。这篇演
讲是对雅典人生活方式的致敬，旨在说服雅典人团结一致，支持
为他们城邦的战争努力。[78]

　　国内合法性问题还包括雅典大战略的另一个方面，即试图通

76　Thucydides, II 21, II 65.

77　请看下一章，伯里克利在战争开始两年半后（约为公元前 429 年 9 月）去世；
　　Thucydides, II 65。公元前 430 年，在瘟疫（见下文）的影响下，雅典人一度退缩，
　　向斯巴达派出了和平使团。修昔底德明确指出，这只是雅典公民大会一时心血
　　来潮（Thucydides, II 59, II 65）——另见下一章。

78　Thucydides, II 35-46. 演说的一个重要部分如下："我宣布，我们的城市是对希
　　腊的一种教育，我宣布，在我看来，我们的每一位公民，在生活的各个方面，
　　都能够显示出自己是合法的主人，是自己的主人，而且，还能以非凡的风度和
　　非凡的才华做到这一点。雅典，在我们所熟知的国家中，是唯一一个以超越人
　　们对她的想象的伟大姿态迎来她的考验的国家。……未来的时代会惊叹于我们，
　　就像现在的时代惊叹于我们一样。……所以，这就是那些不忍心失去她的人们
　　为之英勇战斗和献身的城市"；Thucydides, II 41. 有趣的是，在第一次世界
　　大战期间，伦敦公共汽车上的标语牌也展示了伯里克利《墓志铭》的摘录，旨
　　在提醒英国公众他们为之战斗的价值观；见 Paul Millett, "Warfare, economy and
　　democracy in classical Athens," in Rich and Shipley, *War and Society in the Greek
　　World*, p.179。

过煽动希洛人发动叛乱来破坏斯巴达的国内权力基础。雅典海军的突袭为希洛人反叛他们的主人（斯巴达人）提供了绝佳的机会，也为获得自身的解放提供了可能性。[79]

国际合法性

国际合法性的因素也至关重要。显然，在国际无政府状态的条件下，即在没有一个最高权威来调节国家之间对立的情况下，国家之间从根本上说是一种冲突的关系。[80]因此，人们不能期望从国际环境中得到多少善意。然而，如果一个国家的大战略在国际上被公认为合法，这至少可以让这个国家少一些潜在的敌人，从而使其能够节省资源。

不幸的是，伯里克利时代的雅典在这方面并不乐观。最初的提洛同盟是一个为抵御波斯的威胁而建立的联盟，现已演变为雅典帝国，正如前面所展示的，这个同盟后来成了雅典的主要财政

79　Thucydides, II 25. 雅典人对皮洛斯的占领起到了更大的作用；参见 Thucydides, IV 3, IV 41。另见 Josiah Ober, "Classical Greek Times," in Michael Howard, George J. Andreopoulos, and Mark R. Shulman (eds.), *The Laws of War: Constraints on Warfare in the Western World* (New Haven, CT: Yale University Press, 1994), p.22。从以上分析可以推测，战胜斯巴达的理论应该包含两个永久性要素，即争取阿耳戈斯人结盟和煽动帮派起义。我们还必须指出，雅典向希洛人提供的援助，与冷战期间西方对东欧国家发动的大规模心理战运动之间存在着有趣的相似之处。

80　参见 Kenneth N. Waltz, *Man, the State, and War* (New York: Columbia University Press, 1959)。

收入来源。所有的合法性都消失了，雅典海军的强制力成为维系联盟存在的唯一因素。雅典人很清楚这一点。战争爆发前不久访53 问斯巴达的雅典使者承认，"对我们的雅典帝国而言，雅典人面临着来自希腊人非常大的敌意"。[81] 伯里克利本人甚至称雅典帝国为暴政，但放弃这种暴政是不安全的：

> 拒绝承认帝国的责任，又企图分享其荣誉，这是不可能的，你们还应当知道，战争不单单是为了享受自由而不遭受奴役，同时也牵涉帝国的损失，以及帝国在实际管理中所招致的仇恨而产生的危险。此外，假如在危难时刻你们当中确实有人曾认为放弃帝国是一种正直行为，那么，如今放弃这个帝国已经是不可能的了。坦率地说，如今帝国的维持依靠的是一种暴政；过去取得这个帝国也许是错误的，然而放弃这个帝国一定是危险的。[82]

雅典的弱点就是斯巴达的优势。斯巴达人宣称自己是"希腊的解放者"，他们使得希腊人免遭雅典人的压迫，因此，他们获得

---

81 Thucydides, I 75.
82 Thucydides, II 63. 然而，必须指出的是，硬币也有其另一面。雅典帝国的臣民可以从雅典的商业活动中获益，帝国确保了许多集体权益，如融入巨大的市场、打击海盗行为等。因此，雅典帝国并非完全没有国际合法性；见 Michael W. Doyle, *Empires* (Ithaca, NY: Cornell University Press, 1986), p.57, 以及其中引用的资料。另见下一章。

了相当多的支持。[83]

我们在此结束对伯里克利大战略的考察。我们已经大致明晰了各方的相对优势和劣势（见表 3.2），以及雅典如何利用自己的优势并尽量减少其劣势影响的方式。现在让我们来评价一下伯里克利的大战略。

表 3.2：雅典和斯巴达：相对优势和劣势

雅典的优势	斯巴达的优势
• 制海权	• 强大的陆军力量
• 经济实力	• 国家合法性
• 海外帝国	• 低成本战略
• 坚不可摧的防御工事	
雅典的劣势	**斯巴达的劣势**
• 陆军薄弱	• 海军力量孱弱
• 缺乏国际合法性	• 财政资源有限
• 高成本的战略	• 内乱危险
• 决策不稳定，国内合法性不稳定	• 长途战役的困难

对伯里克利大战略的评价

在第一章中我们指出，大战略是关于一个国家如何实现安全的理论，它是以政治结果（即国家的生存和福祉）的方式进行实 54 证检验的。雅典输掉了伯罗奔尼撒战争，那么该如何评价伯里克利的大战略呢？它失败了吗？对这个问题的看法是有分歧的。一方面，我们已经引用了德尔布吕克关于"伯里克利是历史上最伟

---

83 Thucydides, II 8. 见下章。

大的政治家和军事领袖之一"的说法。另一方面，一些分析人士
称伯里克利的战略是"一种失败的一厢情愿的想法"[84]，并表示"作
为一个战略家，他［伯里克利］是一个失败者，他应该为雅典的
巨大失败承担一部分责任"。[85]

如第一章所述，评估大战略有五个标准，即外部契合、手段
和目的之间的关系、效率、内部一致性、容错性。按照这些标准
来看，毫无疑问，伯里克利的大战略做得非常好。首先，它与国
际环境相适应。雅典的领土和政治现状让雅典人非常满意，与此
同时，雅典的国力不断增长。因此，雅典不需要采取进攻战略；
它已经使很多国家的关系变得疏远，因此没有必要再去树立更多
的敌人。[86]爱琴海已经被雅典人牢牢控制，进攻战略的目标只能指
向大陆，这意味着要对付斯巴达步兵。雅典人没有这样做，而是
选择了一种竞争战略，这是一种利用自己的优势来战胜敌人弱点
的战略（例如，对斯巴达国内脆弱的结构发起海军突袭）。伯里克
利明确地分析了双方的相对优势和劣势（见表 3.2），并制定了一
套有利于雅典的策略。至于国内的政治环境，伯里克利的大战略
并没有违背雅典政体本身的任何规范或前提。

伯里克利的大战略在手段和目的之间的关系方面也做得很好。

84　Kagan, "Athenian strategy in the Peloponnesian War," p.54.

85　Barry S. Strauss and Josiah Ober, *The Anatomy of Error: Ancient Military Disasters and Their Lessons for Modern Strategists* (New York: St. Martin's Press, 1990), p.47.

86　关于进攻战略的各种影响，参见 Stephen Van Evera, *Causes of War: Power and the Roots of Conflict* (Ithaca, NY and London: Cornell University Press, 1999)。

既实现了雅典的重要目标，又谨慎地避免了过度扩张；雅典的资源固然相当可观，但并不是无限的。伯里克利理解经济资源和政治目的之间的联系："第一，没有轻描淡写，而是准确地强调战争的巨大开支；第二，暗示这样的开支并非意料之外，雅典有充足的资金来应付。"[87]

很明显，在阿尔基比亚德的领导下[88]，雅典人放弃了伯里克利 55 平衡手段和目的的原则。[89]其结果是代价高昂的西西里远征，远征的目的是将雅典人的控制权扩展到遥远的人口稠密的西西里（甚至更远），但是，它最终给雅典带来了一场巨大的灾难。[90]这次远征改变了整个战争的进程，根据修昔底德的说法，这种背离伯里克利大战略的做法正是雅典战败的原因。[91]

关于效率的标准，伯里克利的战略也非常符合要求。首先，它利用了一切可以利用的手段；换句话说，战略是全面的、彻底的。值得注意的是，尽管雅典正处于一场大战之中，但是军事因素并没有主导其大战略。除了军事战略外，雅典的大战略还包括经济战略、外交战略、心理压力和国内合法性。其次，雅典人在

87　Kallet-Marx, *Money, Expense and Naval Power*, p.203.

88　阿尔基比亚德本是西西里远征的拟定者，但在中途受到了国内政敌的暗算，被迫解除兵权。因为他知道回国之后，必然会被判处死刑，于是他逃到斯巴达，并帮助对方来对付自己所拟定的这项计划。——译者注

89　相关讨论参见 Steven Forde, *The Ambition to Rule: Alcibiades and the Politics of Imperialism in Thucydides* (Ithaca, NY: Cornell University Press, 1989)。

90　参见 *Thucydides*, VI 90, 阿尔基比亚德关于雅典战争目的的叙述。也可参见本书第五章的相关讨论。

91　Thucydides, II 65.

没有造成不必要伤亡的情况下，击退了伯罗奔尼撒人（以及他们自己的一些盟友）的挑战，保住了他们的帝国，至少在西西里岛的灾难发生之前是这样的。相比之下，阿提卡遭到的破坏就显得微不足道了。只有在财政方面，代价才是可观的。然而，这是雅典自波斯战争以来一直奉行的资本密集型海洋战略所固有的，与斯巴达的劳动密集型大陆战略形成了鲜明对比。此外，雅典的资源足以维持和应对这场战争。

伯里克利的大战略在符合内部一致性的标准方面也没有任何困难。这一大战略的所有组成部分都相互促进，而没有互相牵制的影响。例如，军事层面（海军突袭）不允许干涉外交层面（与敌人的默契谈判）。

最后，伯里克利的大战略在灾难面前被证明具有较高的容错性，尽管这些灾难非常严重。公元前430年，雅典遭受了一场瘟疫的袭击，瘟疫肆虐了两年后才消退，公元前427—公元前426年的冬天，再次来袭的瘟疫又爆发了一年。根据现代人的估计，这场瘟疫夺去了雅典三分之一的人口。[92]尽管修昔底德认为根本无法确定死亡人数，但他明确指出这是当时的一场重大灾难。[93]这种56 规模的灾难通常足以使任何大战略规划破产；事实上，仅仅去应对这样的大灾难本身已经非常吃力。尽管如此，伯里克利的大战略仍被证明是持久有力的，它最终都克服了这些障碍。

一项大战略如果能在这些标准上取得如此优异的成绩，那么

---

92   Kagan, "Athenian strategy in the Peloponnesian War," p.38.
93   Thucydides, II 47-54, III 87.

在付诸实施时也会取得理想的效果，这便是伯里克利大战略所展现的实例。它将所有可用的元素组合到一起，并通过不断消耗敌人的战略取得了胜利。经过十年的战争，斯巴达人承认他们已经受够了，最后他们放弃了对胜利的追求。事实上，雅典本可以取得更多成就。按照亚瑟·费里尔（Arther Ferrill）的观点：

> 在战争的前六年（公元前 431—公元前 426 年）中，伯里克利的战略对雅典有利。可以肯定的是，普拉蒂亚落到了底比斯（Thebes）和斯巴达手中，斯巴达军队对阿提卡进行了蹂躏，同时，瘟疫也给雅典造成了惨重的伤亡；但在考居拉和科林斯湾周围，雅典人坚守阵地，给伯罗奔尼撒人造成了损失。斯巴达人似乎无法有效地使用他们的陆地力量来对抗雅典这个海军强国。[94]

然后，在公元前 425 年，雅典人在斯法克蒂里亚取得了巨大成功。假如雅典人更敏锐地利用这场胜利，他们就会取得更大的成果，因为斯巴达人显然愿意做出让步。[95]"在最初的六年里，伯里克利的战略是奏效的，但雅典人拒绝谈判。"[96] 似乎这还不够，雅典人在陆地上遭受了两次严重的失败；公元前 424 年在

94　Arther Ferrill, *The Origins of War from the Stone Age to Alexander the Great* (London: Thames and Hudson, 1985), p.127.

95　参见 Thucydides, IV 22。

96　Ferrill, *The Origins of War from the Stone Age to Alexander the Great*, p.128.

代立昂（Delium）对抗波埃提亚人，公元前 422 年在安菲波利斯（Amphipolis）对抗斯巴达将军伯拉西达（Brasidas）领导下的伯罗奔尼撒远征军。[97] 但是，公元前 421 年的《尼昔亚斯和约》（Peace of Nicias）是对雅典有利的。[98] 在阿尔基比亚德决定进行西西里远征之前，雅典保留了其有利可图的帝国，并阻止了斯巴达人的进一步进攻。

对伯里克利大战略的批判

最后，我们必须对伯里克利大战略进行一番批判性的评析。主要分为四个方面：[99] 第一，伯里克利的大战略拒绝向伯罗奔尼撒人做出哪怕是微小的让步，从而引发了战争，因此这是一个成本高昂的战略。第二，伯里克利的战略是敌人没有预料到的，斯巴达人错误地判断了伯里克利战略真的会付诸实施。因此，雅典人实施这样战略的可信性比较低，也就意味着它的威慑性很低（即

---

97 关于这两场战役，参见 Thucydides, IV 89-101, V 6-11。关于伯拉西达的远征，也可参见下一章。

98 正如斯塔尔（Starr）所说："……斯巴达人默许了一项和约，该和约却导致了盟国的大规模不满和叛逃，和约几乎忽略了盟国控诉雅典的理由。雅典的表现和预期的一样好，甚至更好。爱琴海帝国完好无损；在西部水域，雅典的势力上升；伯罗奔尼撒同盟受到动摇。"参见 Starr, *The Influence of Sea Power on Ancient History*, p.43。

99 参见 Kagan, *The Archidamian War*; Strauss and Ober, *The Anatomy of Error*; Angelos Vlahos, *Commentary on Thucydides*, vol. I: Books I-IV (Athens: Estia, 1992) (text in Greek)。

挑起战争——又是一种高成本战略）。第三，它太软弱，无法利用 57
任何机会增加敌人必须承担的成本（滥用可用手段）。最后，这个
战略主要依靠伯里克利来执行和实施，因此，在伯里克利去世之
后这个战略必然会被抛弃（事实上，这种批判并不是在质疑战略
本身的合理性）。让我们逐一讨论这些批评。

第一条批评，即伯里克利拒绝妥协让步（拒绝撤销麦加拉禁
令），由此才导致了伯罗奔尼撒战争。[100] 当然这个话题可以再次
让我们回到战争的根本原因与直接原因这个问题的讨论上（见第
二章）。就这种批评而言，我们认为，把所有责任都归咎于伯里
克利是没有道理的。当时的国际局势剑拔弩张，没有人能够非常
肯定地说，战争可以通过某种方式避免。大卫·鲍德温（David
Baldwin）提出了一个更为平衡的观点：

> 虽然伯里克利的行动未能阻止战争，但是这场战争爆发
> 的可能性本来就是相当大的；也许他做什么都无法使这场战
> 争得以避免。鉴于当时紧张复杂的局势，实施经济制裁很可
> 能是成功概率最高的一种策略选择——尽管这个概率本身也
> 非常低。考虑到这项任务的艰巨性、可供选择的政策以及形
> 势的复杂性，我们既可以说伯罗奔尼撒战争是在伯里克利通

---

100 对伯里克利决定的批判性讨论，参见 Lebow, "Thucydides, Power Transition
　　Theory and the Causes of War," in Lebow and Strauss, *Hegemonic Rivalry*,
　　pp.147-156。也可参见 Barry S. Strauss, "Of Balances, Bandwagons and Ancient
　　Greeks," in Lebow and Strauss, *Hegemonic Rivalry*, pp.203-204。

过麦加拉禁令谨慎地——甚至可能是巧妙地——试图阻止战争的情况下爆发的，也可以说是该法令"导致"了战争的爆发。[101]

此外，斯巴达拒绝给予伯里克利所要求的交换条件，即停止对雅典人及其盟友使用"排外条例"（xenelasia），这表明伯里克利对斯巴达请求的真实性质的评估可能是正确的。斯巴达似乎有着无限的目标，根本无法妥协；如果雅典人在斯巴达人的要求面前让步，他们将来可能会面临来自斯巴达的更多压力。

关于第二种批评，也就是伯里克利的大战略是敌人始料未及的，因此无法威慑敌人。我们已经看到，伯里克利战略的核心原则——避免战争，与当时盛行的希腊民族精神形成了鲜明的对比。唐纳德·卡根将伯里克利的策略与希腊主流文化进行了对比，他认为这种对比使得敌人不太可能相信雅典人真的会采用这种策略。因此，这一战略虽然合理，但作为威慑手段缺乏可信性。[102]

58　　　尽管如此，卡根还是夸大了他的观点。首先，阿基达姆认为，雅典人不可能成为"自己土地上的奴隶"[103]；因此，斯巴达决策者不难预见到雅典人将避免战争。除此之外，在过去，雅典人也有过类似的先例：公元前480年，在波斯入侵期间，雅典人不仅避免了与波斯人的战斗，事实上，他们还放弃了自己的城市，继续

101　Baldwin, *Economic Statecraft*, p.154.

102　Kagan, *On the Origins of War*, p.64.

103　Thucydides, I 81.

与敌人的海军作战。的确，伯里克利的大战略是难以想象的，更不用说实施了。然而，这远不能说它完全出乎敌人的意料。此外，在阿提卡避免战争的策略从未受到人们的质疑，即使在伯里克利死后也是如此。显然，正如阿基达姆所预言的那样，这个战略得到了雅典人的支持。

为了反驳第三种批评，即伯里克利的大战略太软弱，无法利用任何机会给敌人造成额外的损失，[104]我们需要详细阐述伯里克利的大战略的威慑层面，尽管其重要性经常被人所误解。威慑是一种强迫形式，试图以有利于胁迫者利益的方式影响敌人的行为。胁迫涉及影响对手可以采取的各种行动的相对吸引力。[105] 这正是伯里克利统治下的雅典人所做的：他们操纵雅典对斯巴达施加负面制裁（报复）的威胁。[106] 报复威胁是指威胁施加与对手不可取的活动无关的痛苦，直到对手服从为止。伯里克利回顾道：

> 如果他们从陆上侵入我们的领土，我们将从海上攻入他们的国土，然后你们将发现，伯罗奔尼撒一部分土地的破坏对他们的影响，比整个阿提卡的破坏对我们的影响还要严重

---

104 关于"软弱"理论的支持者，参见 Vlahos, *Commentary on Thucydides*, pp.401-405，也可参见 Kagan, *The Archidamian*, pp.28-29 中引用的资料。

105 参见 Schelling, *Arms and Influence*。

106 参见 Schelling, *Arms and Influence*；亦见 Stephen Cimbala, *Military Persuasion: Deterence and Provocation in Crisis and War* (University Park, PA: Pennsylvania State University Press, 1994)。

些。[107]

伯里克利的战略威胁着斯巴达，一旦斯巴达人入侵，斯巴达将遭受更大的痛苦。这种痛苦的施加并不是一劳永逸的；相反，这是一个持续的讨价还价过程的一部分（为达到某种目的逐步施加压力的过程）。

这就解释了雅典人在战争的第一年对地方造成的破坏为何相对温和，并在此后不断升级。[108] 用现代战略术语来说，伯里克利使用的是一种逐步升级的策略，将施加破坏的程度作为讨价还价的工具。[109]

59   显然，设计糟糕、冲动的报复（如大规模袭击和对前哨的立即占领，正如伯里克利的各种批评者所建议的那样）可能会产生完全反向的影响：将斯巴达的政治领导从冷静理性地计算边际成本和收益，转变为充满激进派分歧的冲动行为。一位批评伯里克利的作家认为：

这些进攻性的行动并没有给人留下深刻的印象，因为它们只是为了证明一场旷日持久的战争会对伯罗奔尼撒人造成

---

107   Thucydides, I 143.

108   这也解释了为什么伯里克利没有在斯巴达领土上修建要塞；这是为将来保留的措施。唐纳德·卡根说："因此，我们可以不把在伯罗奔尼撒半岛建造要塞视为伯里克利战略进攻要素的一部分"；参见 *The Archidamian War*, p.28。

109   参见 Alexander L. George, *Some Thoughts on Graduated Escalation* RM-4844-IR (Santa Monica, CA: RAND Corporation, 1965)。

损害。事实上，如果采取更有力的进攻行动，那将会与计划相冲突。进攻行动不能带来胜利，反而可能激怒敌人。[110]

　　至于第四种批评，即伯里克利的大战略完全依赖于伯里克利的执行。[111] 事实上，我们必须知道，早在伯里克利之前，雅典人已经对防御工事和海军力量非常依赖了。[112] 在制定他的大战略时，伯里克利将其建立在过去的经验基础上，并考虑到地缘政治的现实（结构上的必要性）。因此，将雅典人的这种特殊策略仅仅归功于伯里克利，从而得出结论说，如果伯里克利不在了，雅典人将会抛弃这一策略，这种说法显然是错误的。用现代术语来说，雅典的海洋战略是一项核心战略，无论国家所处的国际环境如何，这项战略始终都要保持稳定性。[113]

　　我们在此重申，不能简单地将战争的爆发归咎于伯里克利的大战略；它并非完全不可预见，因此只是一种威慑性战略；作为谈判过程的一部分，它以不断升级的报复来胁迫敌人，因此它既不软弱，也不缺乏战略意图；最后，它在很大程度上反映了无论有无伯利克里都将存在的结构性要求。

110　Kagan, *The Archidamian* War, p.41. 与本书类似的对软弱批评的精彩回应，见 Delbrück, *History of the Art of War*, vol. 1, p.140。

111　参见 Kagan, *On the Origins of War*, p.65。

112　参见 W. Robert Connor, *Thucydides* (Princeton, NJ: Princeton University Press, 1984), p.50。

113　参见 Bracken, "Strategic Planning for National Security," pp. 14-15。

雅典失败的原因

在评估伯里克利的大战略时，我们可以引用修昔底德的一些看法。修昔底德认为，雅典之所以输掉战争，是因为它放弃了伯里克利制定的战略。他接着说，如果雅典坚持这种策略，它可能会打败伯罗奔尼撒人。

60

　　伯里克利告诫雅典人说，如果雅典静待时机，好好经营自己的海军，在战争期间避免试图扩大帝国的版图，并且不做任何危及城市本身安全的事情，他预计雅典是会赢得这场战争的。但他的继任者们却恰恰相反……当伯里克利预言雅典将轻而易举地战胜伯罗奔尼撒人时，他所设想的资源曾是如此丰富。[114]

科林·格雷将雅典人在伯罗奔尼撒战争中的失败总结如下：

　　斯巴达之所以能够战胜雅典，主要是因为雅典遭受了大瘟疫，雅典在西西里远征（公元前415—公元前413年）中也遭受了无法弥补的人员和威望损失。在从这些灾难中恢复过来之后，雅典又在控制达达尼尔海峡的海上战役中因缺乏警惕而犯下了重大错误。此外，斯巴达得到了波斯的大量资

114　Thucydides, II 65.

金支援，这样他们很快就补足了海军力量较弱的短板。[115]

必须指出的是，在雅典人远征西西里进行扩张从而将自己引向毁灭之前，波斯并不敢资助斯巴达发展针对强大的雅典帝国的海军建设（见下一章）。

因此，很明显，雅典人抛弃伯里克利的大战略是他们输掉这场战争的一个重要原因。伯里克利不仅向他的同胞们讲述了大战略能够胜利的原因，而且讲述了他的大战略会在怎样的情况下失败：

> 如果你们一致同意不再利用战争来实施新的征服扩张计划，如果你们不主动地把自己牵入新的危险中去，我还可以举出很多理由来说明你们是有希望取得最后的胜利的。事实上，我所担心的不是敌人的诡计，而是我们自己的失策。[116]

雅典人之所以失败，并不是伯里克利大战略本身的原因造成的。我们已经看到，在修昔底德看来，如果伯里克利的大战略得到一丝不苟的执行，就会给雅典带来胜利。这是对这一战略的制定者——伯里克利的一种肯定和致敬。伯里克利不仅制定了这一战略，而且确保了雅典民众认真执行遵循这一战略。现今的研究也完全支持修昔底德的观点。

115　Gray, *The Leverage of Sea Power*, p. 7.
116　Thucydides, I 144.

4

斯巴达式的大战略

61

导 言

正如前面反复说明的那样，战略无法在真空中实施，它总是针对一个或多个对手来制定的，而对手又会反过来根据这些战略制定他们自己的战略。因此，如果不考察交战双方的战略设计之间的相互作用，即战略的"横向"维度，那么对伯罗奔尼撒战争（或者可以是其他任何战争）的战略分析就不可能是完整的。所以，除了要从总体上对伯里克利和雅典的大战略进行研究之外，还要考察斯巴达的大战略。[1] 正如前一章所指出的，斯巴达采取的是歼灭战略，而雅典最初在伯里克利的指导下，采取的是消耗战

1　对斯巴达在战争初期大战略的分析，参见 P.A. Brunt, "Spartan Policy and Strategy in the Archidamian War," in P.A. Brunt, *Studies in Greek History and Thought* (Oxford: Clarendon Press, 1993), pp. 84-111。

略。然而，西西里远征（公元前 415—公元前 413 年）标志着雅典转而采取歼灭战略，且此战略一直沿用到了战争结束。

上一章的分析以《尼昔亚斯和约》（公元前 421 年）结束，它标志着伯里克利大战略的胜利。在这一章中，我们的研究将贯穿整个战争过程。当然，考虑到上述内容，除了对斯巴达大战略进行静态分析，我们还将分析它与雅典大战略的相互作用。

斯巴达和雅典：双边力量对比

我们在上一章中分析了斯巴达和雅典之间的力量对比情况。斯巴达和雅典是希腊最强大的两个城邦，而雅典的力量比斯巴达
62 增长得更快（主要是因为雅典的经济体制更为发达），在战争爆发时，雅典的经济力量、海军实力和帝国地位使它总是能不受斯巴达及其盟友侵扰，雅典在实力上明显优于他们。正如阿基达姆在斯巴达公民大会上的演讲所表明的，斯巴达的大战略已经陷入了僵局，而雅典的力量正在迅速增长，且正在蚕食斯巴达的盟友。[2] 雅典通过这种逐渐削弱斯巴达基础安全要素的方式，使斯巴达失去了打击雅典核心力量的手段：海军。

阿基达姆认为，雅典力量的壮大以及由此给斯巴达带来的威胁是不能立即得到解决的。斯巴达首先需要恢复与雅典之间的力量对比。除了内部动员（调集国内资源）之外，斯巴达及其盟友还需要借助外部平衡，即安抚好其盟友（希腊人或波斯人），因为他们能够提供伯罗奔尼撒同盟（Peloponnese League）所缺乏的

---

2 修昔底德反复强调这一点，参见 I 67-68，I 71，I 86，I 118。

两样东西——海军和资金：

> 我建议你们不要马上开战，相反，我们应该派遣使者向
> 他们（雅典人）提出口头的抗议；我们不应该过于公开地威
> 胁开战，但同时应该明确表示，我们不会让他们得逞。我们
> 也应该做好自己的准备，我主张从希腊人和异族人那里寻求
> 支持——事实上，只要能使我们的海上力量和财政力量有所
> 增强，我们可以从任何地方争取新盟友。根据自我保护的法
> 则，所有像我们这样为雅典人诡计所害者，都是不应当受到
> 责难的。与此同时，我们必须把自己的事情处理好。如果他
> 们重视我们的外交抗议，那就更好了。如果他们不这样做，
> 那么两三年后，我们的处境将会好得多，届时只要做出这样
> 的决定，就可以向他们发动进攻了。[3]

3　Thucydides, I 82. 阿基达姆明确提到与波斯人（外国人）结盟是现实政治将不可调和的敌人团结在一起的一系列案例中的一个有意思的前奏。在文艺复兴时期，法国与奥斯曼帝国联合对抗西班牙是现代历史上的第一个例子，而天主教红衣主教黎塞留与欧洲新教国家（Protestant states of Europe）联合对抗天主教神圣罗马帝国（Catholic Holy Roman Empire）是另一个例子。在 20 世纪，"莫洛托夫－里宾特洛甫条约"（Molotov-Ribbentrop Pact）和尼克松与中国的和解就是类似的例子。关于对斯巴达－波斯联盟与上述现代出其不意的外交（diplomatic surprises）进行的比较，参见 Strauss and Ober, *The Anatomy of Error: Ancient Military Disasters and Their Lessons for Modern Strategists* (New York: St.Martin's Press, 1990), p.75。黎塞留与新教徒的合作，参见 J.H. Elliott, *Richelieu and Olivares* (Cambridge: Cambridge University Press, 1984/1991), pp.113-142 以 及 Henry Kissinger, *Diplomacy* (New York: Simon & Schuster, 1994), ch.3。关于外交突袭的概念和对一些现代外交突袭实例的分析，参见 Michael L Handel, *The Diplomacy of Surprise: Hitler, Nixon, Sadat* (Cambridge, MA: Harvard Center for International Studies, 1981) 以 及 Constantinos Koliopoulos, *Understanding Strategic Surprise* (Ph.D.Diss., Lancaster University, 1996), pp.208-216。

对斯巴达来说，很不幸的是，在公民大会中占了上风的并不
是阿基达姆的建议，而是斯巴达地方长官斯特纳莱达斯的好战言
论。斯特纳莱达斯没有反驳阿基达姆的任何论点。相反，他把重
点放在了雅典人对伯罗奔尼撒同盟造成的伤害上，他演讲的结束
语很有特点：

> 因此，斯巴达人啊，就战争进行表决吧！这是斯巴达荣
> 誉的需要！不要让雅典的势力继续壮大了！不要使我们的同
> 盟者陷于毁灭！诸神保佑，让我们前去迎击侵略者吧！[4]

这表明，尽管阿基达姆和斯特纳莱达斯都同意雅典的力量相
63 对于斯巴达来说正在迅猛增长，但他们对现有力量对比的评估并
不统一：阿基达姆认为雅典更强大；但斯特纳莱达斯以及大多数
斯巴达人都认为斯巴达更强大[5]；这种错误认识在后来十年的斯巴

4　Thucydides, I 86.

5　参见 Thucydides, IV 18, IV 21, IV 85, V 14。格雷戈里·克兰（Gregory Crane）
　　提出了一个不现实的理论，即斯特纳莱达斯所强调的一种"将人类联系在一起
　　的根本纽带"，可通过"斯巴达与其盟友的人格化关系是其实力所在"来理解；
　　参见 Gregory Crane, *Thucydides and the Ancient Simplicity: The Limits of Political
　　Realism* (Berkeley, CA: University of California Press, 1998), pp.212-221。国家间联
　　盟不是建立在道德纽带上的，而伯罗奔尼撒同盟的情况可能尤其如此。联盟是
　　国家试图加强自身安全的工具。对斯巴达来说，伯罗奔尼撒同盟是一种扩大其
　　影响力和增加其军事力量的手段，而对盟国来说，它是一种抵御外部威胁，以
　　及（就统治阶级而言）维持国内寡头统治的手段。如果联盟不能实现这一目的，
　　各方就会倾向于退出联盟，尽管他们之间存在着道义上的联系。事实上，尽管
　　斯巴达确实发动了战争，并在这个过程中遭受了一些重大的失败，但《尼昔亚
　　斯和约》表明斯巴达不足以保证他们的安全，其盟友就毫无顾忌地集体叛变联盟。
　　因此，斯特纳莱达斯并没有诉诸道德纽带，而只是错误地判断了力量的平衡。

达大战略中依然有明显的体现。斯特纳莱达斯和支持他的人期望速战速决；他们认为斯巴达对阿提卡的入侵会使他们迅速取得胜利，[6] 同时，他们还认为斯巴达可以发动一场成本较低的战争，且不会遭受太大的损失。事实证明，他们的这两种看法都是错误的：阿提卡的摧毁并没有导致雅典的投降，而斯巴达在面对雅典的海上力量时，他们自身要远比自己想象的脆弱。

相对力量对比的净评估表明，至少该局势对雅典并非劣势。然而，大多数斯巴达人却并不这么认为。斯巴达（无限的）的政治目标和（不充分的）可用手段之间的巨大差距，对斯巴达的大战略造成了严重损害。

直到公元前 413 年，雅典远征军在西西里被击溃之后，力量对比才发生了变化。当时，斯巴达除了陆地上的传统优势外，在海上也取得了与雅典对等的实力，而雅典帝国却逐渐濒于崩溃。此外，波斯人也开始向斯巴达提供财政援助。[7] 而雅典唯一的希望就是波斯政策的改变。正如公元前 411 年雅典政治家皮山大（Pisander）对他的同胞们所说的：

---

6 Thucydides, IV 85, V 14. 修昔底德指出，难以置信的是，希腊世界对于雅典人的势力和胆量的估计完全错误。因为在战争之初，没有人会认为雅典人可以支撑三年以上；Thucydides, VII 28. 有鉴于此，巴里·施特劳斯（Barry Strauss）和约西亚·奥伯所说的 "（公元前）431 年伯罗奔尼撒战争开始时，几乎没有人预料到雅典会遭到惨败"（Strauss and Ober, *The Anatomy of Error*, pp.47-48），是令人费解的。

7 关于西西里远征之后雅典和斯巴达之间的力量对比的分析，参见 Thucydides, VIII 1, VIII 48, VIII 53。关于斯巴达与波斯人关系的介绍，参见 David M. Lewis, *Sparta and Persia* (Leiden: E.J. Brill, 1977)。

伯罗奔尼撒人有与雅典人同样规模的舰队在海上相对
抗，有更多的城邦与他们结盟，有波斯国王和提萨佛涅斯
（Tissaphernes）资助金钱，而雅典人的金钱已经用光了。面
对这个事实，除非有人能够说服波斯国王转向雅典一边，否
则你们觉得雅典还有望免于危亡吗？ [8]

正如我们看到的，实际上波斯人非但没有改变他们的政策，
反而加强了对斯巴达人的援助。波斯人的大规模支持使战争的天
平急剧向斯巴达倾斜。随着这种援助的持续增长，斯巴达的胜利
基本上就只是时间问题。

政治目标

如前一章所述，在伯里克利的领导下，雅典的政治目标是有
限的，他们仅仅是为了保持现状，而斯巴达则有无限的目标，例
64 如他们意欲解体雅典帝国。然而，考虑到斯巴达的战略文化，对斯
巴达人来说，诉诸一场目标无限的战争，几乎是一种从未有过的经
历。正如前文所述，雅典根据现状制定了一个防御性的消耗战略，
这个大战略旨在使敌人相信雅典是一个不可战胜的军事强国，从而
使敌人放弃尝试推翻雅典帝国的努力。另一方面，斯巴达则以其
军事力量为基础采取了进攻性的歼灭战略。斯巴达人最初试图以
威逼性战略实现他们的政策目标，如果做不到这一点，他们就通

---

8   Thucydides, VIII 53. 提萨佛涅斯是小亚细亚萨迪斯的波斯总督。

过战争，即通过一场决定性的陆战来实现他们的目标。[9]

　　阿基达姆主张采取歼灭战略——在陆地和海上都践行这种歼灭战略。[10] 然而，他认为斯巴达缺乏实施这种战略的手段，因此，

9　唐纳德·卡根对伯罗奔尼撒战争的起源（战争的根本原因和直接原因）持有不同的观点。这位美国历史学家怀疑雅典在战前的实力增长（参见前一章），声称斯巴达人并不愿意与雅典开战，实际是被他们的盟友和好战的指挥官拖入其中。参见 Donald Kagan, *The Outbreak of the Peloponnesian War* (Ithaca, NY: Cornell University Press, 1969/1994), 特别是 pp.286-316。事实上，没有任何证据支持斯巴达人想要和平，而他们的首领则想要战争的观点。此外，卡根还声称，首领最初一定是和平的支持者，但在考居拉和波提狄亚事件后改变了主意 (Kagan, *The Outbreak of the Peloponnesian War*, p.307, fn.46)。若如此，人们很可能会问，为什么只有首领改变了主意，而大多数斯巴达人继续支持和平。这没有道理，也使得卡根的论点毫无根据。当前的分析支持修昔底德的观点，即斯巴达自愿发动战争是为了遏制雅典的力量；参见 G.E.M. de Ste. Croix, *The Origins of the Peloponnesian War* (London: Duckworth, 1972) 和 Anton Powell, *Athens and Sparta: Constructing Greek Political and Social History from 478 B.C.*(London: Routledge, 1988), pp.118-128。关于斯巴达议会（Spartan Assembly）对于与雅典开战的争论，参见 A.W. Gomme, *A Historical Commentary on Thucydides*, vol.1 (Oxford: Clarendon Press, 1998) (reprint), pp.252-256。

10　很多学者声称，自波斯战争结束以来，斯巴达就存在着一个群体，他们称之为"和平党"或"鸽派"，与"战争党"或"鹰派"形成对比。我们能发现的唯一证据是，在大约半个世纪中（分别为公元前 475 年和公元前 432 年）的两届公民大会上，一方赞成与雅典开战，而另一方不同意。试图将斯巴达的整个安全政策（security policy）解释为这两个政党之间的斗争是基于纯粹的猜测。很有趣的是，这一理论的倡导者们却把阿基达姆描绘成"和平党"的领袖（Brunt, "Spartan Policy and Strategy in the Archidamian War," p.111; Jones, *Sparta* [Oxford: Blackwell & Mott, 1967], pp.63-71; Kagan, *The Outbreak of the Peloponnesian War*, pp.87, 300-304），或是"鸽派"（Ste. Croix, *The Origins of the Peloponnesian War*, pp.142-143）。然而，阿基达姆在斯巴达大会上的讲话已经表明，原则上他根本不反对与雅典开战的想法。若强制外交失败，阿基达姆准备在相关准备工作完成后开战。在这场闹剧中，他认为斯巴达应该遵循一个歼灭大战略。A.H.M. 琼斯试图通过声称斯巴达国王"显然意识到敦促和平是没有希望的，因此他敦促推迟"来规避阿基达姆对于最终预防性战争的明确主张；Jones, *Sparta*, p.67。这是对于阿基达姆在大会上所说的话的令人无法接受的歪曲，一篇论文指出，没有证据表明阿基达姆是"鸽派"，参见 Lewis, *Sparta and Persia*, pp.46-48。

他建议斯巴达做好战略准备，并且稳定好盟友。斯特纳莱达斯也倾向于歼灭战略，但与阿基达姆不同的是，他认为斯巴达确实有实施这一战略的手段，至少在陆地上有这样的手段。[11]然而，这种大战略要求很高：雅典只希望让斯巴达人放弃推翻雅典帝国，而对斯巴达来说，要实现其政策目标，一场彻底的胜利是再合适不过的。[12]

公元前415年，雅典的政治目标大战略经历了急剧的变化。雅典人在阿尔基比亚德的鼓动下远征西西里。突然之间，雅典人设定了无限的目标，即他们想统治整个希腊世界和西地中海。阿尔基比亚德本人在投奔斯巴达后，向斯巴达人这样描述雅典人的战争目标：

> 我们乘船前往西西里，如果可能，就首先征服西西里的希腊人，然后再征服意大利的希腊人，接下来是迦太基帝国和迦太基城。最后，如果这些计划完全或大部分取得成功，我们将带着在那些地区所获得的所有希腊军队，并雇用大量

11　斯巴达的科林斯盟友一定也有同样的信念；他们在演讲中概述的战略参见 Thucydides, I 120-122。虽然这一战略基本上是合理的，并包含了斯巴达实际遵循的大战略的许多要素（例如海军平衡、在阿提卡建立堡垒），但力量对比对于伯罗奔尼撒人来说不利到导致这一战略无法实施。最重要的是，科林斯人提出的战略缺乏通过与波斯人结盟来实现外部制衡的关键层面。雅典海军力量与波斯援助的成功平衡，是斯巴达取得胜利的决定性因素。

12　勃兰特（Brunt）也提出了同样的观点；"Spartan Policy and Strategy in the Archidamian War," p.88。

的土著军队（如居住在这些地区的伊比利亚人和其他土著，他们以善战而著称于世）来进攻伯罗奔尼撒。……除了我们现有的战舰外，还要利用意大利丰富的木材，建造许多三列桨战船；我们用这支舰队从海上封锁伯罗奔尼撒，同时我们的陆军将在陆地上展开行动，一部分通过袭击夺取城市，一部分通过围攻完成占领。我们希望这样会很容易地攻占这些地区，以后我们将统治整个希腊世界。[13]

结果，雅典对大战略进行了调整。为了实现这些目标，雅典 65 不得不重新采用歼灭战略：在战场上击溃敌人，然后征服他们。除此之外，雅典还采取了直接路线的战略方针，他们剑指西西里最强大的城市叙拉古（Syracuse）。

然而，西西里远征最终给雅典带来了严重的灾难（见下一章）。远征军在公元前 413 年全军覆没，与此同时，斯巴达人在希腊重新开始了敌对行动，雅典的一些盟友也开始起义。雅典实施的歼灭战略，首先要守住帝国统治下尚未失去的领地，其次就是要收复他们失去的领地。雅典人试图通过海上决战的方式击

13　阿尔基比亚德在斯巴达的演讲参见 Thucydides, VI 90。一些学者不接受阿尔基比亚德的说法，认为他夸大了事实以惊动斯巴达人，如 Donald Kagan, *The Peace of Nicias and the Sicilian Expedition* (Ithaca, NY: Cornell University Press, 1981/1992), pp.254-257。尽管如此，雅典人显然已经开始征服西西里岛，这构成了对无限目标的追求。一个对阿尔基比亚德宏伟计划的真实性和可行性的热情赞许，参见 Jacqueline de Romilly, *Alcibiades* (Greek trans., 2nd.edn.) (Athens: Asty, 1995), pp.103-104。

败斯巴达，以此来挫败斯巴达对雅典海上帝国地位的挑战。于
是，一场在维持现状的国家（status quo power）和修正主义国家
（revisionist power）之间的战争爆发了，交战双方分别采用了消
耗战略和歼灭战略，战争结束时，双方都选择了无限目标和歼灭
战略。尽管如此，双方的路线都是直接的：海军是敌人的主要实
力所在，所以必须搜寻到并将之摧毁。

斯巴达大战略的手段

我们在上一章提到过，雅典的大战略除了传统的军事手段外，
还采用了多种方式。斯巴达的大战略也是如此，尽管在斯巴达那
里，军事手段发挥的作用相对更大一些。一方与另一方所使用的
手段之间存在着持续的相互作用。使用自己掌握的手段来实现自
己的政治目标，在很大程度上依赖于敌方所掌握的手段。在接下
来的分析中，我们将试图捕捉这些战略设计之间的相互作用，即
大战略的横向维度。

斯巴达的大战略并没有预想到会真的爆发战争；如果仅靠战
争的威胁就能实现自己的目标，斯巴达人会非常高兴。尤其是阿
基达姆，他对强制外交（coercive diplomacy）的运用非常娴熟，
66 并一直试图通过武力威胁达成目的，而把实际武力作为实现斯巴
达目标的备用手段。正如他敦促他的同胞们：

必须把他们（雅典人）的土地看作你们手中的抵押物，

土地耕种得愈好，抵押物的价值愈高。你们应当尽可能长期地维持原状，避免把他们逼入绝境，在那种情况下，他们将更难以对付。[14]

斯巴达强制外交的特点是向雅典人提出一系列要求，撤销麦加拉禁令就是其中之一。而斯巴达要求雅典人"给希腊人自由"的最后通牒，不过是直截了当地要求解体雅典帝国。

究竟是什么让斯巴达人如此自信地认为他们可以通过最后通牒的方式实现自己的目标？正如前面所提到的，斯巴达人大多数都认为自己手里握着一张王牌，即他们的军事实力，通过在陆地部队上的优势，他们可以随意入侵阿提卡。这种军事实力给雅典带来了两个直接威胁：一是如果雅典人按照惯例出兵反对入侵的伯罗奔尼撒人，那么他们将会在陆地战役中遭到惨败，二是阿提卡将遭到蹂躏。斯巴达的传统观点认为，这两个威胁足以使雅典人臣服。事实上，正如第二章所说，在第一次伯罗奔尼撒战争中就有过这样的先例：公元前446年，伯罗奔尼撒军队就曾这样向阿提卡进军，并很快就让雅典人求和了。[15]

---

14 Thucydides, I 82; 也参见 II 18-20。关于国际关系中胁迫 (coercion) 的经典分析，参见 Thomas C. Schelling, *Arms and Influence* (New Haven, CT: Yale University Press, 1966)。对于强制外交的一般理论，参见 Alexander L. George, David K. Hall, and William E. Simons, *The Limits of Coercive Diplomacy* (Boston, MA: Little, Brown, 1971) 和 Alexander George, *Forceful Persuasion: Coercive Diplomacy as Alternative to War* (Washington, D.C.: United States Institute of Peace, 1991)。

15 Thucydides, I 114-115. 也参见 Raphael Sealey, *A History of the Greek City States, 700-338 B.C.*(Berkeley, CA: University of California Press, 1976), p.321。

　　上述事件以及斯巴达人从中汲取的教训都是极其有趣的。首先，它说明了一个国家过去的行为在很大程度上决定了其他国家对其未来行为的期望和预判。因此，大多数斯巴达人都认为，伯罗奔尼撒人入侵阿提卡的威胁会像他们以前一样威吓到雅典人。这清楚地表明，一个国家拥有一张"漂亮的面孔"是多么重要，即在任何至关重要的问题上都拥有立场坚定、毫不妥协的名声[16]。正是因为雅典没有保持这样的名声，我们才能看到绥靖政策导致的危险。如果对手习惯了从我们这边获得让步，他们就不会相信在某些时刻我们会选择坚决不退让，而这样的误判可能会导致战争的爆发。[17]斯特纳莱达斯和大多数斯巴达人极有可能犯下这种判断错误。

67　　斯巴达人对雅典的分析存在不足，也说明了从过去提取"历史教训"的困难有多大。公元前 446 年，雅典确实因为伯罗奔尼撒的入侵而求和。但公元前 432 年的国际形势和当前是不一样的。公元前 446 年，雅典在波埃提亚遭遇了惨败，失去了麦加拉，还

16　参见 Schelling, *Arms and Influence*, 也可参见 James Alt, Randall Calvert, Brian Humes, "Reputation and Hegemonic Stability: A Game-Theoretic Analysis," *American Political Science Review* 92 (June 1988), pp.445-466; John D. Orne, *Deterrence, Reputation and the Prevention of Cold-War Cycles* (London: Macmillan, 1992)。关于这个话题的有趣讨论，参见 Daryl G. Press, *Calculating Credibility: How Leaders Assess Military Threats* (Ithaca, NY and London: Cornell University Press, 2005), pp.8-41.

17　关于这一点的分析，参见 John J. Mearsheimer, *The Tragedy of Great Power Politics* (New York: W. W. Norton, 2001), pp.162-164。也参见本书第三章和第五章。

面临着尤卑亚的叛乱。雅典没能在希腊大陆建立一个陆地帝国，而公元前446—公元前445年达成的协议规定了雅典帝国从那时起将完全限制在爱琴海地区。[18]但是在公元前432年，雅典根本没有理由退缩，因为它的帝国领土已不受斯巴达陆军的影响。大多数斯巴达人都忽视了这一重要形势的变化。

因此，如前一章所述，拒绝绥和的伯里克利不屈服于斯巴达人的要求，斯巴达也未能从其强大的陆地部队中获得任何优势。这样陆军的优势即使在真正的战斗中也并不能彰显出来，因为雅典的城墙完全压制了伯罗奔尼撒的步兵。与此同时，雅典大量利用帝国和其他盟友的资源，不断升级对斯巴达的报复，最终斯巴达在皮洛斯、斯法克蒂里亚、西基拉（Cythera）遭到了痛击。结果，斯巴达向雅典提出了议和的请求。

这就明显说明，斯巴达人的威逼性军事战略只能在和平时期起作用，即通过威胁摧毁阿提卡，从而在不诉诸战争的情况下威吓雅典人屈服。雅典人选择无视斯巴达的威胁。对斯巴达而言，尽管这种威胁可能会对雅典造成伤害，但并不能使斯巴达获得胜利。也就是说，斯巴达的军事战略更适合在和平时期进行威慑，而并不是战争获得胜利的方式（见第一章）。

采用这样的威慑性战略并不意味着斯巴达仅仅坐视不管，眼睁睁看着雅典的海军和财政实力不断增强。斯巴达一直试图阻挠雅典壮大自己的势力。人们可能还记得，阿基达姆曾建议斯巴达

---

18 参见 Kagan, *The Outbreak of the Peloponnesian War*, pp.123-126, 以及本书第二章的讨论。

人在开战之前需要恢复与雅典的军力对比，寻求可以为伯罗奔尼
撒人提供金钱和海军的盟友。他还指出，伯罗奔尼撒人也必须利
68 用他们自己的资源，但仅仅这样做是不够的。[19] 阿基达姆提供了战
胜海上强国的通用理论，即创建一个经济体，这个经济体能够支
持建立一支与该强国相当甚至超越该强国的海军。[20]

　　然而，斯巴达过早发动战争，使得这一计划不太可能成功。
简单地说，斯巴达在海上的胜算并不是特别高；因此，很少有第
三方愿意冒险拿自己的海军和资金去支持伯罗奔尼撒的海军。例
如，斯巴达人命令意大利和西西里那些声称拥护它的各邦建造舰
船，并为它筹措一定数目的经费。[21] 但是，他们并没有给斯巴达
提供任何援助。[22] 唯独能扭转局势的波斯也没有帮什么忙。[23] 更糟

19　汉弗莱·米歇尔（Humphrey Michell）指出，斯巴达的货币和金融体系"原始
　　而荒谬"，其财政方法"无法实现"；Humphrey Michell, *Sparta* (Cambridge:
　　Cambridge University Press, 1952), p.334。然而，他也指出，尽管伯罗奔尼撒同
　　盟缺乏一个战争财政体系，且是建立在一个临时安排的基础上，但这种安排"运
　　作良好"；Michell, *Sparta*, p.313。我们并不这么认为。联盟严重缺乏资金，这
　　一点从他们对波斯资金的严重依赖中可见一斑。

20　在过去的三个世纪里，这一直是英国决策者的噩梦，也是他们维持欧洲力
　　量对比的动机。参见 Paul Kennedy, *The Rise and Fall of British Naval Mastery*
　　(London: Fontana, 1991)。

21　Thucydides, II 7.

22　参见 Thucydides, VI 34。

23　Thucydides, IV 50. 自公元前 440 年起，波斯总督皮苏斯内斯（Pissuthnes）
　　就一直支持雅典帝国东爱琴海支流的反雅典势力；参见 Thucydides, 1115, III
　　34. 有人指出，"对内部政治斗争的外部支持是否属于侵略，是迄今为止最棘
　　手的外交问题之一"，因此不清楚皮苏斯内斯的敌对行动是否"毫无疑问"构
　　成了对《卡里亚斯和约》的技术性破坏；Lewis, *Sparta and Persia*, p.61。

糕的是，波斯人在公元前 424—公元前 423 年与雅典签订了友好条约，这个条约承认了两国在《卡里亚斯和约》之后的现状。雅典人忠实于伯里克利的大战略，在伯罗奔尼撒战争如火如荼之际，避免了与第三方的战争。与此同时，波斯国王大流士二世（Darius II）面临着更为紧迫的问题，即他在国内面临着一系列的叛乱，因此对显然不可战胜的雅典毫无敌意。[24] 只有雅典帝国的反叛臣民才愿意为伯罗奔尼撒海军提供资源。[25] 显然，斯巴达试图在海军实力和财政财富方面与雅典匹敌的努力失败了。

但这并不是斯巴达动用其所掌握的各种手段的唯一方式。斯巴达大战略的一个核心方面，就是试图通过这场战争让雅典人付出尽可能大的代价。在前一章中就指出，雅典的海上战略在财政上花费巨大。相比之下，伯罗奔尼撒陆战部队的维持成本相对较低。斯巴达社会一直在为战争做准备，实际的战争状态并没有影响到他们什么。[26] 伯罗奔尼撒的其他盟友付出的成本也很小。他们

24　雅典和波斯之间的这一条约，也被称为"埃皮雷库斯条约"（Treaty of Epilycus），这个条约的名字来自雅典谈判代表的名字；参见 A.T. Olmstead, *History of the Persian Empire* (Chicago, IL: The University of Chicago Press, 1948), p.357；Russell Meiggs, *The Athenian Empire* (Oxford: Clarendon Press, 1972), pp.134-135, 330; Ste. Croix, *The Origins of the Peloponnesian War*, *p.*310; Lewis, *Sparta and Persia*, pp.76-77; Donald Kagan, *The Fall of the Athenian Empire* (Ithaca, NY: Cornell University Press, 1987), pp.19-22。

25　Thucydides, IV 75.

26　普鲁塔克提出了一个惊人的说法：由于战时军事训练会放松，斯巴达人把战争看作一种休息！参见 Plutarch, *Lycurgus*, 22。

每年只需派其武装特遣队到阿提卡参战两到六周。[27]

　　然而，其目的是增加雅典必须承担的成本。这种尝试有三个方面：a）摧毁阿提卡；b）瓦解雅典帝国；c）利用雅典人开辟的每一个第二战场。对阿提卡土地的破坏，除了直接的财政成本外，还会给雅典人造成一定的社会损失，雅典的整个社会结构将被打乱，因为农民和与土地相关的社会阶层将流离失所，他们被迫躲在城墙后面避难。[28]

69　　斯巴达提高成本战略的第二个维度是企图颠覆雅典帝国。这将通过鼓动叛乱和协助雅典盟友的反叛来实现。早在这场战争爆发之前，斯巴达人就已经为此努力了很久。[29]

　　公元前 428—公元前 427 年，与雅典结盟的米提利尼（Mytilene）的反叛就是一个典型的例子。这是斯巴达提高雅典的战争成本并利用这种形势的一次尝试。在米提利尼人反叛后，斯巴达人准备从陆路和海上进攻雅典，同时也准备了一支舰队来帮助叛军。他们认为，雅典人显然不可能一边维持对米提利尼的封锁、对波提狄亚城的围攻、对伯罗奔尼撒海岸的突袭，一边兼顾好自己城市的防御。根据修昔底德的说法：

27　参见 Thucydides, I 121。然而，伯罗奔尼撒人的军队在收获季节并不容易发动战争；参见 Thucydides, III 15。

28　也参见 Lin Foxhall, "Farming and Fighting in Ancient Greece," in John Rich and Graham Shipley (eds.), *War and Society in the Greek World* (London: Routledge, 1993), pp.142-143。

29　Thucydides, I 58, I 97.

雅典人知道敌人（斯巴达人）的备战是由于他们坚信自己瞅准了雅典人的弱点，雅典人希望向敌人表明对方的想法是错误的，他们用不着从列斯堡撤回他们的舰队，就可以轻易地打退伯罗奔尼撒人的海上进攻。因此他们用自己的公民（五百麦斗级和骑士级除外）和驻留当地的异族人，配备了100艘舰船开赴地峡，在那里耀武扬威，随心所欲地在伯罗奔尼撒沿岸登陆。[30]

显然，雅典的资源还没有耗尽。尽管如此，伯罗奔尼撒舰队最终还是驶向了米提利尼。虽然该岛在舰队到达前已经投降，但仍然有很多机会夺回它，或者在伊奥尼亚海岸各地发动叛乱。然而，斯巴达舰队的指挥官亚西达斯（Alcidas）一定是在海上非常不适应，所以才没有利用这些机会。[31]但显而易见的是：斯巴达热衷于暗中分裂雅典帝国。

公元前424年，斯巴达人在这方面做了一次更有力的尝试，当时，他们派出了一支由骁勇善战的伯拉西达率领的部队前往马其顿和色雷斯。伯拉西达综合运用军事实力和外交技巧，在那一地区开始瓦解雅典帝国。斯巴达人开始了这场逐步升级的战争，目的是让雅典人更愿意接受和平提议。此举不仅取得了成功，还

---

30 Thucydides, III 16.

31 Thucydides, III 26-33.

为最终将雅典人逐出马其顿和色雷斯创造了条件。[32]

70　　最后，斯巴达提高成本战略的第三个维度，是对雅典人开辟的第二战场的利用。因为雅典人倡导冒险精神，这种冒险精神有时候甚至近乎鲁莽，他们急于四处寻求和利用各种机会。然而，无论雅典人出现在哪里，斯巴达人就会随之出现，他们不会让雅典人轻易取得胜利。[33]

　　雅典人最伟大的冒险是西西里的远征。在这次远征中，雅典不仅像之前那样利用财政和海军力量威慑敌人，还借此扩张领土。这次远征是伯罗奔尼撒战争期间的第一次也是最后一次。

　　斯巴达对雅典的这种侵略性手段并没有对抗太久，就开始系统性地努力提高雅典的战争成本。因此，他们不再定期入侵阿提卡，而是在公元前413年于狄凯里亚（Decelea）筑防，在那里建

32　关于伯拉西达战役，参见 Thucydides, IV 70, IV 78-88, IV 102-117, IV 120-134, V 2-3, V 6-13。这场战役与雷德尔（Raeder）元帅向希特勒提出的"南方战略"（southern strategy）有许多相似之处，即大规模向北非增兵，以期在中东瓦解大英帝国。人们可能会更进一步地进行这种类比，指出伯拉西达与另一位勇敢的指挥官埃尔文·隆美尔（Erwin Rommel）之间的相似之处。然而至少有两个重要的区别。第一，除了行动上的灵活性，伯拉西达还必须运用相当多的外交技巧。第二，伯拉西达的战役确实符合大战略设计，而隆美尔的功绩则不符合，因为希特勒决定集中力量对抗苏联，而不是大英帝国。关于对隆美尔行为的批评观点，参见 Martin van Creveld, *Supplying War* (Cambridge: Cambridge University Press, 1976), pp.181-201 和 Edward N. Luttwak, *Strategy: The Logic of War and Peace* (Cambridge, MA: The Belknap Press of Harvard University Press, 1987), pp.210-221。对于伯拉西达战役的一个分析，参见 Simon Hornblower, *A Commentary on Thucydides*, vol.II (Oxford: Clarendon Press, 1996), pp.38-61。

33　参见 Thucydides, III 100, III 114。

立了永久性工事。这给雅典带来了灾难性的后果。

> 自从这年夏季以来，伯罗奔尼撒人出动全军首先在狄凯
> 里亚设防，由来自各盟邦的军队定期换防，以此地作为袭扰
> 乡村的根据地，雅典人就蒙受了很大的损失。事实上，狄凯
> 里亚被占领，导致财产破坏、人力丧失，这是雅典国力衰落
> 的主要原因之一。以前的入侵时间都很短，并不妨碍雅典人
> 在其余时间利用他们的土地。但是现在，敌人常年盘踞在阿
> 提卡，有时派军队四处攻掠，有时派常驻戍军蹂躏乡村，掠
> 夺物资；斯巴达国王阿基斯亲临战场，将整个行动视为一场
> 重大战役。因此，雅典人受到重创。他们失去了全部乡村；
> 两万多名奴隶逃走，他们当中的大部分人是工匠；全部羊群
> 和役畜都损失殆尽……狄凯里亚被占领造成的恶果还不止这
> 些。从尤卑亚输入的必需品，从前取道奥罗浦斯（Oropus），
> 由陆路经狄凯里亚，路途便捷；现在，要经海路绕道苏尼昂
> 海角（Sunium），费用高昂；雅典全城所需都不得不从海
> 外进口，现在的雅典城不再是一个城市，而是变成一座要
> 塞了。[34]

一个经常被问到的问题是，为什么斯巴达人花了这么长时间
才在阿提卡建立永久性工事。有人认为，狄凯里亚的防御工事完

34　Thucydides, VII 27-28.

全是基于阿尔基比亚德的建议，[35] 然而，一些学者甚至声称，建
造永久性工事的延迟证明了斯巴达在伯罗奔尼撒战争时期没有战
71 略。[36] 我们认为这两种说法都是错误的。在阿提卡建立永久性工事
的想法在斯巴达的战略中早就存在了。公元前 432 年，即敌对行
动爆发之前，科林斯人在伯罗奔尼撒同盟大会上的演讲中就提到
过。此外，斯巴达人在促成《尼昔亚斯和约》的谈判期间也威胁
雅典人要在他们的领土上建筑据点和要塞。[37] 斯巴达人没有更早实
施这个计划，只是因为他们觉得没有必要这么做。如前所述，他
们中的大多数人认为这场战争将是短暂的。与每年只持续几周的
入侵相比，在雅典建立堡垒并永久驻扎人员是一项代价高昂的行
动。大量劳动力的投入对伯罗奔尼撒诸城邦（斯巴达除外）的经
济产生了重要影响，而以公元前 5 世纪的手段，为驻扎在敌人领
土上的众多军队提供长期后勤支持是不可能的。正是由于这个原

35　据 Thucydides, VI 91 记载。采用这一观点的现代论著，参见 Romilly, *Alcibiades*,
　　pp.140-143。

36　Angelos Vlahos, *Commentary on Thucydides,* vol.I: Books I-IV (Athens: Estia,
　　1992), pp.401-408 (text in Greek). 也参见 A.H.M. 琼斯的评论："双方（斯巴达
　　和雅典）在行动中都没有表现出太多的智慧和主动性"；Jones, *Sparta*, p.70。
　　很明显，我们完全不同意这些观点。

37　Thucydides, I 122, V 17. 阿尔基比亚德可能在选择狄凯里亚作为驻防地点时发
　　挥了作用。然而，情况可能并非如此，因为斯巴达人自古以来就很熟悉狄凯里亚。
　　根据希罗多德的说法，由于特洛伊战争时期的某一事件，斯巴达人一直都豁免
　　狄凯里亚人的一切费用，并且在节庆中给他们留有荣誉的座位，甚至在那件事
　　发生的许多年后，当伯罗奔尼撒人和雅典人开战，斯巴达人虽然蹂躏了阿提卡
　　的所有地方，却唯独对狄凯里亚的土地秋毫无犯；Herodotus, IX 73。换句话说，
　　斯巴达人不需要阿尔基比亚德来告诉他们那个地方有多好。

因，伯罗奔尼撒人被迫"霸占土地，进行突袭以确保供应"。狄凯里亚的防御工事是一项成本极高的措施，适合长期战争；由于大多数斯巴达人预计战争会很短，所以他们最初并不认为有必要这么去做。[38]

此外，斯巴达人还通过向叙拉古提供援助来制衡在西西里的雅典人，叙拉古是雅典在岛上的主要敌人。根据修昔底德的说法，这种援助在阻止雅典人取得胜利、让叙拉古从最初的失败中恢复过来方面发挥了重要作用。[39]从此，雅典人被迫采取了"两个半战争"（two-and-a-half wars）的战略；一场是针对叙拉古的战争，另一场是针对斯巴达的战争，再加上针对联盟内部的起义。因此，他们很快就面临着不断上升的财政成本。[40]

---

38 关于在雅典建立永久性堡垒的相关问题，也参见 Donald Kagan, *The Archidamian War* (Ithaca, NY: Cornell University Press, 1974/1990), pp.350-351。

39 Thucydides, VI 93, VII 1-7. 有学者将斯巴达的这一行动归因于阿尔基比亚德；参见 Romilly, *Alcibiades*, pp.138-140。事实上，科林斯和锡拉库萨的大使 (Thucydides, VI 88) 也曾向斯巴达人建议过同样的措施，很难相信阿尔基比亚德的话对斯巴达人有更大的影响。此外，最后送来的援助比阿尔基比亚德催促的要少得多。总的来说，我们不应该高估阿尔基比亚德对斯巴达大战略的贡献。这位雅典流亡者在斯巴达人眼中始终是一个有争议的人物，因此他的影响力有限。也参见 Kagan, *The Peace of Nicias and the Sicilian Expedition*, pp.257-259。

40 参见 Thucydides, VII 18, VII 28。"两个半战争"理论被认为是冷战时期美国的核心军事战略。根据这一点，美国应该准备同时在欧洲发动一场大规模战争，在亚洲发动另一场战争，并保留一些额外的军事能力来处理西半球的地区冲突。该原则从未得到执行。对于在冷战后安全环境中这一理论的分析，参见 Paul K. Davis and Richard L. Kuger, "New Principles for Force Sizing," in Zalmay M. Khalilzad and David Ochmanek(eds.), *Strategy and Force Planning for the 21st Century* (Santa Monica, CA: RAND Corporation, 1997), pp.95-140。

西西里的灾难终结了雅典人的远征，也同时终结了斯巴达的
反击行动。然而，斯巴达提高成本战略的另外两个行动正在如火
如荼地开展着。狄凯里亚正在消耗雅典人的力量，而帝国几乎被
消灭。雅典已经达到了其资源供给的极限，它只要在海上再承受
一次重创就会分崩离析。

　　然而，这还不是全部。雅典人在西西里遭遇的巨大灾难使斯
巴达人将阿基达姆的胜利理论付诸实践，该理论要求保卫他们那
些可以与雅典的海军和经济实力对抗的盟友。一时间，所有城邦
72（包括那些中立城邦）都争先恐后地帮助斯巴达。[41] 舰船和金钱终
于来了。伯罗奔尼撒同盟开始了一项雄心勃勃的造船计划；一支
由 55 艘舰船组成的强大队伍从西西里前来援助伯罗奔尼撒人，斯
巴达人则从希腊中部的各城邦强行征收款项。[42]

　　但真正成功的政变发生在波斯。斯巴达人与波斯总督提萨佛
涅斯和法那巴祖斯（Pharnabazus）签订了有利可图的协议。虽然
斯巴达人与他们的关系，尤其是与提萨佛涅斯的关系，也并非亲
密无间，但它却是这场战争的一个重要转折点。[43] 最终，在公元前

41　Thucydides, VIII 2.

42　Thucydides, VIII 3, VIII 26.

43　参见 Thucydides, VIII。提萨佛涅斯采取了"分而治之"（*divide et impera*）的
　　策略，他听从阿尔基比亚德的建议，并没有为斯巴达人提供充分的帮助（提萨
　　佛涅斯未将正在装备中的腓尼基舰队调来参战），以此来耗尽交战双方的精力。
　　参见 Thucydides, VIII 46, VIII 87。另一方面，法那巴祖斯尽他所能帮助斯巴
　　达人，但他所掌握的资源与提萨佛涅斯的资源相比是有限的；参见 Xenophon,
　　Hellenica A I 25；Lewis, *Sparta and Persia*, pp.51-53, 86, 127；Donald Kagan,
　　The Fall of the Athenian Empire, pp.34, 247。

407 年，斯巴达人在波斯宫廷中找到了一个坚定的盟友，即波斯国王之子居鲁士（Cyrus），他被任命为小亚细亚的总指挥官。[44]波斯的资金开始自由流动，这使得斯巴达能够弥补海军的各种折损。[45]阿基达姆的计划最终得以实施，伊哥斯波塔米（Aegospotami）之战解决了这个问题。

在西西里惨败后，雅典人设法取得木材和金钱，他们想尽最大努力武装一支舰队，同时，他们改革城邦的管理政策，减少公共开支，以此保住他们的帝国。[46]除了这些传统的大战略手段外，雅典还利用外交手段，他们派遣使者拜见波斯国王以及其他异族国家，试图将波斯人争取到自己的一边。[47]修昔底德指出，双方都试图争取波斯人的支持，甚至在战争爆发之前就已如此。[48]然而，虽然最初波斯人愿意与雅典人达成妥协（即《埃皮雷库斯条约》[Treaty of Epilycus]），但在西西里远征之后，无论是斯巴

---

44 Xenophon, *Hellenica*, A IV 1-4, A V 1-7; Plutarch, *Lysander*, 4.

45 公元前 406 年初，居鲁士和斯巴达海军上将卡利拉提达（Callicratidas）之间的个人恩怨导致波斯停止付款。然而，这两人很快达成协议，并恢复了经济关系；Xenophon, *Hellenica*, A VI6-7, A VI10-11, AVI 18; Plutarch, *Lysander*, 6。同年斯巴达人在阿尔吉努赛（Arginousae）战败后，居鲁士给予他们巨大的经济援助；参见 Xenophon, *Hellenic*, B I 11-14; Plutarch, *Lysander*, 9。

46 Thucydides, VIII 1.

47 Thucydides, VIII 48-56; Xenophon, *Hellenica*, A IV 5-7. 另一方面，在公元前 413—公元前 412 年，雅典人还支持波斯人阿摩基斯（Amorges）——皮苏斯内斯的私生子——此人在小亚细亚西南部发动了起义；虽然很难赢得大流士国王的同情，但这可能也是雅典在几近绝望下做出的行为；参见 Kagan, *The Fall of the Athenian Empire*, pp.31-32。

48 Thucydides, II 7, IV 50.

达还是雅典，只有在小亚细亚的希腊城市交由波斯控制的代价下，才能获得波斯联盟的支持。这些小亚细亚城市大多属于雅典帝国，所以斯巴达付出的代价相对雅典要小得多。雅典和波斯的利益显然是相互冲突的，因此，雅典劝诱波斯人的企图注定要失败。波斯人对斯巴达的持续支持，注定了雅典无法避免走向失败。

在此，我们总结一下对于两种相互竞争的大战略所使用的手段的考察：大战略中对各种手段的运用并不是一成不变的。与对手的互动是持续不断的，这种动态性也影响着己方所采用的手段。

合法性问题

雅典和斯巴达都试图确保他们大战略的合法性。有趣的是，战略的横向维度在这里也很明显。两个对手之间再次出现了持续的相互制约，他们都试图确保自己大战略的合法性，同时破坏对手的大战略。

在伯罗奔尼撒战争期间，国际合法性是斯巴达大战略的核心。如上文所证，过去雅典的盟友如今已经成为朝贡的城邦，并等待着机会造反。国际合法性问题是希腊的巨大弱点，这个弱点也就相应成为斯巴达大战略的优势。斯巴达打着反对暴政的旗帜，立誓推翻包括雅典在内的希腊诸城邦的暴君。[49] 此外，在波斯战争

73

49　Herodotus, III 46-56, V 63-65, V 92; Thucydides, I 122, VI 53; Plutarch, *Moralia*, 859d. 也参见 W.G. Forrest, *A History of Sparta, 950-192 B.C.*(New York: Norton, 1968), pp.79-83。

的关键防御战阶段，斯巴达曾是希腊人对抗波斯人的领袖。因此，在伯罗奔尼撒战争爆发时，斯巴达人很容易将自己标榜为希腊人摆脱雅典人压迫的解放者，从而获得广泛的支持。根据修昔底德的说法：

> 公众的舆论是明显倾向于斯巴达人的，尤其是因为他们宣称自己是"希腊的解放者"。希腊各城邦和个人都在以言辞和行动尽力支援他们。[50]

有人可能还记得，斯巴达人曾向雅典人发出最后通牒，要求他们给希腊人自由。除了揭露了斯巴达的野心外，这也是一种精明的宣传策略：斯巴达公开要求解放希腊，且最重要的是，它愿意为这一事业而战。这是斯巴达人在整个战争中一直巧妙运用的一个策略。例如，伯拉西达在希腊北部的辉煌战役中，反复强调他作为解放者的角色；再加上他公正温和的品质，成功让该地区对斯巴达产生了好感。

> 在这场战争的后期，在西西里远征之后，使希腊的同盟者中产生亲斯巴达情绪的主要原因是伯拉西达的勇敢和智谋——伯拉西达的这些品质，有些人是从亲身经历中得知的，有些人是因为听别人说而得知的。他是第一位被派遣出

50　Thucydides, II 8. 也参见 III 13, III 31。另一方面，事实已经证明，斯巴达直到雅典在西西里遭遇灾难之后才得到实质性的帮助。

来的，在各方面表现卓越而赢得赞誉的斯巴达人，这使得人们相信，其他人也和他一样。[51]

除了利用雅典大战略缺失国际合法性这个弱点，斯巴达还试图破坏雅典国内的合法性。除去（甚至与之相反）阿基达姆所青 74 睐的直接路线，即与雅典的财政和海军实力相匹配，斯巴达人还采取了一种间接路线来推进他们的政治目标。蹂躏阿提卡构成了这种间接路线，其目的——除了前面已经提到的增加对方的经济和社会成本之外——主要是打击雅典人的士气。阿基达姆表现出对敌人国内结构的惊人了解，在阿提卡远征期间，他试图利用雅典人的内部分裂，由此破坏雅典大战略的内部合法性。[52] 他在第一次入侵阿提卡时的行为就颇具特色：

> 据说，阿基达姆之所以在这次入侵期间率军停留在阿卡奈（Acharnae）准备战斗，而不是长驱直入平原地带……既然他在埃琉西斯或特里亚平原时没有与雅典人遭遇，他想试试看，如果他在阿卡奈安营扎寨，他们是不是会出来与他交战。他认为，阿卡奈本身是一个扎营的好地方，而且阿卡奈有 3000 名重装兵，在城邦中占有重要地位，因此，他们不会坐视自己的财产遭到破坏，也许会迫使其他公民一起出

51　Thucydides, IV 81; 也参见 IV 85-89, IV 106-108。

52　也参见 Foxhall, "Fanning and Fighting in Ancient Greece," in Rich and Shipley, *War and Society in the Greek World*, p.143。

来作战。从另一方面来说，如果雅典人在这次入侵中不出来作战，那么伯罗奔尼撒人将来再入侵的时候，就会更有信心地、无所顾忌地破坏平原地带，一直推进到雅典城下。到那个时候，阿卡奈人自己的财产已经丧失，他们将不会愿意为着别人的财产冒生命危险，**由此雅典人的意见就会产生分歧**。这些就是阿基达姆的政策，也是他留在阿卡奈的原因。[53]

这对雅典人的士气造成了巨大的打击。考虑到雅典民主政体决策的不稳定性，一切都取决于公民大会态度的转变[54]。就这一点而言，斯巴达人的间接路线可能确实是成功的。事实上，修昔底德提到，在伯罗奔尼撒第二次入侵和彻底摧毁阿提卡之后，雅典人的心态发生了变化，他们派遣了使者前往斯巴达议和。斯巴达人的要求一定是过分的，因为使者并没有取得任何成果。[55]

最终，伯里克利设法说服了雅典公众，也平息了雅典人对他的怒气，之后，他采用了守城而不再去征服新领土这一不受欢迎的策略。雅典人仍然坚持着这一战略，既没有试图向伯罗奔尼撒人开战，也没有再次议和。[56]此外，如前一章所示，伯里克利进

---

53 Thucydides, II 20, 强调部分为后加。然而，即使在阿卡奈人的土地遭到破坏之后，他们仍是战争继续的狂热支持者；参见 Kagan, *The Archidamian War*, pp.51-52。

54 他们开始谴责伯里克利，说他是战争的发动者，是他们所有不幸的根源。——译者注

55 Thucydides, II 59.

56 公元前 410 年，雅典人确实主动提出了出城作战。有趣的是，伯罗奔尼撒人拒绝了；Xenophon, *Hellenica*, AI 33-34。

75　行了反击，并试图以符合雅典利益的方式塑造斯巴达的国内环境：
如果斯巴达人能够相信对抗雅典的战争是徒劳的，那么他们与雅
典开战的这一大战略将失去其国内合法性。事实上，这就是两国
在战争的第十年后达成和平的方式，当时普雷斯托阿那克斯是斯
巴达的领导人。[57]

　　除了试图影响对方国内环境的发展外，这两个对手还试图利
用希腊大多数城市中存在的民主主义者和寡头之间的分歧来为自
己的利益服务。[58]然而，斯巴达处在一个独特的位置，能够利用雅
典本身的这种分裂，而雅典却没有类似的机会。[59]斯巴达人试图利
用雅典一些知名圈子中某些人的寡头政治情绪。当公元前411年
雅典发生寡头政变时，雅典的寡头们试图与斯巴达达成协议，他
们甚至曾密谋率领伯罗奔尼撒军队进城。[60]按照修昔底德的说法，
这场内乱加剧了本已艰难的战略形势，在雅典的棺材上敲下了最

57　Thucydides, V 16-17.

58　参见 Thucydides, III 70-86。在大多数城市中存在着一个寻求雅典支持的民主派，
　　这是提高雅典大战略国际合法性的一个因素。

59　至少在公元前4世纪中叶以前，斯巴达政权和习俗在斯巴达公民中享有很高
　　的合法性。古希腊作家修昔底德和其他许多人都赞扬斯巴达的政体；参见
　　Thucydides, I 18, VIII 24。为了赞美斯巴达习俗和民族性格，阿基达姆反驳
　　了第二章提出的科林斯人的指责，参见 Thucydides, I 84。也参见 Xenophon,
　　Lacedaimonion Politeia 和 Plutarch, *Lycurgus*。然而，必须指出色诺芬以及特别
　　是普鲁塔克的描述呈现了一幅高度理想化的斯巴达的状况。

60　对于寡头政变和随后的事态发展，参见 Thucydides, VIII 47-98。对于寡头与斯
　　巴达人的谈判和所谓的阴谋，参见 VIII 70-71, VIII 86, VIII 90-96。这个寡头政
　　治的"第五纵队"（fifth column）可以被视为法西斯第五纵队的前身，据说后
　　者在1939年佛朗哥（Franco）军队包围马德里（Madrid）期间发挥了作用。

后一颗钉子。[61]

　　总而言之，斯巴达制定了一个歼灭大战略，[62] 目的是摧毁雅典政权，瓦解雅典帝国。斯巴达战略的核心是利用决定性陆战的威胁性，同时他们也一直在尽量最大化雅典的战争成本。国际合法性得到高度重视，斯巴达以希腊人摆脱雅典人压迫的解放者形象出现，同时试图破坏雅典大战略在国内的合法性。最后，外交发挥了决定性的作用，使斯巴达得以与波斯人缔结同盟，从而和雅典的海军与财政实力保持平衡。即使斯巴达大战略的核心显然是在军事方面，但其他方面也都没有被忽略。剩下要做的是考察该大战略在实践中是如何发挥作用的。

雅典和斯巴达的大战略：结局

　　如果对伯罗奔尼撒战争第一阶段，即所谓的阿基达弥亚（Archidamian）战争（公元前431—公元前421年）期间斯巴达人的大战略进行评估的话，人们会发现有很多明显的弱点。我们曾多次指出，就手段与目的之间的关系而言，斯巴达战略有很大 76 的问题：凭借他们现有的手段，根本无法实现他们所追求的目标。

61　Thucydides, II 65.

62　P.A. 勃兰特指出斯巴达人不得不采取耗损战略（strategy of attrition）；Brunt, "Spartan Policy and Strategy in the Archidamian War," p.94。然而，只有斯巴达大战略中提高成本的这方面才是名副其实的耗损战略。歼灭是斯巴达人的主要目标。即使是每年对阿提卡的破坏也是在为一场决定性的陆战做准备。见上文，以 及 Victor Davis Hanson, *Warfare and Agriculture in Classical Greece* (revised edn.) (Berkeley, CA: University of California Press, 1998), pp.131-173。

此外，在利用现有资源方面，斯巴达也存在明显的效率低下。斯巴达人忽视了在阿提卡建立永久性堡垒和工事，而是用频繁性的入侵取代了这种堡垒工事的构筑。他们在雅典帝国内部挑起事端的企图也几乎没有得逞（伯拉西达的远征）[63]，要么是没有尽力（亚西达斯的米提利尼冒险）[64]。最后，在斯法克蒂里亚的失误足以给斯巴达的大战略造成毁灭性的打击。

然而，就其积极因素而言，斯巴达战略具有内部一致性，并在外部适应性方面表现良好：因为斯巴达不可能满足于现状，所以它迟早会采取强制措施。如果做不到这一点，它就会发动先发制人的战争。事实上，斯特纳莱达斯和阿基达姆的政策建议之间的差异主要表现在先发制人战争的发动时间上。斯巴达战略也很适合它国内的政治环境；如今，很多国家在伦理道德上可能无法接受先发制人的战争[65]，但公元前5世纪的斯巴达人却觉得理所应

---

63 公元前424年，伯拉西达亲率1700名精锐重装步兵，纵贯希腊大陆，顺利穿过帖撒利（Thessaly），来到卡尔基狄克半岛，这是一次大胆的远征。——译者注

64 伯罗奔尼撒同盟于是任命亚西达斯为司令官，率领一支由42艘战船组成的舰队，去支援米提利尼人。这支舰队中的水手以科林斯人为主。他们一如既往地行动迟缓。——译者注

65 关于先发制人战争的道德正义性问题，参见 Michael Walzer, *Just and Unjust Wars: A Moral Argument with Historical Illustrations* (2nd.edn.) (New York: Basic Books, 1992), pp.74-80。富兰克林·罗斯福（Franklin Roosevelt）和约翰·肯尼迪（John Kennedy）两位美国总统都曾拒绝对日本（珍珠港事件之前）和苏联（古巴导弹危机期间）发动袭击，认为这与美国的道德立场不相符；分别参见 Gordon Prange, 引自 Ariel Levite, *Intelligence and Strategic Surprises* (New York: Columbia University Press, 1987), p.154 和 Robert Kennedy, *Thirteen Days: A Memoir of the Cuban Missile Crisis* (New York: Norton, 1971), pp.9, 15-17, 27。

当[66]。尽管斯巴达大战略有很多优势，但是这仍然没有挽救它；因为这个大战略的弱点是如此突出，以至于它注定会失败。

事实就是如此。斯巴达人确实入侵并肆虐了阿提卡，但雅典人没有屈服。与此同时，雅典人的报复逐步升级，最终发生了皮洛斯、斯法克蒂里亚、西基拉事件。这些事件足以使保守的斯巴达领导层动摇，使其放弃对胜利的追求，并试图以任何代价获得和平。通过反击他们的主要对手，雅典人取得了决定性的胜利。然而，正如前一章所指出的那样，雅典人滥用了他们的成功，他们拒绝谈判，从而错过了攫取大量利润的机会。

雅典人对谈判的拒绝使斯巴达人终于开始使用那两张他们此前备而不用的底牌：a）试图在希腊北部瓦解雅典帝国（即伯拉西达的远征）；b）威胁要在阿提卡建立堡垒。[67] 这些事态发展确实缓和了雅典人的态度并带来了和平，尽管是对雅典有利的和平。[68] 斯 77 巴达人未能实现其推翻现状的战争目标，不敢恢复对雅典的侵略，而且基本上无视了其盟友的不满。[69] 十年战争付之一炬，伴随着士气和物质方面巨大损失的是斯巴达大战略中手段和目的不匹配所

66　有趣的是，在先发制人战争未能奏效后，道德上的疑虑开始困扰斯巴达人；参见 Thucydides, VII 18。

67　斯巴达人一直认为战争会因他们对阿提卡的入侵而迅速结束，因此他们认为没有必要采取这些措施。这一点也可以从修昔底德所引用的伯拉西达的演讲中看出来。见 Thucydides, IV 85。

68　参见前一章的分析。

69　巴兹尔·李德·哈特爵士说，伯拉西达远征使"天平明显向雅典倾斜"；B.H. Liddell Hart, *Strategy* (2nd revised edn.) (London: Meridian, 1991), p.13。我们认为"在伯拉西达远征之后，雅典仍然可以获得有利的和平"的观点是错误的。

付出的代价。

在尼昔亚斯和平时期（公元前 421—公元前 415 年），最重要的发展是阿耳戈斯在公元前 421 年与斯巴达签订的"三十年和约"到期后重新成为国际舞台上的一员。根据修昔底德的说法，"阿耳戈斯人则处于最繁荣昌盛时期，他们没有参加阿提卡战争；反而因其中立地位在各方面获益匪浅"。[70] 由于斯巴达在与雅典达成和平协议期间被迫无视盟友的不满，很大一部分盟友都叛逃出来，和阿耳戈斯人结盟以求自保。显然，阿耳戈斯人的力量正在上升。此外，雅典通过帮助阿耳戈斯及其盟友对抗斯巴达抓住了发展"大陆战略"的机会。这代表了雅典大战略效率的提高；斯巴达会利益受损，而雅典资源只会受到有限的影响。

突然之间，局势对斯巴达人来说变得至关重要，他们发现自己面临失去对伯罗奔尼撒半岛控制权的危险。为了应对这一威胁，他们再次采取歼灭战略与直接路线相结合的策略。公元前 418 年，斯巴达以一种真正的拿破仑／克劳塞维茨式的方式，在曼提尼亚（Mantinea）战役中击溃了阿耳戈斯军，恢复了其在伯罗奔尼撒半岛的地位。

因为在斯法克蒂里亚岛上的灾难，希腊人诋毁斯巴达人，说他们胆怯懦弱、组织混乱、行动迟缓，这些恶名因为这次战役的胜利而统统被洗掉了。人们认为，命运可能捉弄

70　Thucydides, V 28.

了斯巴达人，但斯巴达人还是斯巴达人，和过去一样。[71]

曼提尼亚战役为我们提供了进一步阐述决战概念的机会，决战在拿破仑／克劳塞维茨的战争概念中占据了中心地位。据说这一概念起源于古希腊。在古希腊，为给敌人造成最大可能的伤害，一场进攻性战役必须在一年中小麦作物容易被纵火的有限时期内进行。这一点，再加上希腊城邦的军队是由很快就要返回农田的农民组成的，使得古希腊人想要设法以一场决定性的战役来迅速 78 解决问题。[72]古希腊人最重要的决定性战役可能是第一章已经讨论过的普拉蒂亚战役。

然而，这类战役有一个很大的问题，就是其结果往往是由一些小细节或不可预见的事态发展决定的，从而成倍地增加诉诸这些战役的人面临的风险。[73]因此，历史上许多由那些细节和不可预见的事态决定的战役都可能产生和实际不同的结果。[74]如果雅典人和埃利亚人（Eleans）在适当的时候介入阿耳戈斯一方，这种情况就可能发生在曼提尼亚。一般来说，决定性的战役都是"高风

---

71 Thucydides, V 75. 关于斯巴达对抗卷土重来的阿耳戈斯、以曼提尼亚战役告终的战略，参见 Thucydides, V 57-76。

72 参见现在已成为经典的分析：Victor Davis Hanson, *The Western Way of War* (New York: Alfred A. Knopf, 1989)。

73 这是 18 世纪两位最伟大的将领——莫里斯・德・萨克斯（Maurice de Saxe）元帅和腓特烈（Frederick）大帝——对此类战争提出的主要反对意见。其论述载于 Thomas R. Phillips (ed.), *Roots of Strategy: A Collection of Military Classics* (London: John Lane the Bodley Head, 1943), chs.3, 4。

74 参见第一章对普拉蒂亚之战的讨论。

险的冒险"。[75]

公元前 415 年成为战争的转折点，因为在这一年雅典试图征服西西里岛。斯巴达人很快发现了这个稍纵即逝的好机会；他们清楚地认识到雅典已经过度扩张。[76]因此，他们放弃了之前的那种谨慎，重新对希腊展开行动，同时向雅典在西西里岛的敌人提供援助。这些行动在很大程度上导致了雅典人在西西里的失败，从而改变了整个战争的进程。斯巴达展现了利用敌人错误的能力。

在战争最后阶段——即所谓的狄凯里亚战争（公元前 413—公元前 404 年）期间——对斯巴达大战略的评估表明，斯巴达人吸取了教训。毫无疑问，新的大战略设计就像之前的设计一样满足了外部契合标准。然而，在手段与目的之间的关系上，可以看到显著的改善。显然，在西西里战役之后，双方的力量对比发生了变化。这种新的力量对比使得斯巴达人有可能成功地实现他们推翻现状的最初目标。[77]现在，他们所掌握的手段首次与他们的政

75　雅典人和埃利亚人及时介入曼提尼亚的决定性影响，参见 Kagan, *The Peace of Nicias and the Sicilian Expedition*, p.134. 当然，其他事情也可能发生：斯巴达人可能在几个月前就取得了对阿耳戈斯人的压倒性胜利（Thucydides, V 59-60），或者他们科林斯和波埃提亚的盟友可能反过来介入曼提尼亚。所有这些都清楚地表明，阿尔基比亚德是正确的，他吹嘘他的政策（雅典与阿耳戈斯的联盟）迫使斯巴达人"把所有赌注都下在曼提尼亚一天的决战上"（Thucydides, VI 16）。这是斯巴达时常遇到的事。在之前两个例子中，他们被迫在公元前 470 年前后和公元前 460 年前后时在伯罗奔尼撒半岛的太盖亚和迪派埃斯冒险进行决战并赢得了领导权，参见第二章。

76　Thucydides, VII 18.

77　斯巴达人逐渐接受了这样一种观点：他们应该效仿雅典人，在希腊建立一个属于他们自己的帝国。正如在第二章中所提到的，这种做法与斯巴达的政治组织相悖，由此导致了灾难。

策目标相匹配。有趣的是，战争的最后阶段主要是在爱琴海东部进行的海上作战。换句话说，斯巴达人现在有能力以自身的力量挑战雅典，并向雅典军事力量的重心（即海军）发起冲击。因此，狮子和鲨鱼之间犹豫不决的冲突，现在变成了两条鲨鱼之间的冲突，由此可以获得决定性的结果。

此外，斯巴达人对其财富的使用有着高超的效率。狄凯里亚的防御工事表明，这一次他们是认真的，而他们非常愿意与雅典海军对抗，也表明了他们不会在无关紧要的事上浪费资源。

斯巴达大战略中出现了一个特别的问题，那就是斯巴达所声明的希腊解放者的角色与波斯联盟之间存在着根本的不一致，但斯巴达人直到战争结束都对这个问题不甚感兴趣。这可能也确实导致了斯巴达人和小亚细亚希腊人之间的摩擦，但斯巴达人设法控制住了局势，直到战争结束。[78]

最终，斯巴达的大战略在错误/灾难面前表现出了非凡的持久性。伯罗奔尼撒海军在西泽库（Cyzicus）（公元前410年）和阿吉努赛（Arginusae）（公元前406年）遭受了重大失败。实际

---

78 Thucydides, VIII 84. 据克罗瓦推测，斯巴达人可能已经为波斯人准备了一个微妙的外交陷阱：战争一结束，根据他们与波斯人签订的条约，斯巴达人声称他们只同意把小亚细亚希腊城邦周围的土地交给波斯人，而不是这些城邦本身；参见 Ste. Croix, *The Origins of the Peloponnesian War*, pp.313-314。另一方面，大卫·刘易斯认为，斯巴达人设法找到了一个成功的解决方案：必须达成一条惯例，这可能是在公元前408—公元前407年达成的（所谓《布约提奥斯条约》[Treaty of Boiotios]），即希腊城市将保持自治并只向波斯人交纳贡品；Lewis, *Sparta and Persia*, ch.5。虽然这样的安排不算是对小亚细亚希腊人的"出卖"，但也不会是解放。

上，它在西泽库一役中几乎被全部消灭。[79]然而，波斯的援助弥补了斯巴达人的这些损失。因此，形势对斯巴达来说依然有利。

雅典人也立刻明白，如果要维持一支强大的海军，并确保其盟友的忠诚，他们必须削减开支。[80]在这一切上，他们都做得相当不错。因此，雅典人的后西西里大战略在效率方面表现得很好。它也很好地适应了具有高度威胁的国际政治环境，与国内政治环境不相悖，同时具有内部的一致性。所以，虽然已经永远失去了帝国的大部分地区，但雅典还是设法保住了萨摩斯（Samos）和尤卑亚等一些重要的地方，还在西泽库和阿吉努赛对伯罗奔尼撒海军造成了严重的打击。

这些海战为战略各个层面之间的相互作用提供了极具启发性的洞见。虽然在大战略和军事战略层面上，形势显然对斯巴达有利。但在较低层面的持续失败，使得斯巴达人无法实现他们的目标。如果考虑到伯罗奔尼撒海军在战术层面上的优势，这一点就更明显了。波斯人提供的高薪吸引了最优秀的海员加入伯罗奔尼撒海军，而雅典人失去了西西里的海军精英后只能招募更多的新手。因此，伯罗奔尼撒的舰船比雅典的舰船"航行得更好"。[81]尽管如此，斯巴达的海军将领在吕山德（Lysander）到来后才真正具备了管理舰队的能力。所以，在战役实操层面的无能，必然会影响大战略的灵活性和战术的卓越性。

79　关于这些战役，参见 Xenophon, *Hellenica*, A116-18, A VI 28-35。
80　Thucydides, VIII 1.
81　Xenophon, *Hellenica*, A VI 31.

斯巴达的将军们无法将雅典的战略文化拱手献给斯巴达。看 80
来，尽管战略形势严峻，雅典人的目标却复又变得无限了。这一
点从雅典两次拒绝斯巴达的和平提议就可以明显看出。这些和平
提议的来龙去脉非常有趣。它们分别在西泽库和阿吉努赛之后出
现。两份和平提议都呼吁承认当时的现状，即雅典人承认他们的
帝国所遭受的损失，并放弃他们在对方领土上所构筑的工事，即
皮洛斯和狄凯里亚。[82]事实上，在第二次提出和平建议的时候，雅
典人已经放弃了他们在皮洛斯的工事，换句话说，斯巴达人单方
面愿意放弃狄凯里亚，这象征着斯巴达政治领导层的某种保守主
义倾向。同样，雅典对斯巴达提议的拒绝意味着雅典的某种冒险
主义倾向。

事实上，就雅典而言，一切都危在旦夕；如果雅典海军再遭
受一次重创，就意味着它的生命完全宣告结束。换句话说，雅典
的大战略对失误/灾难的承受力极低。公元前405年，斯巴达海
军上将吕山德在羊河战役中重创了雅典舰队。[83]此时的雅典不仅被
陆路封锁，也被海路封锁。第二年，雅典投降了，这标志着斯巴
达大战略的最后胜利。

82　分别参见 Diodorus, XIII 52-53 和 Aristotle, *Athenaion Politeia*, 34.1。

83　关于这场战役的古代记载，参见 Xenophon, *Hellenica*, B I 22-30, Diodorus,
　　XIII105-106 和 Plutarch, *Lysander*, 10-11。狄奥多鲁斯（Diodorus）的说法
　　似乎是最准确的；参见 Christopher Ehrhardt, "Xenophon and Diodorus on
　　Aegospotami," *Phoenix* 24, 3 (1970), pp.225-228。整理了各种古代资料的一项
　　优秀的现代分析，参见 Donald Kagan, *The Fall of the Athenian Empire*, pp.386-
　　393。

强加给雅典的条款相对没有那么严苛：摧毁长城和比雷埃夫斯的防御工事，雅典只得保留不超过 12 艘舰船，接收寡头逃亡者并加入伯罗奔尼撒同盟。有趣的是，尽管科林斯和底比斯提出了彻底摧毁雅典的要求，但斯巴达人并没有这样做。显然，雅典的威胁消除后，雅典可以成为斯巴达人手中操纵希腊力量平衡的有用棋子。[84]

84　参见 Xenophon, *Hellenica*, B II 19-23。如果像大卫·刘易斯那样把斯巴达的决定归因于感情，那就错了；Lewis, *Sparta and Persia*, p. 112。感情并没有阻止斯巴达人在公元前 427 年把最勇敢的城市普拉蒂亚从地球上抹去，这个城市在政治上远比雅典要无害。关于普拉蒂亚事件，参见 Thucydides, III 52-68。

5

修昔底德和战略

导　言

在本章中，我们将继续评介修昔底德对于战略研究的贡献，考察从他的分析中得出的结论，以及这些结论与今天存在的潜在关联。此外，我们还将追溯由修昔底德率先分析的一些关键的战略概念是如何在历史中发展起来的，以及它们将如何延续到未来。我们将以对一些一般性结论的考察作为本章的开头，然后继续探讨修昔底德的分析如何阐明了大战略的决定因素。接下来，我们将探讨歼灭战略和消耗战略的概念，最后考察"低估敌人"这一永恒的主题。

雅典与斯巴达大战略：结论

修昔底德断言，雅典输掉了一场他们本可以轻而易举取胜的战争，因为当时的力量对比对他们有利。[1] 所以，雅典显然是因为做出了一些有缺陷的战略选择而招致失败的。与之相反，尽管斯巴达开局在力量对比上处于不利地位，但它通过选择使得自身优势最大化，并使得对手优势最小化的战略，最终成功获得了全面胜利。因此，战略的选择在很大程度上可能决定成败。[2]

众所周知，修昔底德的文本首次详细介绍了大战略理论，但82仅限于介绍伯里克利的大战略。事实上，伯里克利的大战略被认为是历史上第一个详细的大战略计划，修昔底德则是该计划的提出者。[3] 然而，这并非全部。修昔底德提出的不仅是一个，而是两个相互冲突的详细的大战略设计——雅典并不是唯一一个制定了大战略的城邦，斯巴达也有他们自己的大战略。雅典面临的任务有两方面：首先，雅典必须实施自己的大战略；其次，它必须与斯巴达的大战略相抗衡。修昔底德充分认识到，战略的实施涉及两种对立意愿间的相互作用（即战略的横向维度）。

从人们对修昔底德的《伯罗奔尼撒战争史》中一些主要人物

1　Thucydides, II 65.

2　比如 John J. Mearsheimer, *The Tragedy of Great Power Politics* (New York: W.W. Norton, 2001), p.58。

3　参见 André Corvisier and John Childs, "Planning/Plans," in Andre Corvisier (ed.), *A Dictionary of Military History* (London: Blackwell, 1994), p.654 和 Doyne Dawson, *The Origins of Western Warfare* (Boulder, CO: Westview, 1996)。

的记述可以看出，人们并未充分理解修昔底德在这方面的分析。伯里克利因其设计和制定的大战略而饱受赞扬，并被公认为历史上最伟大的政治家和军事领袖之一。[4] 阿基达姆其实也是位杰出的将军和政治家，却被当代学者所忽视，[5] 这种忽视是毫无道理的。阿基达姆精通战略，不仅提出了对抗海上强国的制胜框架，还特别擅长强制外交。斯巴达的损失在于，阿基达姆对斯巴达大战略制定的影响不如伯里克利对雅典大战略制定的影响大。伯里克利成功地为他的大战略取得了国内的合法性，而阿基达姆却无法为他所制定的大战略取得同样的国内合法性。

　　另一个结论是，大战略必须适应现有的力量对比。众所周知，战略总是针对一个或多个对手——可用于对付对手的手段是由与该对手的相对力量对比来决定的。如果缺乏手段，就不应该追求也无法实现某些目标。上文的分析表明，斯巴达和雅典在某些情况下都错误判断了力量的对比，制定了他们以现有手段无法实现的政策目标（解体雅典帝国；征服西西里；复兴雅典帝国）。尽管大战略从其他维度上看还算不错，但是过度扩张实际上宣告了大战略失败的结局。相反，那些所设目标与力量对比并不冲突的大 83

4　Hans Delbrück, *History of the Art of War*, vol.1 (Lincoln, NE: University of Nebraska Press, 1975), p.137. 对伯里克利和他的大战略的不同评价，参见第三章的讨论。

5　A.H.M. 琼斯称他为"一位爱国、能干、勇敢的国王"；A.H.M. Jones, *Sparta* (Oxford: Blackwell & Mott, 1967), p.71。另一方面，福瑞斯特（W.G. Forrest）只是说，在阿基达姆带领下对阿提卡的入侵"缺少效率，但没有明显的无能"；W.G. Forrest, *A History of Sparta, 950-192 B.C.*(New York: Norton, 1968), p.112。

战略（伯里克利大战略、西西里远征后的斯巴达大战略）通常都
是成功的（见表 5.1）。

表 5.1：对雅典和斯巴达大战略的评价（表中所有年份都是公元前）

大战略 / 标准	外部契合	手段 - 目的	有效性	内部一致性	容错性	结果
雅典，431—421	+	+	+	+	+	成功
斯巴达，431—421	+	－	－	+	－	失败
雅典，415—404	+	－	+	+	－	失败
斯巴达，415—404	+	+	+	－	+	成功

　　对雅典和斯巴达大战略的分析仍然可以为现代战略家提供宝
贵的经验。在接下来的部分中，我们将分析伯里克利的消耗战略
日益重要的意义。至于斯巴达的大战略，它是克劳塞维茨式战争
方法（直接路线与歼灭敌人的武装力量）的一个极好的例证。阿
基达姆认为，斯巴达政治领导层的其他成员也最终会明白，只有
转向并专注于雅典实力构成中最强大的一点（即克劳塞维茨所说
的雅典实力的"重心"），也就是海军，才能取得决定性的结果。
侵袭阿提卡的间接路线无法确保斯巴达打击到雅典实力的重心，
只有通过与波斯结盟才有可能做到这一点。事实上，斯巴达一获
得必要手段后就有意识地与雅典海军对抗，这表明他们清楚直接
路线的优势。有趣的是，雅典的大战略也证明了直接路线的优点。
雅典只有通过打击斯巴达本身（皮洛斯、斯法克蒂里亚和西基
拉），才能达成自己的目标；而在战争的最后阶段，雅典只有通过

打击伯罗奔尼撒海军，才有希望解除他们城市所面临的严重威胁，并挽回雅典帝国的一切。

巴兹尔·李德·哈特爵士在多处表示了对间接路线的支持（见第一章），甚至把几乎每一次成功的军事行动都归因于采用间接路线，而将每一次失败的军事行动都归因于采用直接路线。[6] 对他理论的批评之声有很多[7]，有人可能会认为，我们再作批评根本是多此一举。然而，我们的批评目的在于强调李德·哈特论点的优点。他的论点的弱点之一是，他通常会忽视不同层次战略之间的相互作用。因此，他引用间接路线在战术或作战层面被采用的事实作为这种路线优越性的证据，却同时忽视了在战略层面所采用的是直接路线这一事实，例如，他把吕山德在伊哥斯波塔米之战中的胜利称为"海上间接路线战术，即大战略中一种新的间接路线的后续"[8]。他的说法的第二部分当然是错误的，我们已经多次指出，斯巴达与雅典海军对抗就是直接路线的一个典型案例。显然，李德·哈特试图将历史上所有的军事胜利都归结于间接路线的做法严重削弱了他的分析。然而，他的说法的第一部分是正确的，即吕山德在战术层面确实使用了间接路线。[9] 一般来说，斯巴达和雅典的大战略似乎在大战略和军事战略层面提供了支持直接路线的论据。间接路线可能会被使用，事实上，在较低的层面，

84

6　参见 B.H. Liddell Hart, *Strategy* (2nd revised edn.) (London: Meridian, 1991)。

7　比如 John J. Mearsheimer, *Liddell Hart and the Weight of History* (Ithaca, NY: Cornell University Press, 1988)。

8　Liddell Hart, *Strategy*, p.13.

9　关于伊哥斯波塔米之战，参见第四章注 83 所引用的文献。

即战争的作战或战术层面，间接路线甚至是可取的。

大战略的决定因素

对修昔底德文本的研究提供了关于大战略决定性因素的宝贵见解。似乎在对修昔底德的分析中，人们至少可以找到一种基于结构性因素与感知性因素相结合的大战略选择原因的理论雏形。[10]

有人指出，大战略的目的是为国家提供安全保障（见第一章）。因此，国家大战略的制定必然由两个因素决定：a）一个国家与其战略对手之间的力量对比；b）战略对手对这个国家构成威胁的严重程度。修昔底德很清楚这一点，他对力量对比和威胁程度都给予了极大的关注。[11] 我们将依次考察这两个因素。

显然，评估与战略对手之间现有的力量对比，是一个国家大
85 战略的重要决定因素。然而，除了评估现有的力量对比，各国还试图预测未来的力量对比的状况。对力量对比趋势的评估极有可能影响他们在大战略层面上的选择：他们以阻止和扭转不利趋势为总原则，同时可以加速和利用有利趋势。换句话说，力量分布的趋势（即力量对比的动态分析）是决定一个国家大战略的另一

10　类似的路线，参见 Stephen Van Evera, *Causes of War: Power and the Roots of Conflict* (Ithaca, NY and London: Cornell University Press, 1999)。

11　相关内容参见附录。现代现实主义学者们利用这些因素来解释国家在结盟方面的战略行为。参见 Stephen M. Walt, *The Origins of Alliances* (Ithaca, NY: Cornell University Press, 1987)，以及 Athanassios Platias, *High Politics in Small Countries* (Ph.D.Diss., Cornell University, 1986), pp.82-97。

个决定性因素，至少与当前的力量分布（即力量对比的静态分析）
同样重要。[12]

　　将力量对比的静态分析和动态分析结合起来，会形成两种可
能的评估结果：a）国家相对于战略对手越来越强；b）国家相对于
战略对手越来越弱。[13]这两种可能性构成了国家大战略制定的结构
性背景。

　　在此有必要格外注意的是：尽管我们总在口头上说由国家来
做出这种力量对比，但实际上进行这种衡量的是国家的政治领导
层；因此，人们可能会认为，重要的不是国际体系的结构本身，
而是不同国家的政治领导层对它的看法。在没有详细研究国际政
治中复杂的认知问题的前提下，[14]我们指出，尽管对力量对比的看
法很重要，而且经常出现在修昔底德的分析中（如斯巴达在战前

12　关于力量分布的现有平衡和未来趋势对国家大战略的影响的早期论述可以参见
　　Kautilya, *Arthasastra* (trans. R. Shamasastry, 2nd.edn) (Mysore: Wesleyan Mission
　　Press, 1923), pp.312-320。关于力量分布趋势的影响的一篇优秀论文，参见
　　A.F.K. Organski and Jacek Kugler, *The War Ledger* (Chicago, IL: The University of
　　Chicago Press, 1980)。

13　还可以想象第三种可能，即一国与其战略对手之间的力量对比在长期内不会发
　　生显著变化。这种可能性只有在两个对手在一开始的力量大致相等时才具有独
　　立的意义（否则，我们就会看到一个明显的情况，即较强国对较弱国，双方都
　　采取相应的行动）。然而，我们知道历史上没有这样的例子，无论是好是坏，
　　两个战略对手都不太可能在很长时间内保持同等的力量。

14　参见 Joseph De Rivera, *The Psychological Dimension of Foreign Policy* (Columbus,
　　OH: Charles E. Merrill, 1968); Robert Jervis, "Hypotheses on Misperception,"
　　World Politics, vol.20, no.2 (1968), pp.454-479; Robert Jervis, *Perception and
　　Misperception in International Politics* (Princeton, NJ: Princeton University Press,
　　1976)。

速战速决的信念），但结构性现实决不能被长期忽视或误解。正如
斯巴达人和雅典人所发现的那样，实际的力量对比最终会让人切
身体会到。

　　大战略的另一个决定因素，即一个国家的战略对手所构成的
威胁，其特征主要是感知性的。最重要的是一个国家的政治领导
层如何感知到敌人的敌对意图。有人指出，将战略对手的能力和
意图分开，本身就意味着我们觉得这样做是足够安全的；如果某
一特定战略对手的能力看起来相当强大，各国通常不会停下来分
析其意图。[15] 尽管如此，在一个国家的政治领导层看来，外国的意
图确实很重要；[16] 例如，虽然埃及比叙利亚更强大，但以色列的决
策者目前更关心叙利亚；埃及被认为是相对温和的，叙利亚则被
视为威胁。在一些例子中，威胁感知会完全脱离对方的能力。因
此，到了公元前 146 年，迦太基根本无法拥有挑战罗马的能力，
他们在接连三次战争中战败，一度强大的迦太基帝国沦为一个朝
贡国。然而，罗马还是感到了威胁，这种感觉导致了迦太基的彻

15　Bernard Brodie, *Strategy in the Missile Age* (Princeton, NJ: Princeton University
　　Press, 1959), pp.378. 技术和地理环境有时可能加剧这种以能力为导向的感知性
　　威胁。因此，每当技术和 / 或地理环境被认为有利于采取进攻性军事战略时，
　　一个国家的政治领导人就会倾向于关注其战略对手的进攻能力，而随之打开
　　这些能力的 "脆弱之窗"（window of vulnerability）。参见 George Quester,
　　Offense and Defense in the International System (New York: Wiley, 1977) 和
　　Stephen Van Evera, "The Cult of the Offensive and the Origins of the First World
　　War," *International Security*, vol.9, no.1 (Summer 1984), pp.58-107。

16　可参见这篇精彩文章：Raymond L. Garthoff, "On Estimating and Imputing
　　Intentions," *International Security*, vol.2, no.3 (Winter 1977-78), pp.22-32。

底覆灭，据记载，当年幸存的迦太基成年男子全部被杀害，妇女则被罗马人带走，儿童全部充为奴隶。[17]

强调对威胁的感知并不意味着外国的威胁仅仅是一个感知的问题，而缺乏任何现实基础。正如上文所指出的那样，力量对比迟早会显现出来，感知到的威胁可能存在，也可能不存在，即使它存在也不一定会成为现实的威胁。这就是为什么政治领导层对他国意图的评价才是最重要的，不管雅典人的实际意图如何，斯巴达都感到了威胁，这才是重要的。不过，显而易见的是，如果一个国家的政治领导人对威胁的感知与现实相符，那么对这个国家会更好；错误的威胁感知要么导致资源浪费和不必要的挑衅（如果一方正在准备抵御根本不存在的威胁），要么导致战略突袭（如果一个意想不到的威胁真的出现）。[18]

由于战略涉及的是处理实际或潜在冲突的情况，它必须估计各种战略对手造成的威胁程度。根据国家利益受威胁的程度，外国威胁的影响可能被感知为高或低，这两种可能性构成了大战略的感知性背景。这种感知性背景比结构性背景更不稳定，感知的

---

17 参见 H.H. Scullard, *A History of the Roman World, 753-146 B.C.*(4th edn.) (London and New York: Routledge, 1980/1995), pp.308-317。

18 关于威胁感知，参见 Klaus Knorr,"Threat Perception," in Klaus Knorr (ed.), *Historical Dimensions of National Security Problems* (Lawrence, KA: Kansas University Press, 1976) pp.78-119，和 Raymond Cohen, "Threat Perception in International Crisis," *Political Science Quarterly*, vol.93, no.1 (1978), pp.93-107。关于威胁感知在战略突袭中作用的详细分析，参见 Ariel Levite, *Intelligence and Strategic Surprises* (New York: Columbia University Press, 1987) 和 Constantinos Koliopoulos, *Understanding Strategic Surprise* (Ph.D.Diss., Lancaster University, 1996)。

变化比能力的变化更快。这偶尔会导致一个国家大战略的剧烈波动。例如，1939 年 3 月，希特勒占领布拉格后，英国突然放弃绥靖政策，就是由于人们对德国构成的威胁的看法发生了转变。[19]

　　将大战略的结构性和感知性决定因素结合起来，可得出如下矩阵（见表 5.2）。

　　这个框架可以适用于大国或若干小国之间的战略关系，也可以适用于大国与小国间一对一的关系。[20] 然而，在后一种情况下，考虑到实力差距通常是巨大的，不同的增长率往往没有什么相关性，即使这对小国是有利的。要使这个框架适用，不平等的增长必须重要到足以影响双边关系，而不一定会改变整体的力量对比。因此，尽管雅典没有机会压倒波斯帝国，其力量的相对增长也使其能够在小亚细亚西海岸和潘斐利亚以西的水域相对于波斯占据上风。现在让我们来考察一下力量对比和政治领导层的威胁意识相结合的大战略结果。

表 5.2：大战略的决定因素

		力量对比	
		上升	下降
威胁	高	I	III
	低	II	IV

19　参见 Jervis, "Hypotheses on Misperception"。然而，有人指出，即使在威胁感知发生这种变化后，也不容易扭转以前根据当时普遍存在的威胁感知采取的极端主义政策（即过度竞争或过度合作）；参见 Charles A. Kupchan, *The Vulnerability of Empire* (Ithaca, NY: Cornell University Press, 1994)。

20　关于"大国"和"小国"的定义，参见 Platias, *High Politics in Small Countries*, pp.483-492，以及 Mearsheimer, *The Tragedy of Great Power Politics*, p.5。

I: 扩张，坚定

II: 扩张，仁慈

III: 推诿战略或平衡或预防性战争或绥靖

IV: 推诿战略或绥靖

坚定与仁慈的扩张

有观点认为，只要一个国家的力量与其战略对手相比有所上升，这个国家就会寻求改变现状，直到这样做的成本超过了收益，在那个阶段就会达到平衡。这并不意味着崛起的大国一定会有意进行领土扩张。改变现状可以采取其他各种形式，如扩大自己的影响力（如北约的扩张），或在国际经济中建立有利的规则（如英国和后来的美国对自由贸易的强调）。[21] 一个国家相对其战略对手的实力有所提升，有时需要经过一段时间才能对双边力量对比产生重大影响。因此，在这种情况下，我们可以料想正在崛起的国家基本上会有一段平台期，他们会谨慎地对待特定的战略对手，而把精力集中在对付其他更容易控制的战略对手上。

因此，大战略的结构性决定因素会促使一个崛起的国家不断

88

21　参见 Robert Gilpin, *War and Change in World Politics* (Cambridge: Cambridge University Press, 1981)。关于不同形式的帝国主义，即军事的、经济的和文化的，参见 Hans J. Morgenthau, *Politics Among Nations*, (5th edn.) (New York: Alfred A. Knopf, 1985)。认为在国际体系中没有永远的现状国家，只有偶尔的霸权，参见 Mearsheimer, *The Tragedy of Great Power Politics*。

扩张，直到抵达收益递减的关键点，[22]而不考虑它所处的威胁环境。然而，该国所面临的威胁的强度必然会影响其扩张的模式。面对高度威胁的崛起大国往往不会妥协，而是尽可能地削弱威胁的来源或完全消除它。另一方面，一个在低威胁环境下运作的崛起大国通常不会觉得有发挥自己力量的必要。可以肯定的是，面临低威胁的崛起大国可能会像其他国家一样采取扩张主义，特别是如果他们觉得有必要恢复有利的现状，或者只是一心想实现"卓越"（greatness）。不过，威胁环境还是有不同的。[23]

推诿战略、制衡、预防性战争和绥靖政策

当一个国家相对于其战略对手变得越来越弱时，其大战略面临的最大挑战就出现了。力量对比的不利转变是一个残酷的现实，需要采取补救措施。大战略的感知决定因素于此再次发挥了关键作用。虽然崛起中的国家可能无论威胁环境如何都要扩张，但衰

---

22   当然，纵观历史，各国在达到收益递减的程度后，仍会继续寻求扩张。论文指出，过度扩张的根源往往存在于国家的内部结构，参见 Jack Snyder, *Myths of Empire: Domestic Politics and International Ambition* (Ithaca, NY: Cornell University Press, 1991)。

23   约翰·米尔斯海默描述了一个正在或有望崛起的国家的四种策略：战争（使用武力）；勒索（威胁使用暴力）；离间（通过在对手之间挑起漫长而代价高昂的战争来削弱对手）；放血（采取措施确保任何涉及对手的战争都是持久而致命的）；Mearsheimer, *The Tragedy of Great Power Politics*, pp.138-139, 147-155. 因此，"战争"和"勒索"是扩张的手段，而"离间"以及"放血"通常是扩张的前奏。

落国家（declining state）的大战略选择在很大程度上取决于其政治领导层对威胁程度的感知。首先，无论感知到的威胁有多大，衰落国家在面对崛起的战略对手时，其首选做法是转移矛盾，即试图让另一个或多个国家来制衡这个崛起的大国，自己则保持旁观。[24]然而，推诿战略往往是不可能的（例如在两极国际体系中），即使有可能，也未必能保证取得预期的结果。

面临低威胁的衰落国家很有可能会选择绥靖妥协，去满足他们战略对手的要求，即通过做出让步来消除或至少减少威胁。[25]在此特定情况下，假设推诿战略是行不通或无效的，那么绥靖就是风险最小且成本最低的大战略路线。一项不妥协的政策可能只会激怒正在崛起的对手采取类似的立场，并可能进一步增加对于衰落国家的要求。同样，战略对手所构成的低威胁意味着满足它的 89 需求不会在未来产生任何可怕的后果（如汉斯·摩根索［Hans Morgenthau］的经典建议，即在自己的边缘利益上妥协，并坚定地捍卫核心利益）。[26]相反，在低威胁环境下达成的妥协，可能会

---

24 Mearsheimer, *The Tragedy of Great Power Politics,* pp.139, 157-162.

25 Haralambos Papasotiriou, *Byzantine Grand Strategy* (Ph.D. Diss., Stanford University, 1991), p.9; Mearsheimer, *The Tragedy of Great Power Politics*, pp.162-164. 我们可区分战术绥靖和战略绥靖。战术绥靖是指作为一种临时措施做出的让步，以便争取时间在以后做出更果断的反应。战略绥靖则是一个长期的过程。这里我们只讨论战略绥靖政策。

26 Morgenthau, *Politics Among Nations.*

为双边合作埋下种子。[27]

因此，当一个衰落的国家面临低威胁时，绥靖政策似乎提供了一种相对无风险、无成本的大战略选择。然而，当一个衰落的国家面临高度威胁时，事情就难办了。换句话说，就是政治领导层感知到重要的国家利益受到威胁，而国家实力相对于其战略对手的力量正在减弱，在这种情况下，绥靖政策并不能提供一个简单的解决方案，因为国家（尤其是大国）通常不会在他们认为是自己重要的国家利益的问题上妥协（但见下文）。

通常情况下，首选的做法是前面提到的"推诿战略"。假设推诿行不通或无效，那么另一种行动方案就是采取制衡策略。正如第三章所指出的，制衡既可以通过利用国外力量（外部制衡），也可以通过动员和利用国内资源（内部制衡）来实现。为了更有效地利用现有手段，内部改革一直是老牌帝国和衰落帝国最多采取的行动方针。另一方面，外部制衡主要是通过正式或非正式的联盟来实现的，一个衰落的大国通常欢迎新的盟友，而一个崛起的大国通常不太需要新盟友。

然而，推诿战略和制衡行为并不是一个面临高度威胁的衰落国家唯一可用的大战略选择。先发制人的预防性战争也是另一种

---

27 国家之间合作的问题，参见 Joseph M. Grieco, *Cooperation Among Nations* (Ithaca, NY: Cornell University Press, 1990), pp.40-49; Joseph M. Grieco, "Anarchy and the Limits of Cooperation," in David Baldwin (ed.), *Neorealism and Neoliberalism: The Contemporary Debate* (New York: Columbia University Press, 1993), pp.116-140; Arthur A. Stein, *Why Nations Cooperate* (Ithaca, NY and London: Cornell University Press, 1990)。

选择，前提是衰落国家仍然认为自己比战略对手更强大（参见第一章）。实际上，战略对手可能更强，也可能没那么强，但在这种情况下，关键在于如何去感知。人们可能还记得，预防需要及早作战，并在仍有可能的情况下，即在力量对比以任何决定性的方式倾斜、战略对手变得足够强大到足以构成威胁之前，抢先造成既成事实。预防性战争的大战略意味着选择短痛：选择今天的战争，而不是明天的毁灭。

然而，一个面临高度威胁的衰落国家可能会认为自己相对于战略对手来说是如此无力，以至于预防性战争和制衡都不成立。[90]力量平衡已经无法回到以前的状态，且力量差距开始扩大到对衰落国家变得不利。在这种情况下，绥靖可能是最理性的选择：鉴于实力差距日益扩大，衰落国家倾向于割让一些它无论如何都会失去的东西。显然，在高威胁环境下的绥靖政策通常比低威胁环境下的绥靖政策成本更高；因此，很少有国家选择这种大战略。不过，正如修昔底德在"米洛斯对话"中明确指出的那样，无论让步多么巨大，都比毁灭好。[28]

修昔底德与大战略的决定因素

回到修昔底德的分析，对公元前 479—公元前 404 年期间的战略转折点的考察将证实目前已经论述的观点（见表5.3）。

28　参见 Thucydides, V 84-113。

　　首先，希腊城邦和后来的雅典以牺牲波斯为代价的扩张符合面临高度威胁的崛起国家可能会做的事情。波斯人的入侵使希腊城邦团结起来，并使得他们进行了大规模的军事集结（主要是海军）。另一方面，对波斯人来说，在希波战争中的失败是一个巨大的打击，原因有二：第一，它导致了军事力量的大幅削弱，因为波斯武装部队的相当一部分被消灭了；[29] 第二，波斯国王的威望大幅下降，他的权威被削弱，他的统治也被动摇了。[30] 因此，与希腊的一般城邦，尤其是与雅典相比，波斯的衰落是无可置疑的。正如第二章所概述的那样，波斯人确实试图通过军事集结来遏制衰落、避免高度威胁，但这种内部制衡的尝试失败了。[31]

　　雅典人在希腊本土的扩张是一个崛起大国面临巨大威胁，并因此毫不妥协地扩张的另一个例子。雅典人知道，雅典帝国的建立和扩张在其他希腊人那里除了获得"更多的敌意"外，没有任何好处。然而，由于雅典的力量正处于上升阶段，它仍可以战胜挑战并继续扩张。

　　斯巴达人于公元前 460 年左右诉诸预防性战争也是符合我们预期的，即一个衰落的大国意识到存在很大的威胁，且没有机会通过转移矛盾的推诿战略来解决问题（如两极古希腊城邦体系），

29　　Herodotus, VIII 115.

30　　参见 Barry S. Strauss and Josiah Ober, *The Anatomy of Error: Ancient Military Disasters and Their Lessons for Modern Strategists* (New York: St.Martin's Press, 1990), ch.1。

31　　Thucydides, I 98-100.

但也相信自己仍然足够强大到可以通过武力消除威胁的来源。然 91
而，正如第二章所述，斯巴达无法阻止雅典人的扩张（即雅典对
波埃提亚和伊齐那的攻克），均势达成，双方由此订立了一个五年
休战和约。[32]

表 5.3：公元前 479—公元前 404 年的战略转折点

（表中所有年份均为公元前）

日期	事件	战略成员	力量对比 / 威胁	大战略选择
479	希腊人在普拉蒂亚和米卡里击败波斯人。	希腊城邦 - 波斯	RH-DH	扩张 - 制衡
478	雅典人继承了希腊人的领导权。提洛同盟建立。	雅典	RH	扩张
466	欧律墨冬河之战——波斯人溃败。	雅典	RH	扩张
约 460	雅典远征塞浦路斯和埃及。	雅典 - 波斯	RH-DH	扩张 - 平衡
约 460	麦加拉加入雅典联盟。	雅典	RH	扩张
约 460	第一次伯罗奔尼撒战争爆发。	斯巴达 - 雅典	DH-RH	预防性战争 - 扩张
457	雅典人对波埃提亚和伊齐那的征服。	雅典	RH	扩张
约 454	雅典远征军在埃及被击溃。	雅典	RH	收益递减
451	五年和约。	雅典 - 斯巴达	RH-DH	平衡
449	卡里亚斯和约。	雅典 - 波斯	RH-DH	平衡
446	雅典在科洛奈的失败。麦加拉人的反抗。	雅典	RH	收益递减
446	三十年和约。	雅典 - 斯巴达	RH-DH	平衡
431	伯罗奔尼撒战争爆发。	斯巴达 - 雅典	DH-RH	预防性战争 - 坚定

32 Thucydides, I 105-108, I 111-115.

日期	事件	战略成员	力量对比/威胁	大战略选择
425	425 年，斯巴达人投降。斯巴达式的和平提议。	雅典－斯巴达	RH-DH	扩张－绥靖政策
424	代立昂战役——雅典人落败。	雅典	RH	收益递减
423	雅典与波斯之间的条约。	雅典－波斯	RL-DL	仁慈－绥靖政策。合作
422	安菲波利斯战役——雅典人落败。	雅典	RH	收益递减
421	尼昔亚斯和约。	雅典－斯巴达	RH-DH	平衡
418	曼提尼亚之战——斯巴达人击败阿耳戈斯。	阿耳戈斯－斯巴达	RH-DH	扩张－平衡
415	雅典远征西西里岛。	雅典－叙拉古	RL-DH	扩张－平衡
413	雅典远征军在西西里岛被摧毁。	雅典	RH	收益递减
412—411	斯巴达与波斯结盟。	斯巴达－雅典 波斯－雅典	RH-DH RL-DH	扩张－平衡 扩张－绥靖政策
410	西泽库之战——斯巴达人全军覆没。斯巴达式的和平提议。	斯巴达	RH	收益递减
407	波斯向斯巴达提供了大量援助。	波斯	RL	扩张
406	406 年，阿吉努赛之战——斯巴达失败。斯巴达式的和平提议。	斯巴达	RH	收益递减
405	伊哥斯波塔米战役——雅典舰队被俘。	斯巴达	RH	扩张
404	雅典认输。斯巴达人没有摧毁这座城市。	斯巴达	RL	扩张，仁慈

R＝上升力量　D＝衰落力量　H＝高威胁　L＝低威胁

92

与此同时，正如在埃及和后来在塞浦路斯的失败所证明的那 93
样，雅典对波斯的扩张已经达到了收益递减的地步。一方面是扩
张到收益递减的地步，另一方面是制衡，这两者之间的相互作用
导致了《卡里亚斯和约》中所反映的均势。

公元前 446 年雅典在科洛奈和麦加拉遭遇挫折后，同样的场
景在希腊大陆重演。当然，雅典安全地保住了它的帝国，因此相
对于它的希腊其他城邦的对手，雅典仍然越来越强大，但在陆上
进一步扩张根本无利可图，甚至无法实现。之后，雅典人和斯巴
达及其同盟订立了"三十年休战和约"，雅典人同意放弃他们在伯
罗奔尼撒境内所占的领土。[33]

公元前 431 年斯巴达诉诸预防性战争的过程在本书前面已经
做了详细的分析：其实力在下降，并觉察到了重大威胁，但斯巴
达人认为，如果他们和盟友联合起来的话，实力肯定在雅典之上，
因此斯巴达选择了战争（见第三章和第四章）。雅典的反应很有意
思，它是修昔底德在分析中唯一一个作为崛起大国没有诉诸对外
扩张，而是满足于维持现状的例子。很可能据伯里克利估计，尽
管雅典的实力在增长，但它还没有强大到可以实施以攫取利益为
目的的扩张，尤其是像第三章指出的，这种扩张的目标只能在陆
上。换句话说，伯里克利认为公元前 446/5 年的天平并没有向雅
典倾斜。然而，雅典仍然保持着面临巨大威胁的崛起大国应有的
不妥协态度，这一点从它拒绝对斯巴达人做出哪怕是微小的让步

33　Thucydides, I 113-115.

就可以看出。[34]

斯法克蒂里亚之战让交战双方都意识到，雅典现在可以推行扩张主义的大战略了。斯巴达人接受了这样一个事实：他们阻止雅典势力增长的努力已经失败，情况只会更糟。因此，正如第三章所指出的那样，他们愿意做出巨大的让步，采用绥靖政策。但现在雅典更不妥协，他们拒绝参加任何谈判。[35]

然而，雅典扩张的收益递减点并不遥远。代立昂和安菲波利94 斯战役的失败使人们认识到了这一点，而《尼昔亚斯和约》则规定了交战双方达成的均势。[36]

公元前 423 年雅典和波斯之间的条约为修昔底德的分析提供了唯一一个双方都认为对方在战略关系中威胁不大的例子。雅典和波斯都有比攻击对方更重要的事情要做，而且双方都明白这一点。这个条约可以被理解为它显示了雅典人的仁慈和波斯国王的安抚心态，雅典对《卡里亚斯和约》中规定的收益感到满意，波斯国王则表现出妥协，默许了这些代价。显然，一旦这个问题得到解决，一个真正的双边合作模式就出现了。

公元前 421 年之后阿耳戈斯的大战略，以及随后斯巴达的一些盟友投靠阿耳戈斯的现象，又提供了另一个案例。在这个例子中，一个崛起的大国面临着传统竞争对手的高度威胁，并以直接牺牲自己的利益为代价进行扩张。[37]在防御方面，斯巴达则试图通

34　Thucydides, I 139-141, I 144.

35　Thucydides, IV 3-5, IV 8-23, IV 26-38.

36　Thucydides, IV 89-101, V 6-20.

37　Thucydides, V 27-33.

过确保其他盟友的忠诚和争取其盟友帮助对抗阿耳戈斯来检验自己的衰落的情况。曼提尼亚之战的结果证明了斯巴达大战略的成功。[38]

雅典人在西西里的远征证明，一个崛起的大国即使面对战略对手的低威胁，也会倾向于扩张。雅典人之所以开始西西里远征，并不是因为他们觉得受到了叙拉古的威胁，而仅仅是因为他们想要征服西西里（参见前文和下文的讨论）。作为回应，叙拉古通过做战争准备和争取斯巴达的支持来寻求内外平衡。对雅典来说，形势很快变得非常危急，因为他们在西西里的庞大远征军发现自己受到了严重的威胁，同时他们在希腊本土也面临着新的、高效率的敌对行动。雅典远征军在西西里的覆灭再次表明，雅典的扩张已经到了收益递减的地步。[39]然而，雅典这次再也无法恢复元气，与斯巴达和波斯这两个大的战略对手相比，雅典注定要长期衰落下去。

继西西里战役之后，斯巴达大战略完全符合一个崛起的大国在感受到高度威胁时可能会做的事情，即毫不妥协地扩张，直到达到收益递减的地步。在斯巴达政治领导人的心目中，这个收益递减的点已经到达过两次，即在西泽库和阿吉努赛战役之后。因此，斯巴达人提出了和平提案来使现有的均势合法化（见第四 95 章）。

西西里战役之后的波斯大战略是修昔底德分析的一个崛起大

---

38 Thucydides, V 57-76.

39 Thucydides, VI-VII.

国面对低威胁选择扩张的第二个例子。[40] 为了恢复小亚细亚西部的原状，波斯人毫不妥协地要求将希腊城市地区重新并入波斯帝国。[41]

雅典对这两种挑战的反应各不相同。面对斯巴达的挑战，雅典试图进行内部制衡；面临高度威胁的衰落国家不准备妥协。[42]但在与波斯的关系上，雅典却愿意妥协。正如前一章所强调的，西西里战役之后的雅典人竭尽全力将波斯人争取到自己一边。这些努力肯定会带来一些让步。换句话说，由于雅典无法指望改善其相对于波斯的实力地位，它诉诸绥靖政策。[43]波斯的威胁很大，绥靖政策必然要做出重要的让步，但与斯巴达的威胁及其可能造成的后果相比，这些让步都显得苍白无力：波斯人只想要希腊的伊奥尼亚诸城邦，而斯巴达和他们的盟友可能会将雅典夷为平地，并把雅典居民卖为奴隶。

最后，斯巴达在公元前 404 年给予雅典的相对慷慨的条件也

40　事实上，我们无法确定波斯的政治领导层认为雅典的威胁是高还是低。我们假设是后者，因为小亚细亚的西海岸，以及整个希腊世界，在亚历山大大帝出现之前，只是波斯帝国的一个外围国家；参见 A.T. Olmstead, *History of the Persian Empire* (Chicago, IL: The University of Chicago Press, 1948)。另一方面，波斯宫廷可能认为被雅典入侵者夺去该地区是对其威望的沉重打击，雅典对叛军阿摩基斯的支持更是雪上加霜。因此，波斯的政治领导层可能认为雅典具有高度的威胁性，并认为收复小亚细亚西部海岸确实是一件非常重要的事；参见 David M. Lewis, *Sparta and Persia* (Leiden: E.J. Brill, 1977), pp.25-26。

41　Thucydides, VIII 17-18, VIII 36-37, VIII 55-58.

42　Thucydides, VIII 1.

43　Thucydides, VIII 48-56.

符合面临低威胁时崛起国家预期的"仁慈扩张"模式。雅典威胁的消除意味着尽管斯巴达人肯定会在损害雅典利益的情况下进行扩张，但他们也会有所克制。

理论的适用性

上述情况表明，修昔底德对大战略决定因素的分析能够解释这一时期（公元前479—公元前404年）的大事件。这种分析是否具有普遍适用性？其他的一些例子似乎能验证这一点。让我们从一个崛起的大国在高威胁和低威胁环境中的大战略结果开始，即分别是坚定的和仁慈的扩张。前面提到的罗马对抗迦太基的例子显示了一个崛起的大国在感受到高威胁时所能做的事情。17世纪末到拿破仑失败时期的英国提供了另一个这样的例子。英国对这种战略形势（力量分配的有利趋势加上高度威胁）的反应是无情地扩张，消灭威胁的来源，首先是荷兰，然后是法国。精明而又咄咄逼人的英国不喜欢妥协。美国独立战争（1775—1783年）标志着英国的扩张已经到了收益递减的地步，但随着工业革命的到来，英国的实力继续上升。经过与一个复兴的法国的长期斗争，英国终于在1815年获取了胜利、强大和安全。毫不妥协的长期扩张最终取得了成功。

在这个阶段发生了一个显著的变化。由于其他国家花了一段时间才赶上英国工业革命的发展，所以在滑铁卢战役之后，英国的实力与其他欧洲大国相比一直在增长。英国的大战略在低威

96

胁环境下运作，失去了其在此前的特点，即不妥协的元素。英国
继续对现状进行有利的改变，如国际贸易自由化，但同时表现出
更大的妥协意愿：英国停止篡夺其他欧洲列强的殖民地，同时在
"欧洲协同"（Concert of Europe）中扮演和解的角色。[44]

美国提供了一个正在崛起的国家会根据其面临的威胁强度来
调整其扩张模式的类似例子。美国一再证明自己是凶残的战略对
手，他们一心想让战败的对手无条件投降。如果美国公众能被说
服以相信形势已足具威胁性，美国就能付出巨大的努力来实现无
限的目标。德意志帝国和纳粹德国的命运，以及日本的命运，都
证明了这一点。然而，威胁的源头一消除，美国就采取了仁慈姿
态的大战略。虽然美国人总体上继续改变现状（即 1945 年后对
西德和日本国内结构的"重铸"），但他们放弃了早先的不妥协态
度，成了宽宏大量的胜利者。

美国与苏联战略竞争的演变似乎证实了这一模式。到了 1980
年代后半期，美国显然占了上风。尽管存在核武器，但华盛顿没
97 有错过任何消灭苏联威胁的机会。不平等的军备控制协议、旨在
使苏联模式失去合法性的密集宣传以及鼓励非俄罗斯民族的分离，
都是为了达到这一目的（另见下文）。然而，目前美国对俄罗斯的

---

44 科雷利·巴内特（Corelli Barnett）把这种变化归因于英国的一场"道德革命"
（moral revolution），这场革命据说始于 18 世纪晚期，完成于 19 世纪上半叶；
参见 Correlli Barnett, *The Collapse of British Power* (Phoenix Mill: Allan Sutton,
1984)。巴内特的分析令人印象深刻。不过，他自己也承认，对前几个时代的
高度威胁的消除最初发挥了作用；参见 Barnett, *The Collapse of British Power*,
pp.20-21。

立场明显不同。毫无疑问的是，美国的扩张并没有停止，北约东扩和在巴尔干半岛的军事行动，再加上增强美国在前苏联领土上的存在，都证明了这一点。但与此同时，俄罗斯获得了慷慨的财政援助，它的某些利益也得到了承认（比如莫斯科打击俄罗斯联邦内部分裂的权力）。显然，造成这种差异的原因是俄罗斯的威胁很小，至少直到最近是这样。[45]

关于衰落国家采取的推诿战略，不管其感知到的威胁有多大，英国和美国在两次世界大战前对德国崛起的反应都是一个典型的例子。"离岸平衡手"（offshore balancers）每次都试图将制衡德国的责任转嫁给其他国家，即法国和俄罗斯／苏联，只有在"责任承担者"（buck-catchers）未能完成其任务时，他们才会亲自制衡德国。[46]

一些衰落大国的大战略证明了衰落国家在低威胁环境下会采取绥靖策略。最早的例子之一是 17 世纪初西班牙与法国的对峙。西班牙是一个存在已久的大国。从 14 世纪 90 年代开始，到 1659 年《比利牛斯条约》（Treaty of the Pyrenees）正式结束，西班牙在欧洲的霸权和大规模的海外扩张持续了一个多世纪。尽管在此期间，西班牙军队多次战胜法国，但到了 17 世纪中期，法国已经强于西班牙了。然而，在西班牙牺牲利益取得一系列胜利和领土后，法国人将注意力转移到了其他地方，不再对西班牙构成严重

45　俄罗斯对格鲁吉亚的强硬立场（崛起的大国行为？）将如何影响美国的威胁感知还有待观察。2008 年 8 月的战争及其后果就是例证。

46　Mearsheimer, *The Tragedy of Great Power Politics*, ch.7.

威胁。马德里理解这一行动方针的影响，此后，西班牙改变了对
法国的战略方针，成为法国的卫星国（1700 年一位法国王子登上
了西班牙王位）。[47]

98　19 世纪初英国对美国的政策，是一个衰落国家选择安抚一个
被认为是低威胁的战略对手的最重要的例子。从 19 世纪 90 年代
开始，蓬勃发展的美国开始对英国在美洲大陆的利益采取坚定而
非高压的政策。美国援引"门罗主义"（Monroe Doctrine），坚
持调解委内瑞拉和英属圭亚那之间的边界争端，对加拿大和阿拉
斯加之间的边界进行了有利于他们自己的划定，并建立了对巴拿
马运河区（Panama Canal Zone）的专属控制权，然后加强了对
这一区域的控制，尽管早期的英美条约（Anglo-American treaty，
1850）曾呼吁英美共同修建和控制该运河。英国选择接受美国在
这些问题上的要求，他们无视美国的海军扩张计划，并择机对中
美洲和北美洲做出了"彻底放弃的战略"，使加拿大在这个过程中
毫无防备。[48]除了在英国社会的某些圈子里盛行的"英美种族兄弟"
的神秘信仰，英国对美国采取绥靖的大战略还有充分的理由。简

47　就法国而言，事实证明他们是仁慈的霸权（benevolent hegemons），甚至把
　　法国在美洲的领土割让给西班牙，以便后者能够补偿其对英国的领土损失；
　　参见 Martin Wight, *Power Politics* (edited by Hedley Bull and Carsten Holbraad)
　　(London: Leicester University Press, 1978), pp.127-130。

48　参见 John Gooch, "The weary titan: Strategy and policy in Great Britain, 1890-
　　1918," in Williamson Murray, MacGregor Knox, and Alvin Bernstein (eds.), *The
　　Making of Strategy: Rulers, States, and War* (Cambridge: Cambridge University
　　Press, 1994), pp.289-290；以及 Mearsheimer, *The Tragedy of Great Power Politics*,
　　pp.238-252。

言之，英国无力与美国在终归是次要利益的问题上交战，而与此同时，他们又面对着邻近的威胁，即德国的崛起。[49]

有人认为，面临高威胁的衰落国家往往会诉诸内外平衡（见上文）。戴克里先（Diocletian）在公元 3 世纪末将罗马帝国划分为四个部分，1856 年颁布的奥斯曼帝国改革法案，1867 年将奥地利帝国转变为奥匈帝国，以及提出将大英帝国所有"白人"臣民连接成联邦的方案，以上这些都是通过内部平衡来扭转衰落趋势的尝试。

同样，我们也可以找到许多外部平衡的例子。1871 年后的法国便是个典型的例子。当时的法国与其主要战略对手德意志帝国相比，力量日益衰落，德意志帝国对法国国家安全构成了严重威胁。在 1870—1871 年的战争中，法国败给普鲁士德意志，普鲁士从法国那里获得了阿尔萨斯－洛林（Alsace-Lorraine）的部分地区。德意志帝国力量迅速增长，对法国一直怀有敌意，更令法国烦恼万分。作为回应，法国采取了内外平衡的对策。内部平衡是通过重组法国军队来实现的，而外部平衡则是通过与俄国、英国以及最终与美国结盟实现的。[50] 尽管从双边实力对比来看，法国

49　科雷利·巴内特大谈之前提到的英美种族兄弟情谊的信念，并强烈批评了英国安抚美国的决定；参见 Barnett, *The Collapse of British Power*, pp.255-263。另一方面，保罗·肯尼迪和约翰·古奇（John Gooch）指出，英国确实不得不面对一个艰难的战略形势并做出一些艰难的选择。集中精力对付德国的代价无疑要小得多；参见 Paul Kennedy, *The Realities Behind Diplomacy: Background Influences on British External Policy*, 1865-1980 (London: Fontana, 1981), pp.107-108, 118-120 以及 Gooch, "The weary titan," pp.289-290。

50　严格地说，美国不是协约国在第一次世界大战中的盟友，而是一股"有关力量"（associated power）。尽管如此，美国的力量明显增强了法国的力量。

相对德国的实力持续减弱，但事实证明，法国的平衡努力最终是有效的，他们在一战中取得了胜利。[51]

99　　1940—1941 年间，英国陷入了绝望的战略境地，这是长期衰落的结果。到了 1941 年，英国的主要战略对手纳粹德国已经赢得了欧洲霸权，并正努力争取成为世界上最强大的国家，同时对英国构成致命威胁。尽管英国设法调动了国内资源，但这种局面只有通过外部平衡才能扭转。[52]1941 年 3 月 11 日美国国会通过的《租借法案》（Lend-Lease Bill）使英国得以从美国获得大量资源，而希特勒于 1941 年 6 月 22 日入侵苏联则为伦敦提供了争取苏联支持的机会，尽管英方与莫斯科存在意识形态分歧。[53]正如第一次世界大战中法国（以及英国本身）的情况一样，平衡其战略对手力量的重大战略选择使英国成功应对自身衰落和外部高威胁的挑战。[54]

　　历史上不乏这样的例子：一个衰落的大国仍然认为自己比正

51　关于英国在第一次世界大战前的平衡行为，也可以提出类似的论点。

52　根据科雷利·巴内特的观点，英国已经没有办法摆脱困境，英国注定要失去其独立性，因为英国为了发动战争已经完全依赖于美国的工业和技术，并在此过程中破产；参见 Barnett, *The Collapse of British Power*, pp.12-15。

53　丘吉尔有一句著名评论，"如果希特勒入侵了地狱，我也会在议会里夸奖魔鬼几句"，参见 Winston S. Churchill, *The Second World War, Vol III: The Grand Alliance* (London: Guild, 1985), p.331。

54　英国的大战略是成功的，因为它维护了英国的生存和独立。另一方面，它也被批评未能妥善维护欧洲的力量对比，从而形成了一个强大的苏联。基于这些理由对英国和美国的大战略的批评，参见 J.F.C. Fuller, *The Conduct of War, 1789-1961* (London: Methuen, 1972), ch.13。

在崛起的、极具威胁性的战略对手更强大，于是发动了先发制人的战争。1756 年奥地利对普鲁士的战争就是这样的典型例子。奥地利完全有理由拒绝普鲁士加入欧洲列强俱乐部；普鲁士的崛起对奥地利在德国的地位构成了严重的威胁，1740 年普鲁士抢占了奥地利富饶的西里西亚（Silesia），使这种威胁成为现实。因此，奥地利设法建立了一个由奥地利、法国、俄罗斯、瑞典和西班牙组成的大陆联盟，这显然是想在普鲁士强大到他们不能承受的地步之前对其进行制约。然而，尽管普鲁士在随后的七年战争中曾一度差点在地图上消失，但奥地利大战略计划的失败对奥地利的未来地位来说不是一个好兆头。[55]

还必须提到的是，人们一直在考虑和发动先发制人的战争，不仅是为了应对相对实力的实际下降，也是在应对预期中的衰落。1807 年英国人摧毁丹麦舰队就是一个例子。虽然丹麦是中立国，但英国担心法国和丹麦的海军联盟会极大地增强拿破仑的海军实力，从而危及英国的国家安全。结果，英国皇家海军在哥本哈根港口发动了一次突然袭击，扣押了 75 艘船只，彻底消除了潜在的威胁。[56]

最后，20 世纪 80 年代中期苏联与美国的关系提供了一个例 100 子，用以说明一个衰落的国家面临着巨大的外部威胁，却无法

---

55 关于当时奥地利和普鲁士的战略关系，参见 Dennis Showalter, *The Wars of Frederick the Great* (London: Longman, 1996)。

56 这一事件给人留下了长久的印象；参见 Jonathan Steinberg, "The Copenhagen Complex," *Journal of Contemporary History*, vol.1, no.3 (1966), pp.23-46。

平衡这种威胁的根源：苏维埃体系甚至无法继续运转，更不用说维持与美国争夺世界霸权的对抗。绥靖的选择几乎是自然而然地发展起来的：苏联领导人米哈伊尔·戈尔巴乔夫（Mikhail Gorbachev）对苏联的战略对手做出了巨大让步，只是为了争取一些时间来推行必要的改革，以稳定摇摇欲坠的苏联。[57]

　　如果用上述框架来审视当前中国崛起所引发的大战略选择，特别是关于中国与美国的战略关系，这将是有趣的，或许也是有用的。[58]首先，我们应该记住，中国的潜在实力和实际实力是两件很不同的事。虽然中国的实力在突飞猛进地增长，但目前中国基本上是一个正在崛起的中等强国。[59]因此，中国对于美国的相对崛

57　尽管戈尔巴乔夫试图拯救苏联的努力失败了，但这很可能表明苏联已经无法被拯救。它不应被解释为对外绥靖政策是错误做法的证明。

58　关于最近有关中国崛起以及中国与其他大国（特别是美国）关系的消息来源，参见 Lanxin Xiang, "Washington's Misguided China Policy," *Survival*, vol.43, no.3 (Autumn 2001), pp.7-23; David Shambaugh, "China or America: Which is the Revisionist Power?" *Survival*, vol.43, no.3 (Autumn 2001), pp.25-30; G. John Ikenberry and Michael Mastanduno (eds.), *International Relations Theory and the Asia-Pacific* (New York: Columbia University Press, 2003) ; Denny Roy, "China's Reaction to American Predominance," *Survival*, vol.45, no.3 (Autumn 2003), pp.57-78; Avery Goldstein, *Rising to the Challenge: China's Grand Strategy and International Security* (Stanford, CA: Stanford University Press, 2005); "China in Africa: A more responsive approach?" *Strategic Comments*, vol.13, no.05 (June 2007); "The Beijing Olympics: A focus for Chinese diplomacy," *Strategic Comments*, vol.14, no.2 (March 2008)。

59　一篇有力论证"中国是一个中等强国"的文章，参见 Gerald Segal, "Does China Matter?" *Foreign Affairs*, vol.78, no.5 (September/October 1999), pp.24-36。然而，西格尔（Segal）肯定夸大了他的观点。

起还没有在双边力量对比上产生足够大的转变，但总体而言，他们在与美国的较量中相当谨慎，对日本和俄罗斯也比较谨慎。[60]而随着中国能力的增长，中国变得更自信，并将持续保持自信。[61]例如，中国军方计划在 2030 年之后组建蓝水海军（blue-water navy）。[62]如果按照目前的趋势发展下去，中美战略关系的结构性背景表明，中国的崛起会以牺牲美国的（霸权）利益为代价。

感知因素也正是在这里有了争论。美国对中国的看法经常摇摆不定，它有时候将其视为"战略伙伴"（即一个低威胁的国家），有时候将其视为"战略对手"（即一个造成相当大威胁的国家）。因此，人们认为美国要么是在迁就中国（即美国帮助中国加入世界贸易组织），要么是在制衡中国（即美国在东亚的军事活动，与日本建立更紧密的关系，与印度修好）。美国的立场反过来会影响中国对威胁的看法，相应地影响中国妥协的动机。这并不是说，如果美国对中国采取绥靖的态度，中国就不会向美国施压，如果 101 中国政治领导层感知到美国对中国构成了高度威胁，那么它极有可能会转向不妥协。

如果上述来自修昔底德分析的理论表述是正确的，那么就可

---

60   Erica Strecker Downs and Philip C. Saunders, "Legitimacy and the Limits of Nationalism: China and the Diaoyu Islands," *International Security*, vol.23, no.3 (Winter 1998/99), pp.114-146.

61   Roy, "China's Reaction to American Predominance."

62   You Ji, *The Armed Forces of China* (London-New York: I.B. Tauris, 1999), ch.6; 也参见 "The Pentagon eyes China's military: Back to threat-based planning?" *Strategic Comments*, vol.11, no.5 (July 2005)。

能概括出一个理论，该理论可以作为大战略选择决定性因素的预测和解释工具。结构决定因素（即国家与其战略对手之间的静态和动态力量对比）需与上述国家的政治领导层所感知的战略对手所构成的威胁程度相结合。这种威胁感知将影响国家在力量上升时的扩张模式，也会影响国家力量下降时在推诿战略、制衡、绥靖，甚至预防性战争之间的选择。

对大战略决定因素的讨论到此结束。现在让我们来谈谈歼灭战略和消耗战略的概念。

歼灭战略与消耗战略：过去、现在与未来

在前几章中我们已经详细分析过这两种形式的战略设计及其在伯罗奔尼撒战争中的运用。这两种战略中得到较为普遍运用的是歼灭战略。歼灭战略的目的主要是通过一场决战摧毁敌人的武装力量，这一战略最著名的实践者是拿破仑，其最伟大的理论倡导者是克劳塞维茨，他将歼灭战略与直接路线结合起来运用。

伯罗奔尼撒战争时期的斯巴达大战略，完全符合拿破仑／克劳塞维茨模式。斯巴达多年来一直试图在陆上发动一场决定性的战役，他们一获得必要的海军力量，就在海上也采取了类似做法。在战争期间，斯巴达在陆上和海上都取得了决定性的胜利。在陆上，由于雅典人并未走出他们的城墙与斯巴达正面交锋，所以斯巴达于公元前 418 年在曼提尼亚对其邻国阿耳戈斯及其盟友取得了决定性的胜利，确保了斯巴达在伯罗奔尼撒半岛的霸权。在海

上，公元前 405 年雅典在伊哥斯波塔米的战败，让斯巴达在伯罗 102
奔尼撒战争中取得了最后的胜利。也就是说，斯巴达的大战略就
是歼灭战略的一个缩影，这种战略注定要在很长一段时间内主宰
西方的战略思想。

从拿破仑战争结束到第二次世界大战结束（1815—1945 年）这
段时期，歼灭战略的支配地位达到了顶峰。在此期间，罗伯特·爱
德华·李（Robert Edward Lee）于美国南北战争（American
Civil War，1861—1865 年）期间首次有意识地使用了这种战略。
李将军在第二次奔牛河战役（Second Bull Run，1862 年）和钱斯
勒斯维尔战役（Chancellorsville，1863 年）中的大胜给联邦最高
指挥部带来了严重危机。但从长远来看，联邦的物质优势足以确保
战争的胜利。然而，非常有趣的是，尤利西斯·辛普森·格兰特
（Ulysses Simpson Grant）将军指挥下的联邦军队的战略也是歼灭
战略的一种变体。这又是一次直接路线，目的是利用联邦军在人
力和物资上的巨大优势，通过消耗来摧毁敌人的武装力量——总
而言之，直接路线、消耗战略和物质优势三者相结合，构成了美
国武装力量战争的方式。[63]

63　关于美国南北战争，参见 Fuller, *The Conduct of War,* pp.95-112，以及 Russell
　　F. Weigley, "Military Strategy and Civilian Leadership," in Knorr, *Historical
　　Dimensions of National Security Problems*, pp.38-77。关于格兰特的战略对美国
　　战略思想的影响的分析，参见 Russell F. Weigley, "American Strategy from its
　　Beginnings through the First World War," in Peter Paret (ed.), *Makers of Modern
　　Strategy from Machiavelli to the Nuclear Age* (Princeton, NJ: Princeton University
　　Press, 1986), pp.408-443。

在欧洲，歼灭战略由赫尔穆特·冯·毛奇（Helmuth von Moltke）元帅领导下的普鲁士（后来是德国）总参谋部掌握。[64]在俾斯麦（Bismarck）的政治指导下，普鲁士军队于1866年在萨多瓦（Sadowa）对奥地利军队取得了决定性胜利，并于1870年在色当（Sedan）对法国军队取得了决定性胜利，使得欧洲政治版图的轮廓发生了巨大变化，最终导致了德意志帝国的建立。毛奇主导的战役是克劳塞维茨战争方法的经典案例。首先，战争被用作实现政治目标的工具，每次都是由政治领导层设定的，绝不允许战争的进行本身危及这些目标的实现。其次，毛奇有意识地以摧毁对手的武装力量为目标，因为当时人们准确地意识到这是奥地利和法国战争的重心。[65]

103　　歼灭战略也曾在两次世界大战期间被采用。然而，无论这场战役能取得多大的胜利，交战双方的全面出征都使"以一役定全局"的想法失去了可能性。事实上，"战争"的概念在这一时期被扩大并非偶然：新的战争概念不再是斯巴达时期和拿破仑时期的

64　关于普鲁士／德国总参谋部（German General Staff），参见 Walter Goerlitz, *History of the German General Staff, 1657-1945* (New York: Praeger, 1959), 以及 T.N. Dupuy, *A Genius for War: The German Army and General Staff, 1807-1945* (Falls Church, VA: NOVA, 1984)。

65　关于普奥战争，参见 Geoffrey Wawro, *The Austro-Prussian War: Austria's War with Prussia and Italy in 1866* (Cambridge: Cambridge University Press, 1996)。关于普法战争，参见 Michael Howard, *The Franco-Prussian War* (London: Routledge, 1988)。普鲁士的政治和军事领导人之间的关系并非一帆风顺。关于俾斯麦和毛奇之间的较量，参见 Howard, *The Franco-Prussian War*, 特别是 pp.350-359。

一场遭遇战，而是持续数周甚至数月的广泛行动，如凡尔登战役
（1916 年）或不列颠战役（1940—1941 年）。[66] 战争开始不再只是
局限于军队的武装力量，更是包括一个国家的全部物质和道德潜
力在内的全面战争。[67] 因此，使用军事力量的成本开始呈指数增长，
歼灭战略反而成为不那么吸引人的工具。

　　核武器的出现完成了这一进程。自 1945 年以来，尽管将战争
作为一种政策工具的做法并未消失，但它受到了极大的限制，特
别是在核大国之间。换句话说，将核战争视为实现政治目的的可
行手段已行不通，[68] 因为双方都无法避免大面积的破坏。就目前的
技术水平而言，尤其是在大国之间，这也在某种程度上适用于长
期的常规战争。[69] 然而，我们并不能由此推断战争现象即将消失：
纵观冷战后的国际体系，无论是在国际关系还是在国内关系中，
使用武力仍然是一种强有力的措施。另一方面，我们可以辩称，

66　李德·哈特宣称"战役"一词已经过时，并认为现在的关键思想是"战略行动"；
　　Liddell Hart, *Strategy*, p.352。这在今天已成为一种传统智慧。

67　关于这一概念的发展，参见 Fuller, *The Conduct of War*。从一个主要实践者的
　　角度来看待从"歼灭战"到"全面战争"的转变，参见 Erich Ludendorff, *The
　　Nation at War* (London: Hutchinson, 1938)。

68　毫无疑问，操纵诉诸核战争的威胁被用作一种政策工具（即核威慑、威逼）。

69　然而，从理论上讲，在一场常规战争中仍然有可能迅速取得决定性胜
　　利，从而避免一场旷日持久的常规战争所带来的巨大损失；参见 John J.
　　Mearsheimer, *Conventional Deterrence* (Ithaca, NY: Cornell University Press,
　　1983), pp.1-66。

大国之间在核层面和常规层面发生战争的想法已经过时了。[70]

不过，这并没有导致大国放弃对胜利的追求，放弃在国家间对抗中占上风的企图。相反，这导致了消耗战略的复兴。如前所述，这种战略强调了传统军事手段之外的多种手段，同时在很大程度上依赖于给对手造成经济损失。[71]消耗战略早已有过辉煌的历史。我们可能还记得伯里克利在伯罗奔尼撒战争第一阶段的胜利战略（见第三章）。雅典拒绝在陆地上作战，他们安全地躲在城墙后面。与此同时，他们借助自己的海军力量，平息了盟友／臣民的叛乱，并对斯巴达展开了逐步升级的海军报复行动。此外，伯里克利灵活的政治手腕保证了其大战略在国内的合法性。其结果是斯巴达认识到自己无法击败雅典，放弃了推翻雅典帝国的企图（即《尼昔亚斯和约》）。

104　　　许多世纪以后，也就是 17 世纪以后，另一个强国（即英国）采取了与伯里克利类似的消耗大战略，这就是所谓的"英国战法"（见第一章）。

70　关于战争作为一种现象的持久性及其在当前和未来可能存在的可能性，参见 Martin van Creveld, *The Transformation of War* (New York: Free Press, 1991)。一项分析认为大国之间的战争已经过时，但并不认为战争总体上会消失，参见 Michael Mandelbaum, "Is Major War Obsolete?" *Survival*, vol.40, no.4 (Winter 1998-1999), pp.20-38。

71　参见 Hans Delbrück, *History of the Art of War* (4 vols.) (Lincoln, NE: University of Nebraska Press, 1975-1985)。我们已经看到，斯巴达人通过破坏阿提卡给雅典造成了经济损失。然而，这些行动的主要目的并不是造成这种损失，而主要是迫使雅典人出城作战。实际上，侵略阿提卡对粮食的破坏是相对有限的；参见 Victor Davis Hanson, *Warfare and Agriculture in Classical Greece* (revised edn.) (Berkeley, CA: University of California Press, 1998), pp.131-173。

　　进入 20 世纪，我们可以看到美国为了在冷战期间与苏联打交道，借鉴过去的经验，采取了消耗的大战略。其实，伯里克利为了对付斯巴达而向雅典提出的"消耗战略"，与冷战时期美国对苏联的做法有不少相似之处。[72] 美国对苏联的大战略的特点是：a）通过在苏联边界周围建立一系列的联盟来遏制苏联势力；b）经济和技术封锁，不让苏联获得西方的经济资源和高科技；c）通过支持异议人士和鼓励民族运动，破坏苏联国内政治制度的合法性；d）加强技术军备竞赛（如战略防御计划"星球大战"），以在经济上拖垮对手；e）拒绝绥靖，以防止苏联从美国可能的让步中获得利益，并确保美国在西方的领导地位不会在这一过程中受到威胁；f）投资强大的武装力量，并长期维持高额的国防预算，以保持力量平衡（内部平衡）；g）通过对高科技的投资来维持质量优势；h）支持苏联的各种对手（如中国、阿富汗游击队）；最后是：i）破坏苏联形象，使苏联模式在国际舆论中失去合法性。这一切做法导致了苏联逐渐衰竭。苏联的体制最终无法承受美国制造的联合压力，而 20 世纪 80 年代末苏联政治及社会结构改革（perestroika）的尝试导致了苏联的彻底崩溃。

72　参见 Athanassios Platias, "Post-Heroic Warfare: Lessons from the Periclean Grand Strategy," paper delivered at the International Conference on "War in a Changing World" organised by the Jaffee Center for Strategic Studies, Tel Aviv University, 5-7 November 1996。关于美国在冷战期间的大战略，参见 John Lewis Gaddis, *Strategies of Containment* (New York: Oxford University Press, 1982)，以及 John Lewis Gaddis, *The Long Peace* (New York: Oxford University Press, 1987)。也参见 Diane Kunz, *Butter and Guns: America's Cold War Economic Diplomacy* (New York: Free Press, 1997)。

冷战并不是使用消耗战略的唯一当代案例，粗略考察一下
1995 年美国及其北约盟国在波斯尼亚（Bosnia）所遵循的战略就
足以证明这一点。通过经济战、外交孤立、强化对手的当地对手、
制造心理压力等大战略手段，它们使得对手精疲力竭。因此，空
105 袭不过是该战略的一个组成部分。在遭受这些打击之前，波斯尼
亚塞族人的势力已经被经济战削弱，与此同时，他们还面临着外
交孤立的窘境。此外，美国还通过向塞尔维亚的当地对手（克罗
地亚和波斯尼亚穆斯林）提供武器，以及策划波斯尼亚穆斯林和
波斯尼亚克罗地亚人之间的联盟，帮助操纵了当地的力量对比。
最后，美国还精心地为其在波斯尼亚的政策争取国内支持（国内
合法性）。在这些因素的综合作用下，美国及其北约盟国确保了对
手的消耗。随后，运用惩戒性的有限军事力量，便足以迫使波斯
尼亚塞族人服从美国和北约强加的条件（即《代顿协定》[Dayton
Agreement]）。

在未来的几十年里，消耗战略的运用必然会越来越流行，事
实上，随着军事力量运用成本的增加以及西方社会对伤亡的敏感
程度的提高，只有消耗战略才能在很大程度上实现对胜利的追求。
基于收集、传输和拦截信息，以及对任何地方任何目标进行火力
输出的能力的技术趋势（即"军事革命"），[73] 促进了这一战略的军

73　有关参考文献的分析，参见 Lawrence Freedman, "The Revolution in Strategic
　　Affairs," *Adelphi Paper* 318 (London: IISS, 1998), 和 Thomas Keany and Eliot
　　Cohen, *Revolution in Warfare?* (Annapolis, MD: Naval Institute Press, 1995)。
　　关于目前普遍存在的对于军事技术的痴迷，参见 Colin S. Gray, *Weapons Don't
　　Make War: Policy, Strategy, and Military Technology* (Lawrence, KA: University
　　Press of Kansas, 1993), 以 及 Colin S. Gray, *Strategy for Chaos: Revolutions in
　　Military Affairs and the Evidence of History* (London: Frank Cass, 2002)。

事层面，就像古希腊的技术发展（即舰船）使海军突袭成为伯里克利大战略的重要支柱一样。

爱德华·卢特瓦克（Edward Luttwak）也提出了类似的论点，他主张"后英雄主义"（post-heroic）的战争概念，强调经济禁运、封锁和空袭等手段，试图最大限度地减少伤亡，甚至不惜否决有潜在高伤亡率的快速决策。[74] 然而，卢特瓦克错误地将这一概念归于罗马人，实际上，伯里克利战略是"后英雄主义战争"的理想类型。例如，可以将雅典人使用其海军的方式与现在正在进行的关于使用轰炸机等远程武器的讨论进行类比，这两种策略都以操纵对方的成本来使己方免遭伤亡。另一个是将伯里克利拒绝在战斗中面对斯巴达步兵，和当今西方大国即使面对相对较弱的国家也不愿卷入大规模陆地战进行类比。伯里克利和当今西方的战略规划者都不太关心"战争的荣耀"，而更关心以尽可能少的 106 伤亡达到某些政治目的。[75]

然而，消耗战略的日益流行并不意味着克劳塞维茨式的战争

74　Edward N. Luttwak, "Toward Post-Heroic Warfare," *Foreign Affairs*, vol.74, no.3 (May/June 1995), pp.109-122.

75　必须指出的是，一些分析人士就西方国家的公众舆论对战争伤亡的敏感程度与传统观点提出了异议，参见 Bruce W. Jentleson, "Normative Dilemmas and Political Myths: The Contemporary Political Context of the Use of Military Force," paper presented at the international conference "Employing Air and Space Power at the Turn of the Millennium: Lessons and Implications," Fisher Institute for Air and Space Strategic Studies, Tel Aviv, December 1999。然而，即使詹特利森（Jentleson）是正确的，不可否认的是，自第二次世界大战结束以来，认为有必要采取重大伤亡的军事行动的利益议程已大幅缩减。

方法（如伯罗奔尼撒战争中的斯巴达大战略）都将成为历史。这是因为即使采用了消耗战略，直接路线至少在更高层次的战略上仍会继续占据主导地位。事实上，我们已经提到过，即使是消耗战略的原型——伯里克利大战略，也只有遵循直接路线，通过皮洛斯、斯法克蒂里亚和西基拉的行动打击斯巴达本身，才会取得决定性的结果。此外，歼灭战略根本没有彻底消失，尤其是在实力悬殊的对手之间。

美国近期四次部署军事力量实例的证据，证明了消耗与歼灭总方针与具体路线相结合的适用性。[76] 在第一个实例中，1990 年 8 月伊拉克入侵科威特后，美国对伊拉克实施了经济制裁，希望由此造成的经济损失能诱使萨达姆·侯赛因（Saddam Hussein）认识到自己的错误，并将伊拉克军队撤出科威特。由于这种纯粹的消耗战略没有起作用，大量歼灭战被加入到了这场混战中。伊拉克力量的核心要素、伊拉克武装部队，受到了美国盟军各个方面（军事、经济、心理等）的无情打击。空袭给伊拉克武装部队造成了重大损失，而对其国家的经济封锁和外交孤立确保了军事装备的损失无法弥补。与此同时，巨大的心理压力使伊拉克的人员士气低落。描述失败的不可避免性的宣传，导致他们的部队大规模投降。致命的一击是大规模的陆地作战，这恰恰构成了根据拿破仑和克劳塞维茨原则的另一个教科书式的摧毁对手武装力量的案例。顺便提一句，这些行动提供了在战争的战略层面采取直

76　以下内容限于这些冲突的常规军事战略方面，没有深入探讨其更广泛的战略和政治背景。

接路线（摧毁敌人的力量中心），与在作战层面采取间接路线（在行动之前大规模西进，让伊拉克的指挥和军队措手不及）的绝佳例证。[77]

科索沃战争是另一个例子。其重点不在于陆上"决战"，而在于逐渐削弱塞尔维亚的战争机器，并使塞尔维亚政治领导层心理失衡，从而迫使其遵守北约强加的条件。与伊拉克的情况一样，武器禁运使塞尔维亚人无力应对空袭，而对科索沃解放军（KLA）的援助和强调石油禁运的经济战争又进一步增加了塞尔维亚的压力。与此同时，南斯拉夫在国际上仍处于孤立状态，而西方列强发起了一场声势浩大的宣传运动，试图破坏塞尔维亚领导人的国际形象，将他们与纳粹相提并论。起初，北约的空袭更多是间接的，不会影响到很多战略设施，如电视台和电网。然而，随着对塞尔维亚人迅速投降的期望落空，北约逐渐升级了轰炸，并转而直接对付塞尔维亚战力的重心，即其军事力量；大规模陆地战渐露端倪，塞尔维亚政治领导层最终在这成为现实之前让步了。这次行动以北约盟国完全实现战役开始时设定的战略目标而告终：

107

77　关于科威特战争，参见 Norman Friedman, *Desert Victory: The War for Kuwait* (Annapolis, MD: Naval Institute Press, 1991); Joseph S. Nye, Jr. and Roger K. Smith (eds.) , *After the Storm: Lessons from the Gulf War* (Lanham, MD: Madison Books, 1992)；Lawrence Freedman and Ephraim Karsh, *The Gulf Conflict, 1990-1991: Diplomacy and War in the New World Order* (Princeton, NJ: Princeton University Press, 1993)。盟军的陆地作战以最少的友军伤亡（147 人死亡）对敌军进行了毁灭性打击。

塞尔维亚军队撤出科索沃，由北约军队取代。[78]

　　在"9·11"恐怖袭击后不久的阿富汗战役中，歼灭元素主导了战略组成。由于那场战争的政治环境，获得国际合法性并完全孤立对手对美国来说是很容易的。美国采取的政治外交措施也很有前景。在这方面，北方联盟（Northern Alliance）、该国前国王和其他部落领导人都被利用了。美国战略的军事组成部分与科索沃战争有相似之处（但强度更大），不过塔利班和基地组织的实力相较塞尔维亚要弱很多，而北方联盟则有望发展成比科索沃解放军更强大的力量。尽管美军采用的方式是后英雄主义式的，[79]但依然是一种打击敌人核心力量（即其武装力量）的直接路线。北方联盟的攻势迫使塔利班集中武装力量，这为美国空军提供了极大支持。美国空军持续打击敌人的武装力量，重复打击之前短暂间

108

78　战略目标的实现是对战略有效性的严峻考验，毫无疑问，北约部队以优异的成绩通过了这一考验。另一方面，这场运动的行动结果却不那么明确。塞尔维亚政治领导层的权力结构确实遭受了巨大的损害。相比之下，塞尔维亚武装部队在大部分战役中避免了大规模破坏。在迅速击败科军之后，他们可以继续躲藏和分散，从而减少了空袭造成的损失。这种情况在战役后期发生了变化，科军的重新出现迫使塞尔维亚部队集中起来，从而使他们成为北约轰炸的目标。看来，这一事态的发展在塞尔维亚领导层决定达成协议方面起了关键作用。关于科索沃战争的战略分析，参见 Benjamin Lambeth, *NATO's Air War for Kosovo: A Strategic and Operational Assessment* (Santa Monica, CA: RAND Corporation, 2001)，以及 Harry Papasotiriou, "The Kosovo War: Kosovar Insurrection, Serbian Retribution and NATO Intervention," *Journal of Strategic Studies*, vol.25, no.1 (March 2002), pp.39-62。

79　敌人造成的第一起美军伤亡发生在 2002 年 1 月，大约是在敌对行动开始后的三个月；友军炮火在早些时候就造成了伤亡。

隔打击的目标。结果，塔利班政权迅速瓦解。[80]

1991年科威特战争结束后，伊拉克一直是消耗战略的被施加对象，这种战略无情地削弱了它的实力。然而，2003年美国入侵的政治目标，即实现政权更迭和民主化，再次使歼灭战站到了风口浪尖。在对萨达姆·侯赛因本人进行"斩首"行动的初期尝试之后，美国武装部队采用了我们熟悉的直接路线来打击敌人的核心力量（即伊拉克武装力量）。在作战层面上，这又与一种间接路线相结合：当伊拉克人集中精力保卫某些设防的城市中心（如纳西里耶市〔Al-Nasiriyah〕）时，美国人则直接绕过它们，直接前往巴格达。与此同时，即使地面作战暂时停止，美国空军仍继续打击敌人的武装力量，最终为他们迅速击败萨达姆·侯赛因的政权铺平了道路。[81]

基于这些案例提供的证据，人们似乎可以得出一些关于美国——目前国际体系中最强大的国家——在未来几年战争路线的

80　通过修昔底德的文本对反恐战争进行的一项分析，参见 Victor Davis Hanson, "A Voice from the Past: General Thucydides Speaks about the War," in *National Review Online*, 27 November 2001, reproduced in Victor Davis Hanson, *An Autumn of War: What America Learned from September 11 and the War on Terrorism* (New York: Anchor Books,2002)。一位资深战略分析师的有先见之明的分析，参见 Michael Howard, "A Long War?" *Survival*, vol.48, no.4 (Winter 2006-07), pp.7-14, 以 及 Michael Howard, "Are we at war?" *Survival*, vol.50, no.4 (August-September 2008), pp.247-256。

81　据报道，因为美军的空袭，伊拉克精锐装甲师几乎损失了90%的坦克。分析参见 Williamson Murray and Major General Robert H. Scales, Jr., *The Iraq War* (Cambridge, MA: The Belknap Press of Harvard University Press, 2003)。

结论：通过经济战（摧毁对手的生产基础、经济封锁）和外交孤立耗尽对手精力的方式将发挥核心作用。美国将通过此类方式利用其在国际经济和政治体系中的核心地位。在国际分工中，美国的地位如此之高，以至于其决定对对手实施经济制裁等措施，必然会给对手带来灾难性的经济后果。此外，在外交层面，美国的国际主导地位使其能够吸引大量其他国家站到自己一边，从而使其对手陷入外交上的孤立。

在军事战略路线上，美国将采取旨在摧毁对手武装力量的直接路线。在这方面，美国会试图利用其力量对比的优势，即火力优势和海上、空中和太空的霸权。

最后，美国会非常重视技术优势，特别是在情报领域。[82]这包括两方面：首先，强调技术优势的目的是通过使用对手无法有效打击的技术先进的武器系统（如飞机和巡航导弹），最大限度地减少伤亡。[83]其次，强调实时收集、处理和传输情报的技术，这往往

109

---

82 有关新的军事技术，参见 *Technology for National Security* (Washington, D.C.: The Pentagon, October 1989); Kostas Tsipis, *New Technologies, Defence Policy and Arms Control* (New York: Harper and Row, 1989); Vincent Kiernan, "Weird Weapons: Conquering without Killing," *New Scientist*, 11 December 1993, pp.14-17; Eliot A. Cohen, "A Revolution in Warfare," *Foreign Affairs*, vol.75, no.2 (March/April 1996), pp.37-55; "C4ISR challenges the cream of US defence," *Jane's Defence Weekly*, 4 September 1996, pp.61-62; John Arquilla and David Ronfeld, *In Athena's Camp: Preparing for Conflict in the Information Age* (Santa Monica, CA: RAND, 1997)。

83 对减少伤亡的日益关注是美国战争方式中的一个新元素。从格兰特时代到越南战争，美国的战略并不太关注伤亡。

是对抗那些没有大量武装力量或重要经济基础（如恐怖组织），或虽然拥有这类资产但大规模隐藏资产的对手的唯一途径。

　　以上这一切都再次表明了与修昔底德的战略分析的持续关联。前面对雅典和斯巴达的大战略的分析表明，交战国双方都试图利用各自的力量对比优势，同时抵消对手各自的优势。美国目前正试图做同样的事情。美国在未来几年所要遵循的大战略，是基于利用美国自身的力量对比优势（在国际经济和政治体系中的中心地位；火力优势；海上、空中和太空的霸权；技术优势）以及抵消潜在对手各自的优势（对地形有更好的了解，可能有更高的继续战争的决心和更高的伤亡容忍度）。此外，至少在某些时候，美国的技术优势使其能够独立运转一套自己的军事联盟系统。这一事实让人想起雅典的海军优势使其能够进入一种全新的战争模式，超越了以步兵方阵为基础的传统模式。

低估敌人：从阿尔基比亚德到现在

　　正如前几章所强调的，修昔底德认为伯罗奔尼撒战争的转折点是公元前415年雅典在阿尔基比亚德的鼓动下进行的西西里远征。[84] 到目前为止，我们的分析只是简单地提到了伯罗奔尼撒战争的一些阶段。在我们看来，西西里远征是一次重大的战略失误，因为在战术层面上的可怕无能，雅典在这场远征中遭到惨败。在

84　Thucydides, II 65.

本节中，我们将集中讨论把雅典人带到西西里的战略计划，而不是过多地关注那场战役的战术层面的东西。[85] 修昔底德明确指出，这个计划在根本上是有缺陷的，因为它建立在雅典人严重低估其在西西里遭遇的敌人的基础上。[86]

低估敌人的实力是历史上反复出现的一个主题。一个常见的例子是估计敌军在数量上比实际情况少。在当前的分析中，我们将考察另一种对敌人的低估。我们感兴趣的是，那些由于文化、种族或其他因素，敌人被描述为"劣等"的例子，但这种假设缺乏任何客观基础。因此，以修昔底德对西西里远征的分析为出发点，我们将提出其他低估敌人导致战略失败的案例，并将试图提供一些关于未来可能再次出现的对这一主题的见解。

我们已经介绍了雅典人决定进行西西里远征的战争目的，即征服西西里，也可能征服意大利和西地中海沿岸的其他领土，以期获得压倒性的优势，并随后建立对希腊大陆和希腊世界其他地区的统治权。如果人们相信阿尔基比亚德对雅典公民大会的讲话，那么这个过程中的第一步，即西西里远征，对雅典人来说应该只

85　具体探讨参见 Donald Kagan, *The Peace of Nicias and the Sicilian Expedition* (Ithaca, NY: Cornell University Press, 1981/1992)。

86　修昔底德多次提出这一点，参见 Thucydides, VI 1, VI 20, VII 55。然而我们不禁要指出，这位伟大的历史学家在这方面是自相矛盾的，他说西西里远征"这个错误不在于对他们所进攻的敌人的军事实力的判断失误，而是那些派遣他们出去的人随后没有采取最得力的措施给予海外军队援助"；Thucydides, II 65。事实显然不是这样，因为修昔底德自己也指出，雅典人在最初的远征和后来的援军中都投入了大量的资源，参见 Thucydides, VI 31, VI 43-44, VII 16, VII 42。

是小事一桩。根据他的说法，西西里的希腊城邦的居民虽然人数众多，但这些居民并不把居住地视为家园，他们不断地从一个城邦转移到另一个城邦。此外，这些城市的重装步兵也不是特别强大：

> 不要因为你们将去进攻一个强大的国家而取消远征西西里的决定。西西里诸邦居民是由多种族混合而成的乌合之众，这使得我们容易改变其政治制度，并采用新的政治制度取而代之；结果便是他们没有爱国主义情感，没有得到用于自卫的武装，也没有自己长期耕耘的土地。他们每个人都想通过精彩的演说或党派斗争而从公共财政中获得某种好处，一旦大祸临头，就会移居到其他地方，并且做好了相应的行动准备。这样一群乌合之众，你们不必指望他们会做出一致决定或采取协调行动。但是，当我们向他们提出一些有诱惑力的建议时，特别是像我们听说的在他们因内乱而四分五裂之时，他们可能将单独与我们订立协议。而且，西西里的希腊人并不是像他们吹嘘的那样，有那么多的重装步兵。[87]

当然，这种对西西里希腊城邦的描述听起来根本不太符合事实。雅典人应该知道希腊城邦是什么样子的，因此无法接受西西 111
里的同类城邦里还居住着没有组织的、随时准备背叛这座城邦的

---

[87]　Thucydides, VI 17.

暴民。[88] 然而，他们的想法显然只是一厢情愿。[89] 事实上，这还不是全部——阿尔基比亚德声称，征服西西里是很有可能的，而且远征本身就会对伯罗奔尼撒产生一种不利影响：

> 我们航往西西里，当伯罗奔尼撒人看见我们是多么不在意现在所享有的和平生活，他们的傲慢气焰将受到遏制；同时，一旦我们征服西西里的希腊人，或者至少也可以打垮叙拉古人，我们就会很容易地成为全希腊的主人，从而使我们自己和同盟者从中获得利益。[90]

这纯粹是无稽之谈。如上一章所述，斯巴达非但没有灰心丧气，反而立刻明白雅典已经过度扩张，而他们正面临着赢得战争的绝好机会。刚才引用的段落应该足以推翻一些人至今仍相信的阿尔基比亚德是一位伟大政治家的说法。[91] 此外，如果有人审视一

88　关于对古希腊和罗马的宗教和公民制度的经典分析，参见 Numa Denis Fustel de Coulanges, *The Ancient City: A Study on the Religion, Laws, and Institutions of Greece and Rome* (trans. Willard Small) (Garden City, NY: Doubleday Anchor Books, n.d.)。法语原版出版于 1864 年，英文译本出版于 1873 年。

89　参见 Thucydides, VI 1。

90　Thucydides, VI 18.

91　甚至修昔底德自己也似乎发现很难摆脱阿尔基比亚德的魔咒。因此，尽管他在第二章 65 节中批评阿尔基比亚德偏离了伯里克利战略，但就在这一节中，他（如上所述，自相矛盾地）说对反对派而言，西西里远征并不是一个判断错误。修昔底德还赞扬了阿尔基比亚德，称"他在指挥作战方面功绩显赫"；Thucydides, VI 15。我们已经指出，阿尔基比亚德促成雅典与阿耳戈斯的结盟确实值得称赞，参见第四章，注 75。

下他的主张，即雅典"很有可能"征服西西里岛中那些过度拥挤、管理不善和武装薄弱的城邦，那么这个观点就更完全站不住脚了。

事实上，这种情况根本不真实。叙拉古是科林斯的殖民地，也是雅典在西西里的主要对手，长期以来一直是一个强大的城邦。在波斯入侵希腊的时候，叙拉古的暴君格隆（Gelon）是西西里大部分土地的主人，可以说是希腊最强大的统治者。斯巴达和雅典的使者前来寻求援助以对抗波斯，他承诺派遣 200 艘舰船、2 万名重装步兵、2000 名骑兵，以及同样数量的弓箭手、投石手和轻骑兵，外加整个希腊军队所需的粮食。这支部队一直没有到达希腊，要么是因为对反波斯斗争的总指挥权有争议，还有可能是因为迦太基要入侵西西里。[92] 尽管如此，无论是这一插曲，还是格隆和西西里的其他希腊人成功击败迦太基的事实，都充分说明了叙拉古的力量和西西里希腊城邦的总体状况。

那么，在雅典远征时，这些城邦的状况如何呢？尼昔亚斯并不是一位杰出的战略家，他对雅典远征军的最终覆灭负有很大责任，但我们必须承认，在远征前，他给他的同胞们描绘了一幅准确的形势图：

> 据我所知，我们所要去进攻的那些城邦是强大的，它 112
> 们彼此间互不隶属，那些人不需要挣脱强加于他们身上的奴
> 役以便过上一种比较轻松愉快的生活；他们至少不会放弃他

92　参见 Herodotus, VII 153-167。

们的自由，而接受我们的统治；仅以一个岛屿而论，岛上
的希腊城邦是很多的。我预料那克索斯（Naxos）和卡塔那
（Catana）会加入我们这一方，因为他们与伦提尼（Leontini）
是同族关系；[93] 除了这两个城邦以外，还有七个城邦，他们的
军事装备与我们的十分相像，特别是塞林努斯（Selinus）和
叙拉古，这是我们这次远征的主要目标。这些城邦可提供很
多重装步兵、弓箭手和标枪手，他们有许多战舰，许多可充
任桨手的人；他们也有金钱，一部分在私人手中，一部分存
在塞林努斯的神庙中，叙拉古人也向一些土著居民征收贡
赋。他们对我们的主要优势在于拥有众多骑兵，还有他们实
际所需要的谷物都由本地出产，无须从外地输入。[94]

尼昔亚斯呈现的图景与阿尔基比亚德呈现的完全不同。西西
里的希腊城邦：a）决意保持自己的独立性；b）富有且强大；c）
拥有类似于希腊大陆城邦的军事尤其是海军组织；d）拥有两大资
产，即骑兵方面的优势和粮食方面的自给自足。修昔底德明确指
出，尼昔亚斯所呈现的这一图景是准确的。根据他的说法，当战
役开始走下坡路时，远征军中的雅典人：

　　……他们还更加懊悔前来远征了。在与他们进行过战争
　的城邦中，叙拉古是唯一一个和他们自己性质相似的城邦，

93　叙拉古人将伦提尼城的居民"驱逐出家园"是雅典人进行干预的原因之一。
94　Thucydides, VI 20.

也实行民主制，有舰队和骑兵，幅员辽阔。雅典人既无法通过分化离间、改变叙拉古人政体的办法，使其归向自己一边，也无法以优势的军事力量征服他们。[95]

　　实际运动的过程证明了尼昔亚斯是正确的。除了尼昔亚斯提到的两座城市：那克索斯和卡塔那，再加上大多数当地的西西里人，雅典人在西西里没能获得其他盟友。[96]诚然，在叙拉古战争中，叙拉古军队无法与来自希腊本土的经验丰富的军队相提并论，这也使得雅典在战争初期取得了胜利。然而，叙拉古人并不缺乏勇气，不久之后他们的实力就得到了提高。[97]在此期间，叙拉古在骑兵方面的绝对优势给雅典人带来了诸多问题。[98]雅典人试图通过围攻叙拉古来扩大战果，但当叙拉古人准备求和时，斯巴达却 113 加入战斗，并在出色的将军吉利浦斯（Gylippus）的带领下向叙拉古提供了支援。[99]很快，形势发生了逆转。吉利浦斯的部队占领

95　Thucydides, VII 55.

96　Thucydides, VII 57-58.

97　关于叙拉古和雅典军队之间最初在军事素质上的差异，参见 Thucydides, VI 69, VI 72, VII 3。关于叙拉古第一次在陆上的胜利，参见 Thucydides, VII 6。

98　阿尔基比亚德在公民大会的演讲中完全没有提及的叙拉古骑兵是西西里岛战争中的一个主要因素。它不断地骚扰雅典人（Thucydides, VI 52, VI 64, VII 5），阻止他们追击被击败的叙拉古步兵（Thucydides, VI 70-71），并在叙拉古的第一次陆上胜利中发挥了核心作用（Thucydides, VII 6）。

99　Thucydides, VI 93, VII 1-7. 典型的是，尼昔亚斯没有对吉利浦斯的到来采取任何预防措施，直到为时已晚；Thucydides, VI 104, VII 1。

了一些重要的要塞，有效地将雅典人从围攻者变成了被围攻者。[100]
更进一步地，叙拉古还极具独创性地培养出了一支强大的海军。[101]
尽管最初被打得很惨，但叙拉古海军连续三次击败了彼时未尝败
绩的雅典海军，这个消息轰动一时。[102] 突然间，雅典在西西里陷
入困境，这在很大程度上要归咎于尼昔亚斯的滞留拖延。[103] 他们
从陆路逃跑的尝试失败，导致远征军被彻底歼灭。那些没有死亡
的人要么被卖为奴隶，要么最终被送进了采石场。[104]

　　有人可能会反对上述分析，指出雅典人在行动中犯了不少错
误（例如他们推迟了对叙拉古的进攻），尽管他们低估了敌人，但
他们仍然能够非常接近胜利。对这种反对的反馈有两个方面。首
先，叙拉古人自己也犯了错误。在雅典人抵达西西里之前，叙拉
古政治家赫谟克拉底（Hermocrates）就提出了一个巧妙的建议，
即叙拉古舰队应该在意大利直面雅典大军，地点要么是塔壬同
（Tarentum），要么是亚皮吉亚海角（Iapygia，位于意大利的东南
端）。这样一来，雅典人渡过伊奥尼亚海的难度就大大增加了，因

100　Thucydides, VII 23.

101　关于叙拉古人的独创性，参见 Thucydides, VII 36, VII 65。

102　关于雅典最初击败叙拉古海军，参见 Thucydides, VII 23。关于三次叙拉古海
　　　军的胜利，参见 Thucydides, VII 41, VII 52, VII 69-71。

103　叙拉古在海上取得第一次胜利后，雅典人就准备离开，但尼昔亚斯因为月食
　　　而推迟了出发时间；他沉迷于占卜和预言之中，依预言家所说，要等待三个
　　　九天之后，才可以再讨论军队撤离的问题。这些雅典围攻者就这样不合时宜
　　　地滞留在那里。参见 Thucydides, VII 50。

104　修昔底德关于雅典军队撤退和最后毁灭的叙述不是为胆小鬼准备的，参见
　　　Thucydides, VII 72-87。

为他们不得不煞费苦心地把兵力集中在一起，以免被一点一点地歼
灭，从而被迫非常缓慢地前进。[105] 赫谟克拉底的计划没有被采纳。

　　其次，也是最重要的一点，且不说伯罗奔尼撒的援助和距离
之遥远、西西里岛反对派的巨大规模，使得雅典即使成功迫使叙
拉古投降，也根本不可能保住他们在西西里的征服之地。举个例
子：在上一章，我们提到了斯巴达在曼提尼亚战胜了阿耳戈斯。
即使是在附近的对手身上取得如此大的胜利，加上阿耳戈斯内部
强大的寡头政治势力的帮助，也不足以让这座城市留在斯巴达的
势力范围内。[106] 那么，人们可能会问，雅典如何能够在面对斯巴
达在希腊本土发起的新挑战时，维持对如此遥远且人口众多的西
西里的控制呢？事实上，一旦伯罗奔尼撒的援助出现，雅典人在
西西里的计划就会迅速瓦解，这应该是不言自明的。具有讽刺意
味的是，尽管尼昔亚斯在战役中是无能的，但他在战役之前就抓 　114
住了局势的本质：

　　　　对于西西里人，即使我们征服了他们，由于相距太遥
　　远，人口太多，统治他们并非没有困难。现在去进攻西西里
　　人是愚蠢之举，即使我们征了他们，也不能够控制他们；
　　而一旦遭到失败，给我们的事业留下的将是与出征前完全不
　　同的局面。[107]

105　参见 Thucydides, VI 33-34。
106　参见 Thucydides, V 76-83。
107　Thucydides, VI 11.

　　上述分析对于西西里远征作为一项战略举措的评估应该是毫无疑问的。这是一个巨大的失误，这种失误主要源于他们轻率的态度和对敌人的严重低估。[108] 修昔底德的分析强调了这种低估所带来的潜在危险。

　　尽管如此，这是一个在历史进程中人们不得不需要永远记住的教训。并非只有古代的政治家才容易低估其对手。类似的例子在现代也比比皆是。[109] 最著名的例子就是日俄战争（1904—1905年）。19 世纪初的俄罗斯帝国，尽管拥有巨大的版图，且拥有数量庞大的军队，在社会和经济方面却是非常之落后。它的军事体制饱受诸多弱点的困扰，其政治体制也是腐败无能，整个国家都被各种准备制造麻烦的革命团体所侵蚀。[110] 领土扩张被认为是摆脱各种困境的有效途径。然而，在远东，俄罗斯的野心与日本的野心发生了冲突。分歧并非一定无法调和；日本曾愿意将满洲割让给俄罗斯，只要他们能确保朝鲜半岛为己所用。俄罗斯的关键

108　李德·哈特似乎不知道如何评价西西里远征。尽管他很快就把它与"适当的"间接路线区分开来，但他显然更愿意看到它获得成功。"作为一种间接的大战略，它的缺陷是没有打击敌人的实际伙伴，而是打击他的商业伙伴。因此，它不但没有分散敌人的力量，反而吸引了新的对抗力量。然而，如果不是在执行过程中出现了一连串无可比拟的失误，胜利所带来的道德和经济结果很可能会改变整个战争的均势。……最坚实的复苏希望（从伯拉西达远征对雅典的所谓转折开始）来自阿尔基比亚德在大战略层面上对斯巴达在西西里岛的经济根基的间接打击"；Liddell Hart, *Strategy*, pp.12-13。

109　关于一些相关例子的简要概述，参见 Van Evera, *Causes of War*, pp.16-34。

110　参见 Paul Kennedy, *The Rise and Fall of the Great Powers: Economic Change and Military Conflict from 1500 to 2000* (New York: Random House, 1987), pp. 232-241。

决策者却持不同意见。据其中一位决策者表示，俄罗斯需要"一场短暂的胜利战争来遏制革命浪潮"。沙皇尼古拉（Nicholas）把日本人称为"短尾猴"，俄国的主要将领们则在盘算一个俄国士兵等于一个半还是两个日本士兵。[111]

俄国这种对敌人的低估甚至比阿尔基比亚德的低估还要严重，并付出了沉重的代价。日本迅速成为一个工业化国家，而且是一个重要的海军强国，最重要的是，日本在靠近作战区域的地理上享有相当大的优势，这与俄罗斯形成了鲜明的对比，俄罗斯必须沿着单线的西伯利亚大铁路运输来进行补给。战争始于日本在旅顺港对俄罗斯舰队的突然袭击，接着是一系列惨烈的陆地战斗，日本在双方伤亡惨重的情况下取得了胜利，并且日本海军在对马海峡（Tsushima Strait）也取得了一场重大胜利。与俄国人的想法相反，日本人并非只是"短尾猴"。[112]

111　参见 Richard Ned Lebow, *Between Peace and War: The Nature of International Crisis* (Baltimore, MD: Johns Hopkins University Press, 1987), pp.245-249，和 Bruce W. Menning, *Bayonets before Bullets: The Imperial Russian Army, 1861-1914* (Bloomington, IN: Indiana University Press, 1992), ch.5。

112　关于战争的外交方面，参见 A.J.P. Taylor, *The Struggle for Mastery in Europe, 1848-1918* (Oxford: Oxford University Press, 1971), pp.417-420, 422-427, 432-433。关于日本的战略奇迹（strategic surprise），参见 Patrick M. Morgan, "Examples of Strategic Surprise in the Far East," in Klaus Knorr and Patrick M. Morgan (eds.), *Strategic Military Surprise: Incentives and Opportunities* (New Brunswick, NJ: Transaction Books, 1983), pp.43-76。如需进一步参考，参见 Paul Dukes, *A History of Russia: Medieval, Modern, Contemporary* (2nd edn.) (Houndmills: Macmillan, 1990), p.188，以及 Mearsheimer, *The Tragedy of Great Power Politics*, p.466。

　　另一个低估敌人的著名案例是 1941 年德国入侵苏联（巴巴罗萨行动）之前，希特勒以及德国最高统帅部的一些将领对苏联的低估。我们这样说，并不是指他们低估了苏联红军的兵力和技术条件，因为这些都是苏联人极为保密的事情，德国人很难获得这些准确情报。[113] 我们在这里所真正谈论的是一种有意识地（如希特勒）或潜意识地（如一些德国高级将领）出于种族主义态度的信念，这种信念认为俄国人是"劣等"的，因此他们天生就不是德国军队的对手。

　　据希特勒说，俄国是由日耳曼精英组织与发展起来的，当地的斯拉夫人是"次等人"，因此无法统治和发展他们的国家。然而，布尔什维克革命推翻了那些日耳曼人，这导致了内部的腐败，使"东方庞大帝国解体的时机已然成熟"。在德国一炮打响后，抵抗势必会失败；正如希特勒对陆军元帅格尔德·冯·伦德施泰特（Gerd von Rundstedt）所说："我们只要往门上轻轻地踹一脚，整幢房子就会轰然倒塌。"可恶的斯拉夫"次等人"根本无力抵挡雅

113　关于德国对苏联红军的情报评估和德国对苏联的一般情报，参见 Heinz Guderian, *Panzer Leader* (New York: Da Capo, 1996), p.143; B.H. Liddell Hart, *The Other Side of the Hill* (London: Papermac, 1993), pp.257-262; William L. Shirer, *The Rise and Fall of the Third Reich* (London: Mandarin, 1991), pp.797-799, 822; Kenneth Strong, *Men of Intelligence* (London: Giniger-Cassell, 1970), pp.88-95; Michael I. Handel, *War, Strategy and Intelligence* (London: Frank Cass, 1989), p.326。

利安人的猛攻。[114]

　　没有证据表明德国陆军总参谋长弗朗茨·哈尔德（Franz Halder）会赞同这样的观点。然而，即使是这位所谓的职业军人，也认为俄国人是低劣的，这正是他在发动巴巴罗萨行动前的评估中描述俄国士兵时所用的词（minderwertig，即"劣等的"）。[115]

　　在东方的战争进程表明了这些观点是多么荒谬，在这方面无须进一步的讨论。只有两点我们做一下说明：第一，德军中有不少军官曾在第一次世界大战中与俄国人打过仗，因此可以证明俄国士兵的战斗英勇，[116] 所以在战斗能力方面，德国不能为低估敌人找任何借口；第二，希特勒入侵苏联的决定不应归咎于情报部门的错误情报。希特勒后来声称，如果他知道苏联的真正实力，[116]

114　参见 Hitler, *Mein Kampf*，引自 Fuller, *The Conduct of War*, pp.231-232; Albert Speer, *Inside the Third Reich* (London: Phoenix, 1995), p.250; Alan Clark, *Barbarossa* (London: Phoenix, 1996), p.43; John Erickson, *The Road to Stalingrad* (London: Weidenfeld, 1993), p.232; John G. Stoessinger, *Why Nations Go to War* (2nd.edn.) (New York: St.Martin's Press, 1978), ch.2; Alan Bullock, *Hitler and Stalin: Parallel Lives* (London: Fontana, 1993), pp.748-751。在发动巴巴罗萨行动之前，希特勒也曾表达过相反的观点，即欧洲、俄罗斯和西伯利亚的居民，从长远来看，在生物学上要优于德国人！这说明了希特勒的非理性。参见 Speer, *Inside the Third Reich*, pp.150, 265。

115　Erickson, *The Road to Stalingrad*, pp.46-47.

116　参见 Günther Blumentritt, "Moscow," in William Richardson and Seymour Freidin (eds.), *The Fatal Decisions* (London: Michael Joseph, 1956), pp.37-39。布鲁门特里特（Blumentritt）将军的士兵式叙述给人留下了深刻印象。

他绝不会发动入侵，[117]但这只是他在事后进行的合理化解释。希特勒发动"巴巴罗萨行动"并不是因为他被一些情报人员的情报误导了，而是因为他更愿意相信俄国人的种族劣等性，并希望在东方建立一个帝国。[118]

这些事例（西西里远征、日俄战争、"巴巴罗萨行动"）中有一条共同的线索：因为这样或那样的原因，敌人被进攻方严重低估，认为他们根本"不够格"。其结果总是灾难性的。现在出现的问题是，未来的政治领导人是会听从修昔底德的警告，客观地评估他们的敌人，还是会追随阿尔基比亚德的道路，进行不切实际且结果非常糟糕的行动。

如今，随着我们对不同文化的认识和理解的提高，以类似上文所述的方式低估敌人的情况很少了。然而，我们认为，人们仍然有可能在未来的两个领域低估对手，即武装部队和 / 或人民的士气，以及他们继续进行某一特定斗争的决心。

最近的经验似乎证实了这一观点。苏联对阿富汗的干预就是一个很好的例子。苏联的政治领导层对这种干预非常自满。例如，1979 年 12 月 31 日，苏联共产党中央委员会在干预仅 4 天后就通过了一项决议，若无其事地宣布"该国的局势恢复正常"。[119]苏联

---

117   参见 Strong, *Men of Intelligence*, p.94。

118   类似的论点，参见 Albert Seaton, *The Russo-German War 1941-45* (London: Arthur Barker 1971), p.49。

119   转载于 John Cooley, *Unholy Wars: Afghanistan, America and International Terrorism* (3rd edn.) (London-Sterling, VA: Pluto Press, 2002), pp.245-249。

领导人并不打算让自己的军队在阿富汗停驻很长时间，他们的主要目标是驻守阿富汗最重要的城镇和连接这些城镇的道路，认为这样就足以确保该国的安全。[120] 换句话说，他们严重低估了敌军的规模和残暴程度，也高估了自己在喀布尔的阿富汗盟友的决心。

以色列对黎巴嫩的干预（1982—1985 年）也以失败告终，尽管这一干预的失败没有苏联对阿富汗干预的失败那么引人注目。这与其说是因为在评估敌人能力方面的失败，毋宁说是因为德鲁兹（Druze）和叙利亚武装部队某些成员的表现确实好于预期。更准确地说，关键似乎在于持续地低估了敌人的决心（例如巴解 117 组织和叙利亚军队坚守贝鲁特西部的决心），加上对以色列公众舆论继续战争甚至发动战争的决心的高估。[121]

最后，联合国对索马里的干预（1992—1995 年）并不是因为对当地各军阀的军事能力判断错误而失败。相反，它的失败是因为没有正确估算到这些军阀比干预国更有决心继续斗争。[122]

总之，轻敌的习惯在未来可能依然会存在。仅仅因为敌人碰

---

120   Robert S. Litwak, "The Soviet Union in Afghanistan", in Ariel E. Levite, Bruce W. Jentleson, and Larry Berman (eds.), *Foreign Military Intervention: The Dynamics of Protracted Conflict* (New York: Columbia University Press, 1992), pp.65-94.

121   参见 Shai Feldman, "Israel's Involvement in Lebanon: 1975-1985", in Levite, Jentleson, and Berman (eds.), *Foreign Military Intervention*, pp.129-161。

122   正如第一章所指出的那样，伊拉克的不稳定和冲突也可能会持续下去。然而，我们认为这与美国低估了敌人抵抗入侵的能力和意志没有太大关系，尽管伊拉克军队确实进行了比预期更强硬的抵抗，但即使萨达姆·侯赛因不战而降，伊拉克的冲突也会爆发。有人可能会说，美国人错误地估计了伊拉克政权更迭的影响，但这与低估敌人有所不同。

巧距离遥远或文化不同，就认为他们是劣等的，这是不太应该的。然而，要准确估计敌人的士气和决心等重要的因素，这仍然存在困难。事实上甚至可以这样说，每一方都倾向于认为自己这一边更有决心，或者有着更高的士气。[123]

123　参见 Charles A. Kupchan, "Getting In: The Initial Stage of Military Intervention," in Levite, Jentleson, and Berman (eds.), *Foreign Military Intervention,* pp.256-259; 也参见 Van Evera, *Causes of War*, pp.25-28。

后　记

　　本书旨在强调修昔底德对战略研究的贡献。从随后的分析
来看,修昔底德的著作已成为经典。它首先包含了对大战略理论
的首次详细介绍。其次,它还生动地说明了大战略是如何制定和
实施的。此外,它还为我们提供了对现代战略理论诸多核心概念
的精辟分析。现代分析人士在很大程度上并没有从修昔底德对这
些概念的见解中剖析出什么。套用吉尔平的话来说就是,现代战
略家是否比修昔底德对战略知道得多也未可知。毫无疑问的是,
自修昔底德的时代以来,尽管技术已经发生了深刻的变革,但
"千百年来,冲突与合作的基本逻辑令人惊奇地一成不变,尽管冲
突与合作的形式以及导致冲突与合作的问题是变化不定的(比如
古代人从不需要担心核武器、艾滋病或者气候变化等问题)"。[1]修
昔底德和当今任何一位分析家一样,对这一逻辑有着清楚的认识。

1　Joseph S. Nye, *Understanding International Conflicts: An Introduction to Theory and History* (New York: Harper Collins, 1993), p.1.

然而，修昔底德作为一个战略家的事实在某种程度上被忽视了。这很可能是由于他作为一名历史学家和国际关系分析家的身份太出名了，但这是不公平的。诚然，敏锐的学者和决策者早就赞赏修昔底德作为战略家的品质以及他对这个领域的持续影响。[2]值得庆幸的是，这种赞赏褒扬的声音越来越多，但仍然任重道远。我们希望本书的出版能在这一方面做出应有的贡献。

2　考虑到斯坦斯菲尔德·特纳上将（Admiral Stansfield Turner）于 1972 年 8 月在美国海军战争学院的教学大纲中插入了修昔底德的《伯罗奔尼撒战争史》。对许多学生来说，那是一本不知名的书，讲述的是一场显然无关紧要的战争，作者的名字读来也拗口。然而，对特纳来说，这是他的方法精髓（如何使用历史案例研究来教授当代或战略问题）的最佳例子，参见 Harry Summers, *On Strategy II: A Critical Analysis of the Gulf War* (New York: Dell, 1992), pp.78-79。卡尔·沃林（Karl Walling）教授提醒我们，这一传统在美国海军战争学院仍然存在。

附 录

修昔底德《伯罗奔尼撒战争史》中
战略的相关概念

最后，我们在这里介绍修昔底德文本中出现的一些关于战略
思想的相关概念。当然，修昔底德并不会直接使用当代人关于战略的某些术语。尽管如此，我们还是对他在《伯罗奔尼撒战争史》中的一些相关的经典表述印象深刻，它们表现出了非凡的清晰度和灵活性。这里有两点需要强调一下：第一，我们按照内容将这些摘录做了适当的归类，因为它们包含了不止一个概念；第二，受篇幅所限，我们只从修昔底德的经典文本中挑选了一部分内容。事实上，鉴于修昔底德的文本内容丰富，要详尽无遗地列出其中涉及的各种战略概念似乎不太可能。尽管内容有限，我们还是希望读者可以从中获得一些启发。

同盟（Alliances）

过去我们刻意避免结盟……我们曾经认为保持中立似乎是一种聪明的选择，因为这可以防止我们被卷入由别人所导致的危险之中；现在已经很清楚，这是愚蠢之举，也是我们软弱的原因。（Ⅰ32）

也许对你们来说，上策是允许我们公开加入你们的同盟，使我们获得你们的帮助。我们在演讲开始时就已提到，这样的政策对你们有很多益处。我们仅提一点，也许是主要的一点。事实上你们的敌人也正是我们的敌人，这是我们得到完全信任的保证。（Ⅰ35）

不论是城邦之间还是个人之间，利益一致是最可靠的保证。（Ⅰ124）

一个同盟的唯一可靠的基础是各方都同样地互相畏惧，因为这样一来，想要破坏信用的一方顾虑到它不一定能稳操胜券，也就不敢轻举妄动。（Ⅲ11）

斯巴达人在整个普拉蒂亚事件中采取这样严厉的态度，主要或完全是为了取悦底比斯人；他们认为在刚刚开始的这场战争中，底比斯人对他们是有用的。（Ⅲ68）

　　将来我们也不会像过去那样，再与那些在他们需要时我们给　122
予帮助，而我们需要他们援助时又得不到回报的人民缔结同盟。
（VI 13）

绥靖（Appeasement）

　　我希望你们当中没有人会认为，如果我们拒绝撤销麦加拉禁
令的话，我们就会因为一点琐事而投入战争。关于麦加拉禁令，
他们抱怨甚多，仿佛撤销该法令就会使我们免于战争。你们也不
要有任何自责之感，好像我们为一点点小事而兴师作战。为什么
这样说呢？因为这点琐事是全局的保证，可以检验你们的决心。
如果你们做出让步的话，你们将遇到一些更大的要求，因为你们
已经有了由于害怕而让步的一个先例。而如果你们采取坚决不妥
协的态度，这将使他们清楚地懂得，他们必须以平等者的地位来
对待你们。……在试图以法律形式解决以前，一个平等者以命令
的形式向其邻邦提出的任何要求，不论这些要求是大是小，其意
图都只有一个，那就是要我们接受他们的奴役。（I 140-141）

军备控制（Arms control）

　　斯巴达人不愿意看到雅典或任何其他城邦建筑城墙，尽管主
要地还是由于他们受到他们同盟者的怂恿。这些同盟者看到近来

雅典海上势力的增强，以及雅典人在与波斯人的交战中所展示的英勇气概，因而感到恐慌。使者们建议，不但雅典不要建筑城墙，雅典人还要和他们一起去摧毁伯罗奔尼撒诸邦以外所有现存的城墙。提出这个建议时，他们隐藏了自己的真正用意，包括对雅典的疑惧。他们强调，如果波斯人第三次来犯，他们就不会拥有像现在底比斯这样的强固据点，以为其进军的根据地；而无论进攻还是退守，伯罗奔尼撒都完全可以成为一个根据地。（Ⅰ 90）

国际力量均势（Balance of power）

雅典人得知此事，派遣腓亚克斯前去，看看能否通过某种途径说服他们在那里的盟友和其余的西西里人，使他们相信叙拉古人有雄心勃勃的扩张计划，引导他们组成一个广泛的联盟以对抗叙拉古人。（Ⅴ 4）

阿耳戈斯人一直相信，在雅典和斯巴达不和的情况下，如果他们与斯巴达的条约终止，他们总是可以重新依靠雅典的联盟。（Ⅴ 40）

应该让敌对的双方各自拥有自己的势力范围。这样，当波斯国王与一方发生冲突时，他能够请求另一方来援助。（Ⅷ 46）

提萨佛涅斯保持了双方的均势，不倾向于任何一方，从而使

自己处于优势地位。（VIII 87）

外部平衡（Balance external）

我们也应该做好自己的准备，我主张从希腊人和异族人那里寻求支持——事实上，只要能使我们的海上力量和财政力量有所增强，我们可以从任何地方争取新盟友。根据自我保护的法则，所有像我们这样的为雅典人诡计所害者，都是不应当受到责难的。（I 82）

他们［双方］决定派遣使者拜见波斯国王以及其他异族国家，希望从那些地方能够取得援助，并试图与其他尚未对任何一方做出承诺的希腊国家结盟。（II 7）

内部平衡（Balance internal）

我们必须先把自己的事情处理好。（I 82）

实现这些目标所需的金钱将由我们来捐献。（I 121）

两极对立的国际形势（Bipolar international system）

交战双方的力量和准备都达到了顶峰；同时，他看到，其他

的希腊人在这场争斗中，要么支持这一方，要么支持那一方；而那些尚未参战的希腊人，也正跃跃欲试，准备参与其中。（Ⅰ1）

不久之后，希腊人——包括那些在战争中叛离波斯国王的希腊人和在战争中共同作战的希腊人——的联盟分裂为两个集团：一个以雅典为领袖，一个以斯巴达为盟主。（Ⅰ18）

边境争端（Border disputes）

此时，雅典人也接受麦加拉加入雅典同盟，因为麦加拉人和科林斯人发生了边境纠纷，后者发动战争，致使麦加拉愤然脱离斯巴达同盟。（Ⅰ103）

开进太盖亚境内，他开始将河流改道，让河流流入曼提尼亚，因为曼提尼亚和太盖亚人就河流问题经常发生冲突，该河无论流经两国中的哪一个国家，都会造成严重灾害。（Ⅴ65）

强制外交（Coercive diplomacy）

必须把他们（雅典人）的土地看作你们手中的抵押物，土地耕种得愈好，抵押物的价值愈高。（Ⅰ82）

据说他（阿基达姆）之所以驻足观望，是因为他料定雅典人

不愿意坐视自己的土地被人毁坏，在土地还未遭到蹂躏之前，雅典人将会做出让步。（II 18）

我将蹂躏你们的土地，尽我所能强迫你们倒向我们这一边来。（IV 87）

防御计划（Defense planning）

不仅有必要对敌人的行为加以惩罚，还要预先对其行动意图加以惩罚，如果不先发制人，就会首先遭殃。（VI 38）

威慑（Deterrence）

124

人们不能仅仅满足于抵御占优势的敌人的进攻，还要经常未雨绸缪，使敌人的进攻企图无法实现。（VI 18）

多米诺理论（Domino theory）

如果叙拉古陷落了，整个西西里就会随之陷落，紧接着意大利也会陷落。我刚才所告诉你们（阿尔基比亚德对斯巴达人）的来自西西里的危险不久将降临到你们身上。（VI 91）

经济与战略（Economics and strategy）

有些居民依靠新获得的财富的力量，甚至开始自己建筑城墙。出于谋利的共同愿望，弱者安于服从强者的支配；强者因拥有金钱而越发强大，进而把诸小城邦降至臣属地位。（I 8）

珀罗普斯（Pelops）来自亚细亚，当他携带大量财富来到这穷乡僻壤之时，起初因此而获得很大的势力，以致他虽是个外乡人，这个地区还是以他的名字命名。（I 9）

在战争中，需要金钱甚于需要装备，因为只有金钱才能使军备产生效力。（I 83）

维持一场战争的军费靠的是日积月累，而不是强征贡金。（I 141）

战争的胜利主要是依靠明智的决断和手中的金钱。（II 13）

雅典的将军们愿意接受［被围困的波提狄亚人的］建议，因为他们看到自己的军队在战场上风餐露宿，遭受着很大的痛苦。同时，雅典在围城期间已经花费了2000塔连特。（II 70）

在一个夏季里服役的舰船总数为250艘。雅典财源的枯竭主

要是由于支付这支舰队和波提狄亚战役的费用。(III 17)

雅典人派出了一支舰队,名义上说是因为他们和伦提尼人是同族关系,但其实际目的是防止西西里的谷物被运往伯罗奔尼撒半岛。(III 86)

他们拥有大量的金银财富,这是战争和其他一切的支撑。(VI 34)

雅典人从劳里昂(Laurium)银矿取得的收入,现在从土地和法庭所取得的收入,都将马上被剥夺。雅典最重要的收入是其同盟者所缴纳的贡金,他们将不会按时缴纳贡金;因为他们一旦看到你们全力以赴地投入战争,便不会再敬畏雅典人了。(VI 91)

他们现在的支出与过去的情况大有不同,随着战争的持续,支出不断增加,收入反而日渐萎缩了。(VII 28) 125

作为战争诱因的预期效用(Expected utility as an incentive for war)

没有人是浑浑噩噩地被卷入战争的;或者,如果他认为战争是有利可图的事业,他就不会因为畏惧而置身于战争之外的。事实上,对于前者而言,认为他所得到的利益似乎超过所遭受的损害，而对于后者而言，则宁愿冒着危险也不愿忍受一时的损失。
（IV 59）

当人们受到攻击，自己的国土处于危险之中的时候，他们就
不能只考虑慎重行事。只有那些安享自己既得利益，并且处心积
虑地攻击邻人，以贪求更多利益的人们才要慎重行事。（IV 92）

恐惧和国家安全政策（Fear and national security policy）

斯巴达人因为对你们有所畏惧而要发动战争。（I 33）

不要让我们其他的盟邦不得不在失望中加入另一个同盟。（I
71）

对波斯的恐惧是我们的主要动机，尽管后来我们也考虑到了
自己的荣誉和利益。（I 75）

三个强有力的动机阻止我们（雅典人）这样做（放弃帝
国）——安全、荣誉和自身利益。（I 76）

他们（安菲波利斯人）认为伯拉西达是他们的救星。他们因
害怕雅典人而渴望与斯巴达人结盟。（V 11）

正是因为恐惧，我们才在希腊维系着自己的帝国，也正是因为恐惧，我们现在来到这里，在我们的朋友的帮助下，处理西西里的安全事务。（VI 83）

军力配比（Force-to-space ratio）

至于人数，不要为此过于恐慌。他们人数虽众，但只能分成小股作战，而不可能把所有的舰船都靠拢岸边。（IV 10）

战争中的摩擦、机会和不可预测性（Friction, chance and unpredictability in war）

在你们投入战争之前，要想一想偶然事件在战争中的巨大影响：现在就想，在真正投入战争之前就想。战争持续的时间越长，事情就越依赖于意外。（I 78）

因为在世间万事之中，战争肯定不会遵循一种固定模式。相反，它通常会创造自己的条件，战争期间人们主要是利用这一点制定策略以应付突发事件。（I 122） 126

战争中的机遇不会等待任何人。（I 142）

战争的进程是无法预料的，攻击往往是发生于一时的冲动。
（Ⅱ 11）

在战争中，任何人都不可能只接受成功而拒不接受挫折，命运指向哪里，他就只能跟向哪里（Ⅳ 18）。

现在（斯巴达人在曼提尼亚取得胜利之后），人们认为，命运可能捉弄了斯巴达人，但斯巴达人还是斯巴达人，和过去一样。
（Ⅴ 75）

我们知道，在战争中，命运有时是不偏不倚的，人数众多的一方有时不一定获胜。（Ⅴ 102）

地理形势（Geography）

考居拉的地理形势使其居民与外地居民不相往来。（Ⅰ 37）

考居拉位于通往意大利和西西里岛的海岸线上，交通十分便利。（Ⅰ 44）

波提狄亚是对色雷斯诸邦采取军事行动的最便利之地，而考居拉则可以为伯罗奔尼撒人提供一支很大的海上力量。（Ⅰ 68）

横向升级（Horizontal escalation）

因为雅典人不断地攻击伯罗奔尼撒，尤其是攻击斯巴达人的本土，斯巴达人认为，迫使雅典人撤离的最好的办法是派遣一支军队进攻他们的同盟者，以给雅典制造相同的麻烦。（IV 80）

让我们（叙拉古人）也派遣使者前往斯巴达和科林斯，敦促他们尽快派兵到西西里来援助我们，同时继续推进希腊的战争。（VI 34）

敌对情感和敌对意图（Hostile feelings-hostile intentions）

如果说现在还有媾和的好时机，那就是在一些不可挽回的事件发生之前，这些事件会迫使我们对你们产生无尽的仇恨，无论是个人的仇恨还是政治仇恨。（I 20）

帝国主义（Imperialism）

雅典人既有这样的野心，也一定会据此推行其扩张政策，这是完全可以理解的。我绝不是谴责那些希望统治别人的人，而只是谴责那些早早地准备屈服于别人的人。（IV 61）

127

国内合法性（Legitimacy, domestic）

我们的城邦自古以来就是自由之邦，著名之邦。至于迟缓和
慎重——这是别人指责我们最多的——同样可以理解为"睿智"
和"明理"。当然，正是因为我们拥有这些品质，所以我们是唯一
在成功时不会变得傲慢的民族，在压力下也比其他人更不容易屈
服。（I 84）

我们的城邦是全希腊的典范……这就是雅典，就是让这些人
为它勇敢作战、慷慨捐躯的一个城邦，因为他们只要想到脱离这
个城邦，就会不寒而栗；而每一位有幸还活着的人，都应当甘愿
为城邦忍受一切痛苦。（II 41）

国际合法性（Legitimacy, international）

公众的舆论是明显地倾向于斯巴达人的，尤其是因为他们宣
称自己是"希腊的解放者"。希腊各邦和个人都在以言辞和行动等
各种可能的方式来尽力援助他们。（II 8）

一言以蔽之，只要你们自己以"希腊解放者"的形象出现，
你们就有望在战争中处于有利地位。（III 13）

事实上，他们（雅典人）现在一心想侵入这样一个巨大的岛

屿（西西里岛），尽管他们表面上装作援助自己在西西里岛上的同族人和其他同盟者。（VI 6）

物资运输（Logistics）

皮洛斯本身什么都没有——事实上，就是在夏季，也没有足够的食物供应地方需要。（IV 27）

在这里，将军们再次检阅了部队，安排了军队停泊和宿营的顺序，把全部海军舰队分为三个分队，指定每个将军指挥一个分队，这样可以不必同时启程，否则每次登陆都会遇到饮水、港口或给养物资方面的困难。（VI 42）

力量损失梯度（Loss-of-strength gradient）

无论是希腊人还是异族人，派遣大军进行远离本土的远征，实际取得成功者屈指可数。他们在人数上不会超过被侵略的国家及其邻邦，后者会因害怕受到奴役而联合起来抗敌；如果侵略者在国外缺乏给养，他们的作战计划就难以实现，只好将赢得战争胜利的荣誉留给他们的对手，尽管他们受挫的主要原因在于他们自己。正是雅典人的崛起印证了这种说法，雅典人打败波斯人在很大程度上是意外原因促成的，雅典人赢得声誉，仅仅因为雅典是波斯人进攻的目标；这种事情也很可能发生在我们身上。（VI

33）

128

军事纪律（Military discipline）

如果整个大军纪律严明，步调一致，那是最值得称道的，也是最安全的。（II 11）

在军事行动中，注意保持秩序和肃静至关重要。这两点在任何战争中都有用，海战尤其如此。（II 89）

军事主动权（Military initiative）

敌人的舰船和我们一样多，甚至还要多些，我们随时可能遭到攻击。我们可以看到他们的行动，主动权掌握在他们手中。（VII 12）

军事必要（Military necessity）

我们有理由相信，在战争和危险的压力下所做的事情，神祇也会宽恕的，否则为什么神祇的祭坛会成为非故意犯罪者请求庇护的场所呢？（IV 98）

军事战术（Military tactics）

两军相遇，阿耳戈斯人及其同盟军快速前进，猛烈进攻。斯巴达人则按照常规，和着由众多长笛手演奏的军乐声，缓慢推进。他们演奏音乐与宗教无关，只是为了确保军队在行进时步伐一致，阵容整齐，因为大军在交战时是容易被冲乱的。（V 70）

所有的军队都有这样的情况，当他们开始行动时，右翼往往会过度伸展，每一方都会将自己的右翼与敌人的左翼重叠。因为他们害怕受到伤害，每个士兵尽量利用其右侧士兵的盾牌保护其没有武装保护的那一侧，认为相互间的盾牌靠得越近，就能使盾牌衔接起来，自己就越安全。（V 71）

军事训练（Military training）

不管临战鼓动说得多么娓娓动听，长期不断的作战训练总要比任何简短的口头鼓动更有效地保护他们。（V 69）

知觉错误（Misperceptions）

我们的资源一如既往，我们的失误在于判断错误，而这种失误是人人都可能有的。（IV 18）

士气（Morale）

在一项事业刚刚开始的时候，热情总是最高涨的。（II 8）

129   当事情突然地、意外地发生，违背所有计划的时候，人们就胆怯了。撇开其他所有的不幸，瘟疫肯定是这类突然事件之一。（II 61）

我要再提醒你们一次，这支舰队的大部分舰船是被我们击败过的；作为我们的手下败将，他们在面对同样危险的时候，是绝不会有和上次一样的决心的。（II 89）

我们预计他们就像那些刚刚取得一个城市的人们一样，会大大地放松警惕。（III 30）

在我们目前的尴尬处境下，我不希望你们当中有谁试图通过精确计算我们面临的危险，以展示他的聪明才智；相反，我希望你们勇往直前，不要瞻前顾后，要知道这才是你们转危为安的最佳选择。（IV 10）

我们的一个有利条件就是敌人很难在这个地方登陆。但是，只有我们坚守阵地的时候，这一点才对我们有利。（IV 10）

为避免军队停留在同一地点按兵不动而士气消沉，他决定拔营前进。（V 7）

敌人正在和第一支军队交锋的时候，突然有另一支军队投入战斗，那样总是会使敌人受到更大的恐慌。（V 9）

每一支军队在开始的时候总是最令人畏惧的；如果军队没有随着时间推移而出现，人们的勇气就会得以恢复，当军队终于出现时，他们便几乎毫不畏惧了。（VI 49）

他还深信，叙拉古人勇敢地面对雅典海军，这种出乎意料的场面定会使敌人感到恐慌，由此所获得的优势，将充分抵偿有航海技术的雅典人对没有航海经验的叙拉古人所造成的损失。（VII 21）

一般而言，有了最大的希望，在行动上也就有了最大的勇气。（VII 67）

国民性（National character）

一言以蔽之，雅典人的性格是自己生来就不享受和平安宁的生活，也不让别人过上和平安宁的生活。（I 70）

开俄斯人是我所知的除斯巴达人以外唯一一个知道怎样在繁荣昌盛时期明智处理国事、知道城邦国势愈盛愈要注意安全的民族。（VIII 24）

130　这次如同其他很多次的情况所证明的一样，斯巴达人是世界上与雅典人交战的最有利的一个民族。斯巴达人和雅典人这两个民族的性格迥然不同，斯巴达人行动迟缓、保守怠惰，与雅典行动敏捷、进取冒险的特点形成对照。斯巴达人的性格被证明是对雅典最有益的，尤其是就后者海上帝国的特性而言。事实上，这一点也被叙拉古人所证实，叙拉古人在性格上与雅典人最相似，因而在与雅典人作战时也最为成功。（VIII 96）

民族利益（National interest）

我们必须首先让你们相信，向我们提供援助对你们是有利的，至少是无害的；其次，我们将永世感激你们。（I 32）

当被卷入巨大危险时，谁也不能指斥那个民族，称它唯利是图。（I 75）

在计算自己的利益之后，你们将开始谈论对与错。这种考虑从未使人们放弃过优势力量带来的扩张机会。（I 76）

如果无论对错如何，你们都想掌握权力，那就不要使米提利尼人有任何希望，让他们以为我们会受到花言巧语或金钱贿赂的影响，而以他们的错误是人类的弱点为由宽恕他们。他们所犯的罪过不是偶然的，而是有预谋的，经过策划的；我们只能宽恕那些无意的过错。（III 40）

事实上，如果我们是有理智的人，我们就会明白，问题不在于米提利尼人是否有罪，而是我们是否为自己做出了正确的决定……但是，我们不是在一个公正的法庭上，而是在一个城邦的公民大会上；我们所讨论的问题不是公正与否，而是怎样处置米提利尼人对雅典最为有利（III 44）。

至于哈格农（Hagnon），因为他们（安菲波利斯的人民）现在对雅典所采取的敌视态度，他们不像以前那样为了自身利益或为讨好他本人而向他表示敬意了。（V 11）

在我们所认识的所有民族中，斯巴达人最显著的特点是把他们乐意做的事视为光荣之事，把符合他们自己利益的事视为正义之事。（V 105）

那么，你们难道不相信，自私自利关联着安全，而正义和光荣包含着危险吗？斯巴达人总是要尽其所能，回避会招致危险的事。（V 107）

我们现在来到西西里，同样是着眼于我们的安全利益，我们觉得这与你们的利益是一致的。（VI 83）

在希腊，我们独自对付我们的敌人；至于叙拉古人所说的，我们在希腊奴役迦勒底人，而在西西里我们解放迦勒底人，这是完全不合情理的。事实上，在希腊，迦勒底人被解除武装，只缴纳贡金，这是合乎我们的利益的；而在西西里，我们的利益是让伦提尼人和我们的其他朋友最大限度地独立。此外，对于那些独裁者或一个统治着帝国的城邦而言，只要是对自己有利的就没有什么不合乎情理的，亲族关系只有在他们靠得住的时候才存在，是朋友还是敌人则取决于各个时代的具体情况。（VI84-85）

海军力量（Naval power）

毫无疑问，如果可能的话，你们的头等大事就是确保除你们以外，任何邦国都不得拥有海军；如果这一点做不到的话，最好是确保与当今最强大的海上强国保持友好关系。（I 35）

希腊有三个海上强国——雅典、考居拉、科林斯。如果你们让其中两者合而为一，让科林斯控制了我们，那么，你们就不得不与考居拉和伯罗奔尼撒的联合舰队作战。但是，如果你们允许我们加入你们的同盟，那么，你们在这场斗争中就将得到我们舰

队的增援。（I 36）

除非我们能在海上击败他们，或者剥夺维持他们海军支出的那些收入，否则我们所面临的简直就是一场灾难。（I 81）

航海技术和其他技术一样，都是专门的技术，绝不是那种在偶尔闲暇时的消遣；相反，它的技术要求很严格，以致没有闲暇去从事其他事业。（I 142）

海权是非常重要的。（I 143）

我们眼前的世界可分为两个部分：陆地和海洋。每一部分对人类都是有利用价值的。其中完整的一部分几乎完全处于你们的控制之下——不仅包括你们现在所利用的海域，还包括更大范围的海域。如果你们有意扩展，那最终结果，就是你们的战舰在海上纵横驰骋，随心所欲，波斯国王或世界上任何其他国家的海军都无法阻止你们。（II 62）

中立（Neutrality）

阿耳戈斯人处于繁荣昌盛时期，他们没有参与阿提卡战争，反而因其中立地位在各方面获益匪浅。（V 28）

人数优势（Numerical superiority）

也许有理由相信我们在重装步兵和人口方面占据优势，这将使我们能够侵入并蹂躏其国土。（Ⅰ 81）

我们在人数方面和军事经验方面占有优势。（Ⅰ 121）

我们千万不要因为丧失土地而被激怒，以致同数量上占有优势的伯罗奔尼撒人交战。（Ⅰ 143）

132　　　一般说来，胜利属于人数众多、装备精良的一方。（Ⅱ 87）

隔日之后，战事再次爆发，占据有利位置和人数优势的民主派取得了胜利。（Ⅲ 74）

伯罗奔尼撒的多利斯人是我们的近邻，人数超过我们，我们伊奥尼亚人要寻求不受其统治的最佳办法。（Ⅵ 82）

过度扩张（Overextension）

我敢肯定，你们远征西西里是将众多敌人留在了后方；你们在那里也会有新的敌人，而且要应对他们。（Ⅵ 10）

最使斯巴达人受到鼓舞的，是他们相信雅典人要与他们和西西里希腊人两线作战，会更容易被击溃；也因为他们确信，是雅典人首先违反了休战和约。（VII 18）

最使他们不胜负荷的，是同时进行两场战争。（VII 28）

实力（Power）

我们既不应当无端地怀疑，也不应单凭城市的外表来推测它的真正实力。（I 10）

弱者应当臣服于强者，这一直是一条普遍法则。（I 76）

强者可以做他们能够做的一切，而弱者只能忍受他们必须忍受的一切。（V 89）

这场战争的双方并不是势均力敌的；获得战利品奖赏者赢得荣誉，受到战争惩罚者感到羞辱，而问题在于怎样保全自己，不要螳臂当车，以卵击石。（V 101）

我们对神祇的信仰、对人的认识，使我们相信，自然界的必然法则就是将其统治扩展到任何可能的地方。（V 105）

你们之间是有同族关系，但是，有先见之明的同盟者所期盼的不是得到援救者的声援，而是在军事行动中使他们获得具有决定性优势的力量。（V 109）

可以肯定，不卑不亢地善待地位平等者，卑躬屈膝地奉承地位优越者，温和审慎地对待地位低下者，这些都是最成功的处世之道。（V 111）

他们没有权力对我们发号施令，犹如我们没有权力对他们发号施令一样，只不过当时他们更强大罢了。（VI 82）

军威（Prestige）

133 雅典人啊！斯巴达人派我们来，是来交涉关于那些仍留在岛上的人们的问题的，同时，很可能地，就我们现在不幸的情况而言，这也会给我们带来荣誉。（IV 17）

这件事（斯巴达人在斯法克蒂里亚投降）在希腊世界所引起的震惊，超过战争中所有其他事件。因为人们普遍认为，不管是饥饿还是其他强制力量，都不可能使斯巴达人缴械投降。他们总是会坚持战斗，直到生命的最后一刻。（IV 40）

那时候，斯巴达人遭受挫折，在公众心目中的形象大为低落。

（V 28）

因为在斯法克蒂里亚岛上的灾难，希腊人诋毁斯巴达人，说他们胆怯懦弱、组织混乱、行动迟缓，而这些恶名因斯巴达人在曼提尼亚的胜利而统统被洗掉了。（V 75）

希腊人曾经认为我们的城邦已被战争所摧毁，而今在希腊人心目中，我们的城邦相当强大，甚至超出其实际情况，原因在于我在奥林匹亚竞技会上代表城邦所展示出的高贵和豪华。（VI 16）

先发制人的战争（Preventive war）

随着雅典势力的日益增长，人们对此再也不能视而不见：雅典开始侵略斯巴达人的同盟者了。这时候，斯巴达人觉得再也不能容忍下去了，他们全力以赴投入与敌国战争的时候到了。如果可能的话，他们想通过发动这场战争来摧毁雅典的势力。（I 118）

色萨利人（Thessalians）是这一地区的霸主，他们的领土受到新建殖民地的威胁，他们害怕出现一个强大的邻邦，所以经常侵扰他们，和他们交战，直到这些新居民的势力被削平为止。（III 93）

斯巴达人得知阿耳戈斯人正在修筑城墙，便联合除科林斯人外的同盟者进兵阿耳戈斯……他们占领并拆毁了正在修建的城墙。
（Ⅴ83）

如果任凭叙拉古人驱逐伦提尼人民而不给予处罚，允许其蹂
躏雅典在西西里的盟邦，以致控制西西里全岛，那么就必须面对
134 这样的危险，即作为叙拉古人，他们总有一天会派遣大军来援助
他们的同族多利斯人；作为移民，他们会帮助派遣他们出去的伯
罗奔尼撒人，这些人将联合起来推翻雅典帝国。因此，雅典人应
当联合仍保留下来的同盟者，抵御叙拉古人的进攻。（Ⅵ6）

集中兵力原则（Principle of concentration of force）

他们担心，如果把兵力一分为二，波提狄亚人和他们的同盟
者会利用这一点来攻击他们。（Ⅰ64）

由于航程遥远，他们很难保持舰队的秩序，而在以小型编队
缓慢推进时，又很容易遭到我们的攻击。（Ⅵ34）

统一指挥原则（Principle of unity of command）

他们没有一个议事会，无法做出迅速果断的行动。（Ⅰ141）

推选出来的将军人数应当少，并且应当拥有全权；人民应当

对他们宣誓，以使他们完全可以依照自己的意见履行指挥军队的
职责。(VI 72)

作为战略资产的声誉（Reputation as a strategic asset）

这件事（斯巴达人在斯法克蒂里亚投降）在希腊世界所引起
的震惊，超过战争中所有其他事件。因为人们普遍认为，不管是
饥饿还是其他强制力量，都不可能使斯巴达人缴械投降。他们总
是会坚持战斗，直到生命的最后一刻。(IV 40)

安全困境（Security dilemma）

有一段时间，我们被敌人包围了……当几乎所有的人都嫉妒
我们之时，当一些同盟者暴动并已被镇压之时，当你们不再成为
我们昔日的朋友之时，当我们成为被怀疑的对象而招致反感之时，
尤其是当所有那些叛离我们的同盟者投入你们的怀抱之时，放弃
我们的帝国就不再安全了。(I 75)

我们声明：在希腊，我们成为统治者，是为了不做别人的臣
民；在西西里，我们是解放者，以使我们免遭西西里人的伤害；
我们不得不干涉很多事务，只是因为我们不得不在很多方面防范
我们的敌人。(VI 87)

突袭（Surprise）

这个党派的目的是屠杀本邦公民中的政敌，使普拉蒂亚倒向底比斯，以便他们自己取得政权。（II 2）

阿卡那尼亚人（Acarnanians）从埋伏中突然冲出来，从背后 135 发起突袭，一举击溃了他们，他们当中没有人能坚守阵地了。事实上，这种惊慌很快传布到其余的大部分军队里。（III 108）

敌人能够随心所欲地从任何地点出其不意地攻击他的军队，因为主动权掌握在他们手里。（IV 29）

登陆行动出乎敌人的意料，他们以为雅典舰船的移动不过是像平常那样，开向晚间歇宿的地方而已。（IV 32）

雅典人大约阵亡了 600 人，而对方只损失 7 人。因为这不是一场正规的战斗，如我所述，而是一次意外的恐慌事件。（V 11）

地形（Terrain）

德摩斯提尼（Demosthenes）自己的军队，尽管人数众多，却可能在不知道发生了什么的情况下被分割开来，因为缺乏能见度会使一个分队无法帮助另一个分队。他的这种估计都是根据他在埃托利亚惨败的经验做出的，那次作战失败部分原因是树林的影响。事有凑巧，岛上的士兵因为地面狭小，只好麇集于该岛一隅。他们在那里用餐，并且安排了哨兵，以防敌人袭击。其中一个士兵一不留神，把一小片树林给烧起来了；随后起风，无意之中差不多把全部树林都烧光了。（IV 30）

在德摩斯提尼的指挥下，他们大约每200人分为一队，有的多些，有的少些，他们都尽可能地占领制高点，目的是想四面包围敌人，使其无力作战，没有一个被攻击的地方可实施反击。敌人在各方面都处于重兵射程之内：如果他们进攻正面，后面就会遭到射击；如果他们进攻一翼，另一翼就会向他们射击。（IV 32）

不平等增长（Unequal growth）

雅典势力日益增长，由此引起斯巴达人的恐惧，使战争成为不可避免之事。（I 23）

斯巴达人之所以认定和约已经被破坏，并且必须宣战，不是因为他们的同盟者说服了他们，而是因为他们害怕雅典的势力日益增长，他们看到希腊大部分地区已经臣服于雅典人。（I 88）

Art, Robert J., "To What Ends Military Power", *International Security*, vol.4, no.4 (Spring 1980), pp.4-35.

Baldwin, David A., *Economic Statecraft* (Princeton, NJ: Princeton University Press, 1985).

Barnett, Correlli, *The Collapse of British Power* (Phoenix Mill: Allan Sutton, 1984).

Beaufre, André, *Introduction to Strategy* (London: Faber and Faber, 1965).

Bond, Brian, *Liddell Hart: A Study of his Military Thought* (London: Cassell, 1977).

Booth, Ken, *Strategy and Ethnocentricism* (London: Croom Helm, 1979).

Bracken, Paul, "Strategic Planning for National Security: Lessons from Business Experience", *RAND Note*, N-3005-DAG/

USDP，February 1990.

Brodie, Bernard, *War and Politics* (London: Cassell, 1973).

Brunt, P.A., "Spartan Policy and Strategy in the Archidamian War", in P.A. Brunt, *Studies in Greek History and Thought* (Oxford: Clarendon Press, 1993), pp.84-111.

Cartledge, Paul, *Sparta and Laconia: a regional history, 1300-362 B.C.* (London: Routledge & Kegan Paul, 1979).

Chandler David G., *The Military Maxims of Napoleon* (New York: Macmillan, 1997).

Chrimes, K.M.T., *Ancient Sparta: A Re-examination of the Evidence* (Manchester: Manchester University Press, 1949).

Cimbala, Stephen, *Military Persuasion: Deterrence and Provocation in Crisis and War* (University Park, PA: Pennsylvania State University Press, 1994).

Clausewitz, Carl von, *On War* (edited and translated by Michael Howard and Peter Paret) (Princeton, NJ: Princeton University Press, 1989).

Cohen, Raymond, "Threat Perception in International Crisis", *Political Science Quarterly* 93,1 (1978), pp.93-107.

Connor W. Robert, *Thucydides* (Princeton, NJ: Princeton University Press, 1984).

Craig, Gordon A., "Delbrück: The Military Historian", in Peter Paret (ed.), *Makers of Modern Strategy from Machiavelli to the Nuclear Age* (Princeton, NJ: Princeton University Press, 1986), pp.326-353.

Crane, Gregory, *Thucydides and the Ancient Simplicity:* 184 *The Limits of Political Realism* (Berkeley, CA : University of California Press, 1998).

Dawson, Doyne, *The Origins of Western Warfare: Militarism and Morality in the Ancient World* (Boulder, CO: Westview, 1996).

Delbruck, Hans, *History of the Art of War* (4 vols.) (Lincoln, NE: University of Nebraska Press, 1975-1985).

Doyle, Michael W., *Empires* (Ithaca, NY: Cornell University Press, 1986).

Fliess, Peter J., *Thucydides and the Politics of Bipolarity* (Baton Rouge, LA: Louisiana State University Press, 1966).

Forde, Steven, *The Ambition to Rule: Alcibiades and the Politics of Imperialism in Thucydides* (Ithaca, NY: Cornell University Press, 1989).

Forrest, W.G., *A History of Sparta, 950-192 B.C.* (New York: Norton, 1968).

Freedman, Lawrence, *Deterrence* (Cambridge: Polity Press, 2004).

Fuller, J.F.C., *The Decisive Battles of the Western World* (London: Eyre & Spottiswoode, 1954).

Garst, W. Daniel, "Thucydides and the Domestic Sources of

International Politics", in Lowell S. Gustafson (ed.), *Thucydides' Theory of International Relations: A Lasting Possession* (Baton Rouge, LA: Louisiana University Press, 2000), pp.67-97.

George, Alexander L., *Some Thoughts on Graduated Escalation* RM-4844-IR (Santa Monica, CA: RAND Corporation, 1965).

——Hall, David K., and Simons, William E., *The Limits of Coercive Diplomacy* (Boston, MA: Little, Brown, 1971).

——*Forceful Persuasion: Coercive Diplomacy as Alternative to War* (Washington, D.C.: United States Institute of Peace, 1991).

Gilpin, Robert, *War and Change in World Politics* (Cambridge: Cambridge University Press, 1981).

Gilpin, Robert G., "The Richness of the Tradition of Political Realism", in Robert O. Keohane (ed.), *Neorealism and its Critics* (New York: Columbia University Press, 1986), pp.308-313.

Gilpin, Robert, "The Theory of Hegemonic War", in R.I. Rotberg and T.K. Rabb (eds.), *The Origin and Prevention of Major Wars* (Cambridge: Cambridge University Press, 1988), pp.15-37.

Gomme, A.W., *A Historical Commentary on Thucydides* (5 vols.) (Oxford: Clarendon Press, 1998) (reprint).

Gray, Colin S., *Nuclear Strategy and National Style* (London: Hamilton Press, 1986).

——*War, Peace, and Victory: Strategy and Statecraft for the Next Century* (New York: Simon and Schuster, 1990).

——*The Leverage of Sea Power: The Strategic Advantage of Navies in War* (New York: Free Press, 1992).

——*Modern Strategy* (Oxford: Oxford University Press, 1999).

Grieco, Joseph M., *Cooperation Among Nations* (Ithaca, NY: Cornell University Press, 1990).

—— "Anarchy and the Limits of Cooperation", in David 185 Baldwin (ed.), *Neorealism and Neoliberalism: The Contemporary Debate* (New York: Columbia University Press, 1993), pp.116-140.

Handel, Michael I., *Masters of War: Classical Strategic Thought* (London: Frank Cass, 1992).

Hanson, Victor Davis, *The Western Way of War* (New York: Alfred A. Knopf, 1989).

——*Warfare and Agriculture in Classical Greece* (revised edn.) (Berkeley, CA: University of California Press, 1998).

——*A War like no Other: How the Athenians and the Spartans Fought the Peloponnesian War* (New York: Random House, 2005).

Hornblower, Simon, *A Commentary on Thucydides* (2 vols.) (Oxford: Clarendon Press, 1990-1996).

Howard, Michael, *The Causes of War* (London: Temple Smith, 1983).

——*Clausewitz* (Oxford: Oxford University Press, 1983).

——*The Lessons of History* (New Haven, CT: Yale University Press, 1991).

Jervis, Robert, "Hypotheses on Misperception", *World Politics* 20, 2 (1968), pp.454-479.

——*Perception and Misperception in International Politics* (Princeton, NJ: Princeton University Press, 1976).

—— "Cooperation Under The Security Dilemma", *World Politics* 30, 2 (January 1978), pp.167-214.

Jomini, Henry de, *Summary of the Art of War* (abridged edn. by Brig. Gen. J.D. Hittle) reproduced in *Roots of Strategy*, Book 2 (Harrisburg, PA: Stackpole Books, 1987).

Jones, A.H.M., *Sparta* (Oxford: Blackwell & Mott, 1967).

Kagan, Donald, *The Outbreak of the Peloponnesian War* (Ithaca, NY: Cornell University Press, 1969/1994).

——*The Archidamian War* (Ithaca, NY: Cornell University Press, 1974/1990).

——*The Peace of Nicias and the Sicilian Expedition* (Ithaca, NY: Cornell University Press, 1981/1992).

——*The Fall of the Athenian Empire* (Ithaca, NY:Cornell University Press, 1987).

—— "Athenian strategy in the Peloponnesian War", pp.24-55 in Williamson Murray, MacGregor Knox, and Alvin Bernstein (eds.), *The Making of Strategy: Rulers, States, and War* (Cambridge: Cambridge University Press, 1994).

——*On the Origins of War and the Preservation of Peace* (New York: Doubleday, 1995).

Kallet-Marx, Lisa, *Money, Expense and Naval Power in Thucydides' History 1-5.24* (Berkeley, CA: University of California Press, 1993).

Kautilya, *Arthasastra* (trans. R. Shamasastry, 2nd edn.) (Mysore: Wesleyan Mission Press, 1923).

Kennedy, Paul, "The First World War and the International 186 Power System", *International Security* 9,1 (1984), pp.7-40.

——*The Rise and Fall of the Great Powers: Economic Change and Military Conflict from 1500 to 2000* (New York: Random House, 1987).

—— "Grand Strategies in War and Peace: Toward a Broader Definition" in Paul Kennedy (ed.), *Grand Strategies in War and Peace* (New Haven, CT: Yale University Press, 1991), pp.1-7.

Klein, Yitzhak, "A Theory of Strategic Culture", *Comparative Strategy* vol.10, no.1 (January-March 1991), pp.3-23.

Knorr, Klaus, "Threat Perception", in Klaus Knorr (ed.), *Historical Dimensions of National Security Problems* (Lawrence, KA: Kansas University Press, 1976), pp.78-119.

Lebow, Richard Ned, *Between Peace and War: The Nature of*

International Crisis (Baltimore, MD: Johns Hopkins University Press, 1987).

——and Strauss, Barry S. (eds.), *Hegemonic Rivalry from Thucydides to the Nuclear Age* (Boulder, CO: Westview, 1991).

"Thucydides, Power Transition Theory and the Causes of War", in Richard Ned Lebow and Barry S. Strauss (eds.), *Hegemonic Rivalry from Thucydides to the Nuclear Age* (Boulder, CO: Westview, 1991), pp.125-165.

Levite, Ariel, *Intelligence and Strategic Surprises* (New York: Columbia University Press, 1987).

——*Offense and Defense in Israeli Military Doctrine* (Boulder, CO: Westview, 1989).

——and Platias, Athanassios, "Evaluating Small States' Dependence on Arms Imports: An Alternative Perspective", *Peace Studies Program Occasional Paper No.10* (Ithaca, NY: Cornell University, 1983).

Levite, Ariel E., Jentleson, Bruce W., and Berman, Larry (eds.), *Foreign Military Intervention: The Dynamics of Protracted Conflict* (New York: Columbia University Press, 1992).

Lewis, David M., *Sparta and Persia* (Leiden: E.J. Brill, 1977).

Liddell, Hart B.H., *The British Way in Warfare* (London: Faber, 1932).

——*Strategy* (2nd revised edn.) (London:Meridian, 1991).

Luttwak, Edward N., *The Grand Strategy of the Roman Empire from the First Century A.D. to the Third* (Baltimore, MD: Johns Hopkins University Press, 1976).

——*Strategy:The Logic of War and Peace* (Cambridge, MA: The Belknap Press of Harvard University Press, 1987).

—— "Toward Post-Heroic Warfare", *Foreign Affairs* 74, 3 (May/June 1995), pp. 109-122.

Mahan, Alfred Thayer; *The Influence of Sea Power Upon History, 1660-1783* (London: Sampson Low, Marston, 1892).

——*The Influence of Sea Power Upon the French Revolution and Empire, 1793-1812* (2 vols.) (London: Sampson Low, Marston, 1893).

Mandelbaum, Michael, *The Fate of Nations* (Cambridge: Cambridge University Press, 1988).

Mearsheimer, John J., *Conventional Deterrence* (Ithaca, NY: 187 Cornell University Press, 1983).

——*Liddell Hart and the Weight of History* (Ithaca, NY: Cornell University Press 1988).

——*The Tragedy of Great Power Politics* (New York: W.W. Norton, 2001).

Meiggs, Russell, *The Athenian Empire* (Oxford: Clarendon Press, 1972).

Michell, Humphrey, *Sparta* (Cambridge: Cambridge

University Press, 1952).

Nye, Joseph S., *Soft Power: The Means to Success in World Politics* (New York: Public Affairs, 2004).

Olmstead, A.T., *History of the Persian Empire* (Chicago, IL: The University of Chicago Press, 1948).

Organski, A.F.K. and Kugler, Jacek, *The War Ledger* (Chicago, IL: The University of Chicago Press, 1980),

Papasotiriou, Haralambos, *Byzantine Grand Strategy* (Ph.D. Diss., Stanford University, 1991).

——*Byzantine Grand Strategy, 6ᵗʰ-11ᵗʰ Century* (Athens: Poiotita, 2000) (text in Greek).

Paret, Peter (ed.), *Makers of Modern Strategy from Machiavelli to the Nuclear Age* (Princeton, NJ: Princeton University Press, 1986).

Platias, Athanassios, *High Politics in Small Countries* (Ph.D Diss., Cornell University, 1986).

—— "Thucydides On Grand Strategy: Periclean Grand Strategy During The Peloponnesian War", in *Thucydides: The Classical Theorist of International Relations, Études Helleniques/ Hellenic Studies*, vol.6, no.2 (Autumn 1998), pp.53-103.

Platias, Athanassios and Koliopoulos, Constantinos, "Thucydides on Grand Strategy II: Spartan Grand Strategy During the Peloponnesian War", *Études Helleniques/Hellenic Studies*, vol.8, no.1 (Spring 2000), pp.23-70.

Platias, Athanassios G. and Koliopoulos, Constantinos, "Grand Strategies Clashing: Athenian and Spartan Strategies in Thucydides' 'History of the Peloponnesian War'", *Comparative Strategy*, vol.21, no.5 (October-December 2002), pp.377-399.

Posen, Barry, *The Sources of Military Doctrine* (Ithaca, NY: Cornell University Press, 1984).

Powell, Anton, *Athens and Sparta: Constructing Greek Political and Social History from 478 B.C.* (London: Routledge, 1988).

Quester, George, *Offense and Defense in the International System* (New York: Wiley, 1977).

Romilly, Jacqueline de, *Alcibiades* (Greek trans., 2nd edn.) (Athens: Asty, 1995).

Schelling, Thomas C.,*The Strategy of Conflict* (Cambridge, MA: Harvard University Press, 1960).

——*Arms and Influence* (New Haven, CT: Yale University Press, 1966).

Schwarz, Benjamin, "Strategic Interdependence: Learning to 188 Behave like a Great Power", in Norman Levin (ed.), *Prisms and Policy: U.S. Security Strategy After the Cold War* (Santa Monica, CA: RAND, 1994), pp.79-98.

Snyder Glenn H., *Deterrence and Defense* (Princeton, NJ:

Princeton University Press, 1961).

Starr, Chester G., *The Influence of Sea Power on Ancient History* (New York: Oxford University Press, 1995).

Ste. Croix, G.E.M. de, *The Origins of the Peloponnesian War* (London: Duckworth, 1972).

Strassler, Robert B.(ed.), *The Landmark Thucydides: A Comprehensive Guide to the Peloponnesian War* (New York: Free Press, 1996).

Strauss, Barry S. and Ober, Josiah, *The Anatomy of Error: Ancient Military Disasters and Their Lessons for Modern Strategists* (New York: St. Martin's Press, 1990).

Summers, Harry, *On Strategy II: A Critical Analysis of the Gulf War* (New York: Dell, 1992).

Sun Tzu, *The Art of War* (transl. by Samuel B. Griffith) (Oxford: Oxford University Press, 1963).

Taxiarchi, Despina A., "The Impact of Thucydides in Post War Realist Thinking and Its Critique", in *Thucydides: The Classical Theorist of International Relations, Études Helleniques/ Hellenic Studies*, vol.6, no.2 (Autumn 1998), pp.132-139.

Thucydides, *History of the Peloponnesian War* (trans. Rex Warner) (London: Penguin, 1972).

Van Evera, Stephen, *Causes of War: Power and the Roots of Conflict* (Ithaca, NY and London: Cornell University Press, 1999).

Vlahos, Angelos, *Commentary on Thucydides*,vol. I: Books I-IV (Athens: Estia, 1992) (text in Greek).

Walt, Stephen M.,*The Origins of Alliances* (Ithaca, NY: Cornell University Press, 1987).

Waltz, Kenneth N. , *Theory of International Politics* (Reading, MA: Addison-Wesley, 1979).

除注释外，所有数字为本书边码。

192 **F**

Falklands，马尔维纳斯群岛，8

Fashoda crisis，法绍达危机，33，34

fear，恐惧，9，26，28，34，36，38，
42，60，84，113，121，122，125，
127—129，135，第一章注 58，第
二章注 21

Ferrill, Arther，亚瑟·费里尔，56，
第三章注 94、96

fifth column，第五纵队，112，第四章
注 60

First Peloponnesian War，第一次伯罗奔
尼撒战争，30，32，37，66，第二
章注 43、64，第三章注 36

First World War，第一次世界大战，6，
9，34，46，98，99，115，第二章
注 4，第三章注 78，第五章注 50、
51

France/French，法国，3，5，10，15—
17，20，33，34，96，97—99，
102，第一章注 50、63，第二章注
66、67，第三章注 3、15、51，第五
章注 47、50

Francis Ferdinand，弗朗西斯·斐迪南，
第二章注 4

Franco-Prussian War，普法战争，第一
章注 50，第五章注 65

Frederick the Great，腓特烈大帝，16，
第四章注 73，第五章注 55

French Revolution，法国大革命，15，
20，第一章注 65，第三章注 15、51

friction, chance and unpredictability in
war，战争中的摩擦、偶然与不可预
测性，125

Friedland，弗里德兰，17

G

Gelon，格隆，111

geography，地理，126，第一章注 47，
第五章注 15

Germany/Germans，德国/德国人，
6，9—13，15，33，86，96—99，
115，第一章注 27、28、43、44、
46，第二章注 4、5、67，第五章注
49、113、114、118

Gerousia，长老会议，24，25，第二章
注 11

Gilpin, Robert，罗伯特·吉尔平，xii，
1，32，33，119，序言注 5，第一
章注 3，第二章注 23、60、61、63，
第三章注 15、21，第五章注 21

Golan Heights，戈兰高地，11

Gorbachev, Mikhail，米哈伊尔·戈尔
巴乔夫，100，第一章注 46，第五章
注 57

graduated escalation，逐步升级，58，
第三章注 109

grand strategy，大战略，1—3，5—
7，9—21，35，37，39，41—65，
67—90，93—96，98，101—106，
109，119，序言注 6、7，第一章注
24、29、52、59、67、70、76、77，

195

图书在版编目(CIP)数据

修昔底德论战略：伯罗奔尼撒战争中的大战略及其
对当下的启示 / (希) 阿塔纳西斯·G.普拉蒂阿斯, (希)
康斯坦提诺斯·科利奥普洛斯著；刘伟, 郭材欣译. —
北京：商务印书馆, 2024
　　ISBN 978-7-100-23544-0

　　Ⅰ.①修… Ⅱ.①阿… ②康… ③刘… ④郭… Ⅲ.①修昔
的底斯(Thukydides 前460–前400)–战略思想–研究②伯罗
奔尼撒战争–研究 Ⅳ.①D091.2②K125

中国国家版本馆CIP数据核字（2024）第056913号

修昔底德论战略

伯罗奔尼撒战争中的大战略及其对当下的启示

〔希〕阿塔纳西斯·G.普拉蒂阿斯
　　　　　　　　　　　　　　　　著
〔希〕康斯坦提诺斯·科利奥普洛斯

刘伟、郭材欣　译

商 务 印 书 馆 出 版
（北京王府井大街36号　邮政编码 100710）
商 务 印 书 馆 发 行
北京盛通印刷股份有限公司
ISBN　978-7-100-23544-0

2024年6月第1版　　　　开本　880×1240　1/32
2024年6月第1次印刷　　　印张　9⅜

定价：78.00元